전후 공산당의 배신

1943~1973년 공산당들은
어떻게 노동계급을 배신했는가?

전후 공산당의 배신

1943~1973년 공산당들은
어떻게 노동계급을 배신했는가?

이언 버철 지음 | 김동욱 옮김

책갈피

차례

일러두기

1. 인명과 지명 등의 외래어는 최대한 외래어 표기법에 맞춰 표기했다.

2. 《 》부호는 책과 잡지를 나타내고, 〈 〉부호는 신문, 주간지를 나타낸다. 논문은 " "로 나타냈다.

3. 본문에서 [ ]는 옮긴이나 편집자가 독자의 이해를 돕거나 문맥을 매끄럽게 하려고 덧붙인 것이다. 인용문에서 지은이가 덧붙인 것은 [― 지은이]로 표기했다.

4. 본문의 각주는 옮긴이나 편집자가 독자의 이해를 돕기 위해 넣은 것이다. 지은이의 각주는 ' ― 지은이'로 표기했다.

5. 원문에서 이탤릭체로 강조한 부분은 고딕체로 나타냈다.

감사의 말

이 책은 국제사회주의자들[IS]이 집단으로서 공들여 일궈 낸 이론과 관점의 일반적 틀 안에서 쓴 것이므로, 첫 감사 인사는 이 조직에 돌려야 한다. 특히 원고를 쓰는 여러 단계에서 노라 칼린, 토니 클리프, 던컨 핼러스, 나이절 해리스, 짐 히긴스, 마이클 키드런, 리처드 커크우드, 리처드 쿠퍼와 의논했다. 최종 원고가 그들의 경험 덕분에 더 풍부해졌기를 바란다. 간행물을 찾아내는 데 도움을 준 마르크스기념도서관의 직원들에게도 감사한다. 물론 세부 표현과 모든 오류는 나 개인에게 책임이 있다.

1973년 6월

한국어판 머리말

이 책은 1972년 여름에 써서 1974년 초에 출판됐다. 이 책은 영국 국제사회주의자들(사회주의노동자당SWP의 전신)의 신입 회원을 위한 책이었다. 국제사회주의자들은 소련을 국가자본주의 사회로 분석하며 처음부터 스탈린주의 반대를 분명히 밝힌 단체였다.

1968년과 그 이후 국제사회주의자들은 빠르게 성장했다. 신입 회원은 대부분 젊었고 스탈린주의의 역사를 거의 알지 못했다. 그들 다수는 1968년 5~6월 거대한 총파업 때 프랑스 공산당이 한 매우 보수적인 구실을 보고 충격을 받았다.

영국 공산당은 다른 나라 공산당들과 달리, 언제나 작고 주변적인 조직이었다. 전성기에도 의원이 2명밖에 없었다. 그렇지만 아주 의미 없는 정당은 아니었다. 영향력이 상당한 노동조합 투사 네트워크를 유지했고 이 책을 출간할 당시에도 어느 정도는 그랬다. 그 영향력은 당시 하락세에 있었지만, 그래도 꽤나 실질적이었다. 노동조합과 산업 투쟁 속에서 일정한 구실을 하려 애쓰는 국제사회주의자들 회원들은 공산당원들과 자주 맞닥뜨렸고, 단기적 전술뿐 아니라 일반적 정치 문제를 놓고도 논쟁해야 했다.

나는 1943년부터 1970년대 초까지라는 꽤 짧은 기간의 역사를 서술했다. 나는 이 책에서 1968년까지 세계 곳곳 공산당들의 정책과 활동이 대체로는 소련 외교정책의 필요에 부응하는 데 맞춰졌고, 그런 노선은 공산당들이 대변한다고 자처하는 노동계급의 직접적 이익에 흔히 어긋났음을 보였다.

그렇지만 나는 내 주장이 (우파 비평가들이 흔히 주장하며 크게 유감이게도 좌파 일부도 때때로 주장하는 것과는 달리) 공산당은 진정한 노동자 운동의 바깥에 있는 조류, 즉 일종의 외부 세력이었다는 뜻이 아님을 분명히 하려 애썼다.

공산당원의 압도 다수는 천대받고 착취받는 사람들의 대의에 진심으로 헌신하는 마음에서 입당한 이들이었다. 그들은 기존 질서의 수호자들에게 박해를 당하기 일쑤였다. 미국의 매카시즘이 아마 최악의 형태일 테지만, 다른 곳에서도 다양한 방식으로 괴롭힘을 당했다. 공산당원들이 소련 사회의 성격에 관해 환상을 품고 거짓말을 퍼뜨린 잘못이 있다는 것은 사실일 테지만, 그들은 자기 당 지도자들에게 흔히 희생당했다. 공산당원들은 진실된 계급 투사이기도 했다.

그럼에도 나는 제2차세계대전 이후 공산당들이 코민테른 [초기] 시절 존재한 공산당들과는 세 가지 면에서 근본적으로 달랐다는 것을 보여 주려 했다.

[첫째,] 1920년대와 1930년대에, 그리고 특히 제2차세계대전이 끝날 무렵 세계가 분할되는 동안에 국제 공산당 운동의 존재는 소련

의 손에 들린 중요한 협상 카드였다. 1945년 스탈린이 서방 열강과 '세력권' 분할에 합의할 수 있었던 것은 프랑스와 이탈리아의 대중적 공산당을 단단히 제어할 수 있었기 때문이다. 그렇지만 동방과 서방 사이에 핵 공포의 균형이 확립되자, [스탈린에게 서방] 공산당들의 중요성은 상당히 줄어들었다.

둘째, 제2차세계대전 발발 전까지 소련은 자신의 정당성을 1917년 10월 혁명에서 찾았고, 국제 공산당 운동의 유일한 중심이었다. 그러나 소련이 유고슬라비아와 결별하고, 그 뒤에 더 극적으로 중국과도 결별하자, 그리고 쿠바에서 소련과는 꽤 상관없이 공산당 정권이 수립되자 공산당 운동의 적통은 더는 단 하나가 아니게 됐다.

그리고 셋째, 노동자들이 대량 실업과 파시즘의 성장에 직면한 1930년대에는 소련이 사회주의적 대안이라는 신화의 장악력이 강했다. 1950년대와 1960년대에 자본주의의 장기 호황이 완전고용과 생활수준 향상을 가져오자, 위안을 주는 신화의 필요성이 줄어들었다.

그래서 나는 공산당들이 그저 소련이나 다른 공산당 국가의 홍보 대행자가 되느냐 아니면 사회민주주의 정당이 되느냐 하는 선택의 기로에 설 것이라고 주장했다. 그리고 1970년대 후반과 1980년대에 그런 일이 실제로 일어나는 듯했다. 한편으로 공산당들 내에는 '탱키'로 불리는 조류가 있었는데, 그들이 헝가리(1956년)와 체코슬로바키아(1968년)에서 소련군 탱크가 [저항운동을 진압]한 구실에 열광했기 때문에 붙은 이름이었다. 다른 한편으로 유럽 공산당들 내에서 '유러코뮤니즘'으로 불리는 조류가 출현했는데, 그들은 공산당을 소련에게서는 더 독립적이고 전통적 사회민주주의 정당과는 더 유사하게 변모시키려 했다(유러코뮤니즘은 이 책을 다 쓴 뒤에야 등장했고, 그래서 나는 나중에 쓴 책《체제를 구출하기》에서* 일부 다뤘다).

그렇지만 그 과정은 1989년에 동구권 전체가 급속히 붕괴(독일 통일, 동유럽 위성국들의 독립, 소련 국가자본주의 경제 자체의 붕괴)하며 무색해졌다. 비공산권의 최대 공산당이던 이탈리아 공산당(1976년 총선에서 전체 표의 3분의 1 이상을 득표했다)은 1991년 스스로 해산하고 다수가 공공연하게 사회민주주의자가 돼서는 결국 사회민주주의 정당인 민주당에 통합됐다. 1970년대까지 적어도 20퍼센트를 꾸준히 득표한 프랑스 공산당은 이제 많이 약화돼서 범좌파 연합인 좌파전선의** 일부로서만 영향력을 발휘한다. 다른 나라의 더 작은 공산당들은 쇠퇴했고 대개 자진 해산했다.

새로운 세기가 시작될 때 중국은 여전히 명목상 마르크스·레닌주의를 자처했지만, 실천에서는 '사회주의 시장경제'에 매진했다. 대안적 미래를 공산주의에서 찾는 이들에게는 쿠바(몇몇 매력적인

---

* 국역:《서구 사회민주주의의 배신 1944~1985》, 책갈피, 2020.

** 좌파전선 프랑스 공산당이 주도한 선거 연합으로 2012년 대선에서 장뤼크 멜랑숑을 후보로 내세워 11.1퍼센트를 득표하는 등 성공을 거뒀으나, 공산당과 멜랑숑의 좌파당 사이에 갈등이 커지면서 2018년 해산했다.

점과 함께 몇몇 크게 매력적이지 못한 점이 있었다)와 북한만이 남 았다.

　오늘날의 좌파들(흔히 희망의 원천을 찾는 데서 어려움을 크게 겪는다) 중에는 공산당 집권기를 공산주의가 어느 정도 영향력을 발휘하던 시기로 기억하며 그리움을 느끼는 개인과 집단이 있다. 심지어는 사회주의적 면모가 있다는 척조차 하지 않는 푸틴의 러시아를 흠모하는 듯한 이들도 있다. 그러나 이 모든 것은 그저 지나간 시절에 대한 그리움일 뿐이다. 역사의 한 시대는 분명히 종언을 고했다.

　그러나 그 시기를 그 모든 공포와 배신의 경험과 더불어 그저 잊어버리는 것은 현명하지 못할 것이다. 역사는 결코 되풀이되지 않지만, 역사를 탐구함으로써 얻을 것이 상당히 많다. 과거의 독특한 과정들을 탐구함으로써 우리는 미래의 독특한 과정들에 대처하는 훈련을 할 수 있다. 이 책의 한국어판 출간이 이 과제를 조금이나마 도울 수 있기를 바란다.

이언 버철

들어가며

1919년 3월 제3인터내셔널(공산주의인터내셔널 또는 코민테른)
의 창립은 20세기 노동계급 운동의 정점이었다. 1917년 러시아에서
노동자 국가가 수립돼 전 세계의 사회주의자와 투쟁적 노동자에게
자신감과 영감을 줬다. [제2인터내셔널 같은] 노동계급의 옛 조직들은
1914년 제1차세계대전 발발과 함께 수치스럽게 무너졌는데, 이제
그 잿더미 속에서 새 세대 혁명 투사들이 떠오르고 있었다.

파업·반란·봉기가 유럽을 휩쓸었다. 사회민주주의 정당 안에서
든 신디컬리즘 조직 안에서든 러시아 혁명에 동조하는 세력이 생
겨나 성장했다. 러시아라는 본보기는 1914년까지 노동운동을 쪼개
놓던 장벽을 무너뜨리는 듯했다. 전에 신디컬리스트와 사회민주주
의자를 갈라놓았던 쟁점들은 자본주의를 단박에 아주 부숴 버릴
가능성에 대면 중요치 않아 보였다. 아나키스트조차 도취감이 가
득한 몇 해 동안에는 볼셰비키의 규율을 따를 태세였다.

새 인터내셔널과 이후 몇 년간 창립된 소속 정당들은 민주적 중
앙집중주의 형태를 취하는 것이 필수였다. 유럽 전역에서 대중투쟁
이 벌어지는 시기에 각 나라는 다른 모든 나라에서 벌어지는 사건

들의 영향을 강하게 받았다. 고도로 중앙집중화된 인터내셔널만이 이 시대의 필요를 충족할 수 있었다. 그러나 인터내셔널은 정말로 민주적이기도 했다. 운동이 직면한 주된 전략적 문제([혁명적 사회주의자의] 노동조합 활동, 의회 참여, 사회민주주의·중간주의 조직과의 관계, 저개발국의 반제국주의 투쟁)는 간단히 답을 낼 수 있는 문제가 아니었다. 논쟁과 경험(노동자들 사이에 진정으로 뿌리내리고 있는 대중정당의 활동에서 끌어낸 경험)으로 풀어야 하는 문제였다.

[제1차세계대전] 종전 직후에 벌어진 혁명적 분출이 가라앉기 시작하면서, 제3인터내셔널은 좌우 양쪽에서 압박을 받았다. 한편으로는 제3인터내셔널이라는 마차에 올라탄 사회민주주의 출신 정치인들이 다시 머리를 치켜들[며 옛 주장을 하기 시작했다. 다른 한편으로는 많은 공산주의자들이 객관적 조건을 무시하면서 모험주의적 지름길을 찾았다. [레닌과 트로츠키의] 공동전선 주장은 양쪽 경향 전부에 맞선 투쟁이었다.

요컨대 1919~1922년에 열린 첫 네 차례의 제3인터내셔널 대회에서 채택된 여러 결의문과 테제는 국제 혁명운동이 오래 간직해야할 귀중한 배움들을 대표했다. 그것들이 몇몇 소수의 머릿속에서 튀어나온 것이 아니라 대중투쟁이라는 기초 위에서 집단적 노력으로 만들어진 것이기 때문이다.

우리가 제3인터내셔널의 초기 경험에서 얻을 것은 첫째로 혁명투쟁에 대한 굽힘 없는 헌신이고, 둘째로 그런 투쟁을 이끌 수 있는 정당의 모습이다. 1920년 제3인터내셔널 2차 대회에서 채택된 강령은 자본주의 국가에 대한 태도를 선명하게 밝혔다.

공산주의인터내셔널의 목표는 무장투쟁을 포함해 가능한 모든 수단을 동원해 싸워서 전 세계 부르주아지를 타도하고 국가의 완전한 폐지로 가는 과도적 단계인 국제 소비에트 공화국을 창설하는 것이다. 공산주의인터내셔널은 프롤레타리아 독재만이 인류를 자본주의의 참상에서 해방할 방법이라고 여긴다.

같은 대회에서 채택된 21개 조건은 혁명적 당에 기대하는 활동과 정치를 규정했다. 개혁주의와의 완전한 분립, 군대 내 활동, 평화주의적 환상 일체 거부, 모든 식민지 해방운동 지지, 노동조합 내 체계적 활동 등이 그것이다.

공산주의인터내셔널이 초기 몇 년 동안 거둔 성취가 중요한 이유는 훗날 이 조직이 변질되는 것을 비판하는 데 필요한 최상의 관점을 제공하기 때문이다. 유럽에서 혁명의 확산이 실패하자 러시아는 고립됐다. 러시아가 내전으로 크게 망가지고 노동계급의 많은 부분이 물리적으로 파괴되자, 가뜩이나 허약하던 노동자 민주주의의 기초가 파괴됐다. 스탈린이 떠오르는 한편 관료 지배계급이 등장하고 강화되며, 노동자를 가혹하게 착취해서 러시아를 산업화시켰다.

스탈린은 '일국사회주의' 이론을 내세워 권력을 잡았다. 이 이론은 공산주의인터내셔널을 소련* 외교정책에 충실한 도구로 바꿔 버렸다. 1920년대와 1930년대에 공산당들의 정책이 형편없이 우왕좌왕한 것은 이 때문이다. [1926년] 영국 총파업과 1927년 중국 혁명 때는 기회주의 노선이었고, '제3기' 정책의** 종파주의는 히틀러가 분열된 노동운동을 짓밟고 권력을 잡을 수 있게 했다.

스탈린이 소련에서 자신의 통치권을 강화하기 위해 볼셰비키의 가장 중요한 인물들을 살해했어야 하듯이, 공산주의인터내셔널의 변질은 옛 혁명 지도자들의 철저한 숙청을 통해서만 가능했다. [잦은 숙청으로 말미암아] 다양한 때에 공산주의인터내셔널 지도부로 선출된 275명 가운데 1919~1935년에 열린 일곱 번의 대회에서 모두 선출된 사람은 단 한 명도 없었고, 일곱 번 중 여섯 번 선출된 사람도 없었다. 1920년 2차 대회 이후 집행위원회가 선출한 '소사무국'의 구성원 5명 중에서 딱 1명(선구적 트로츠키주의자였던 알프레드 로스메)만이 1930년대의 숙청에서 목숨을 부지했다.

그다음 1934년에 시작된 민중전선 전략은 국제 공산당 운동의 진화 과정에서 중요한 단계였다. 민중전선은 파시즘에 맞서는 투쟁

---

* 원문에는 '러시아'로 돼 있지만, 스탈린 치하 러시아를 1928년 반혁명 이전의 러시아와 1991년 소연방 해체 이후 러시아와 구별하기 위해, 특별한 경우가 아니면 모두 '소련'으로 번역했다.

** 제3기 정책 자본주의가 돌이킬 수 없는 파국(제3기)에 빠졌다고 전망하며, 초좌파적이고 종파적인 정책을 펼친 1928~1934년의 코민테른 노선. 사회민주당도 파시즘의 일종이라며 일체의 협력을 거부했다.

과 자본주의에 맞서는 투쟁이 별개일 수 있다고 보는 잘못된 전제를 기초로 했고, 파시즘의 확산과 제2차세계대전의 발발을 막지 못했다. 민중전선 전략은 부르주아지 가운데 '진보적' 부문과 동맹하는 것을 옹호함으로써, 다음과 같은 레닌주의의 기초적 가르침과 단절했다.

노동자들은 대중이 부르주아 정치인의 사기詐欺에 눈뜨게 해야 하고, 부르주아 정치인의 약속을 신뢰하지 말고 자기 자신의 힘, 자기 자신의 조직, 자기 자신의 단결, 자기 자신의 무기에만 의존하도록 가르쳐야 한다.[1]

그래도 민중전선은 공산당 건설에는 도움이 됐다. 민중전선 덕분에 공산당들은 인터내셔널의 지부가 아니라 해당 나라의 독자적 정당 행세를 할 수 있었다. 프랑스 공산당원들은 열정을 담아 국가國歌를 부르고 국기를 흔들었다. 1937년 7월 4일[미국 독립 기념일]에 미국 공산당원들은 레닌 초상화와 조지 워싱턴 초상화를 나란히 들었다. 프랑스에서 그 전술은 극적인 성공을 거뒀다. 프랑스 공산당 당원 수가 1936년 5월 13만 1000명에서 같은 해 12월 28만 5000명으로 늘어난 것이다. 프랑스 공산당의 지향이 중간계급적이었는데도 그 신입 당원의 상당수는 산업 노동계급이었다.

스탈린이 히틀러와 1939년에 [독소불가침]조약을 맺으며 노선이 또다시 급격히 변화했다. 그러나 1941년 독일이 소련을 침공하자 민중전선 노선은 '반파시즘 전쟁'을 전폭 지지하는 형태로 되살아났다. 그리고 1943년 공산주의인터내셔널은 스탈린이 동맹국인 영국과 미국에 보이는 선의의 표시로 해산됐다.

1943년 5월 22일 [소련 공산당 기관지] 〈프라우다〉에 발표된 [공산주의인터내셔널] 해산 선언문은 이 조직이 초기의 원칙에서 얼마나 후퇴했는지를 보여 줄 뿐이었다.

히틀러 도당이 제멋대로 시작한 세계대전은 나라별 상황 차이를 더욱더 선명하게 드러내 보이고 있으며, 히틀러 도당의 폭압 아래로 굴러떨어진 나라들과 히틀러 도당에 맞서는 강력한 연합으로 단결한 자유 애호 국민들 사이 경계를 깊이 나누고 있다.

히틀러 도당 진영에 속한 나라의 노동계급과 일하는 사람들과 모든 정직한 인민의 근본 임무는 히틀러 도당의 군사 기구를 그 내부에서 방해하고 전쟁에 책임이 있는 정부들의 전복을 도움으로써 히틀러 도당 진영의 패배를 위한 조력을 아끼지 않는 것이다. 히틀러 도당 반대 연합에 속한 나라의 대다수 인민 대중, 무엇보다 선두에 선 노동자들의 신성한 의무는 히틀러 도당 진영을 재빨리 패퇴시키고 평등에 기초한 국민국가들의 우애를 보장하려는 각국 정부의 전쟁 노력을 모든 수단을 동원해 지원하는 것이다.

이 인용문에서는 계급투쟁에 기초해 분석하는 시늉조차 찾아볼 수 없다. 각국 공산당의 노선은 각국 정부의 외교정책에 기초해 결정된다는 말이기 때문이다.

그렇지만 공산주의인터내셔널이 해산했다고 해서 국제 공산당 운동이 끝난 것은 아니었다. 오히려 더욱 커졌다. 1943년에는 자기 나라에서 집권한 공산당이 단 하나였지만, 이제[1974년 현재]는 14개다. 프랑스와 이탈리아의 대중적 공산당은 노동계급 내에서 가장 유력한 조직이다. 핀란드·칠레·이라크 같은 여러 나라의 공산당은 연립정부에 들어갔다. 저개발국 곳곳의 공산당은 민족 해방 투쟁의 일익을 맡고 있으며 흔히 결정적 구실을 하고 있다. 영국 등 여러 나라의 공산당은 노동계급 내 최상의 투사들을 다수 끌어당겼고 어느 정도는 지금도 그러고 있다.

그러나 이런 성장의 배경에는 세계의 변화가 있었다. 제2차세계대전 이후 공산당들의 변모에는 특히 3가지 요인이 중요했다.

첫째, 소련과 서방 사이 핵무기 경쟁이 (거의) 교착 상태에 이르게 되면서 국제 공산당 운동이 소련 방어에서 하는 구실은 이제는 의미가 사라졌다. 물론 공산당들은 여전히 [소련에] 유용한 홍보 활동을 하고 있지만, 투쟁을 이끌어도 그만 억눌러도 그만이게 됐다. 대량 살상 위협에 의존하는 강대국은 대중 동원의 정치에 관심이 없는 법이다.

둘째, '사회주의'를 자처하는 나라들이 있어도 국제주의가 강화되지는 않았다. 소련과 유고슬라비아의 관계, 그다음에는 소련과 중국의 관계가 험악해지면서 [국제 공산당 운동이라는] 단일 운동은 완전히 쪼개져 버렸고, 외국 강대국의 힘을 얻고 싶어 하는 이들에게는 [소련 말고도] 다른 선택지가 꽤 많이 생겼다.

셋째, 전후에 서방이 꽤 장기간 완전고용과 상대적 고임금을 경험하며 노동계급의 의식이 변화했다. 노동자들의 투쟁성은 파편화된 협소한 영역에서 발휘되고, 자신들의 능력에 대한 자신감은 조건을 향상시키는 데서 발휘되곤 했다. 즉, 노동계급의 전통적 조직에 활발히 참여할 필요를 덜 느끼고, 공산당이 말하는 혁명적 미사여구와 사회주의 지상낙원에 일체감을 가질 필요를 덜 느끼게 된 것이다.

바로 이런 조건에서 공산당들은 점점 더 사회민주주의 정당을 닮아 가게 됐다. [1930년대에] 민중전선과 연립정부 지지는 파시즘이라는 구체적 위협에 맞서는 전술이라고 정당화됐다. 마찬가지로 제2차세계대전이 끝날 무렵의 연립정부 참여는 예외적 상황의 예외적 조처로 비칠 수 있었다. 반면 1950년대 중반에 사회주의로 가는 의회적 길과 부르주아 정계의 주류에 통합되는 것은 전 세계 공산당들의 장기 전략이었다. 세계 공산당들이 대부분 1968년 소련의 체코슬로바키아 개입을 규탄한 것은 그런 변화를 아주 극적으로 보여 준 일이었다.

[1970년대 초까지] 40년간 공산주의인터내셔널의 초기 전통을 보존한 것은 소규모 트로츠키주의 단체들이었지만, 그들은 거의 항상 노동계급의 진정한 투쟁과는 유리된 처지였다. 이 혁명적 운동이 패배의 시대가 강요한 고립에서 벗어날 조짐은 최근 몇 년 동안 [1960년대부터 1970년대 초]에야 나타났다.

그러나 스탈린주의는 여전히 노동계급 운동에 깊이 뿌리내리고 있는 조류이며, 혁명가들에게 주된 문제는 여전히 스탈린주의 사상의 영향을 받는 노동자들에게 어떻게 접근할 것인지이다. 트로츠키는 생애 마지막 몇 달 동안 미국 [트로츠키주의 정당] 사회주의노동자당 지도자들과 격렬한 투쟁을 벌였다. 그들이 공산당 소속 노동자들에게 적극 다가가는 것을 꺼렸기 때문이다. 미국 사회주의노동자당 지도자 중 한 명이 공산당원들이 트로츠키주의자들을 구타한 적이 있기 때문이라고 반대 이유를 대자, 트로츠키는 다음과 같이 답했다.

압니다. 그들은 우리에게 총까지 쐈죠. 그렇지만 수많은 노동자가 그들과 함께합니다. … 당연히 버넘은 우리에게 분노를 터뜨릴 것입니다. 샥트먼은 이렇게 말하겠죠.* '그것 보세요. 내가 예견한 대로입니다. 스탈린주의로의 투항입니다.' 우리 당원들도 상당히 반발할 겁니다. 그러나 중요한 것은 스탈린주의를 지지하는 노동자들입니다. 노동계급이 결정적입니다.[2]

---

* 제임스 버넘과 맥스 샥트먼은 미국 사회주의노동자당의 소수파 지도자들로, 소련이 노동자 국가도 부르주아 국가도 아닌 새로운 계급사회라고 주장하며 논쟁을 벌이다 1940년에 탈당했다. 버넘은 곧 우파로 전향했고 샥트먼도 1960년대에 미국 제국주의를 지지하는 것으로 나아갔다. 384~385쪽 참조.

공산당원* 노동자들을 혁명적 정치로 설득하려면 두 가지가 필요하다. 첫째, 나날이 벌어지는 진정한 계급투쟁에서 실질적이고 진실한 공동전선 활동을 하는 것이다. 둘째, 정치적 차이와 그것의 역사적 기원을 놓고 허심탄회하게 토론하는 것이다. 이 책은 그런 토론에 보탬이 됨으로써 혁명적 운동을 재건하고자 쓴 것이다.

---

* 이 책 전반에서 '공산당원'과 '공산당'이라는 용어는 자신을 그렇게 지칭하는 개인과 조직을 가리키기 위해 쓰인다. 나는 당연히 전 세계의 공산당들이 그 용어의 참다운 의미에서 '공산주의적'이라 여기지 않는다. 그러나 나는 '스탈린주의'라는 용어보다는 이런 단서를 단 채로 '공산주의'라는 용어를 쓰고자 한다. '스탈린주의'라는 용어는 종파주의적으로 들리며 사회민주주의와 닮게 된 오늘날의 공산당을 묘사하기에 부정확한 말이기 때문이다 — 지은이.

1부
1943~1953년

1장
제2차세계대전

제2차세계대전은 영국·독일·소련·일본·미국 지배자들이 벌인 잔혹하고 피비린내 나는 세력 다툼이었으며, 지배자들은 그 과정에서 죽은 3000만 명의 운명에는 별 관심이 없었다.

전쟁은 1939년 9월 3일 프랑스와 영국이 독일에 선전포고를 하면서 시작됐다. 그보다 11일 전[인 8월 23일]에 스탈린은 히틀러와 [독소]불가침조약을 맺었다. 이 조약의 군사적 가치는 불확실했다. 22개월 후 히틀러가 소련을 침공하자, 소련이 [이 조약으로] 획득한 땅[핀란드·에스토니아·라트비아 전체, 루마니아 일부, 폴란드 절반]은 며칠 만에 넘어갔으며, 설사 스탈린이 소련의 군사력을 강화할 시간을 벌었다 하더라도 히틀러 역시 한쪽 전선[서부전선]에서만 싸우는 동안 시간을 벌었기 때문이다. 그러나 무엇보다 독소불가침조약 체결은 스탈린이 공산주의인터내셔널을 전혀 신경 쓰지 않는다는 사실을 드러냈다. 그 전 5년간 전 세계의 공산주의인터내셔널 지부들은 모든 것을 파시즘에 맞선 투쟁에 종속시키고 있었다. 자연스럽게 영국 공산당과 프랑스 공산당은 [독일에 대한] 자국 정부의 선전포고를 지지하고 9월 2일 프랑스 공산당 의원들은 전쟁공채 발행에 찬성표를 던졌다. 그러다가 한 달 만에 그들은 기괴한 공중제비를 하도록, 즉 이 전쟁을 [반파시즘 전쟁이 아니라] "부조리한 제국주의 전쟁"으로 규정하도록 강요당했다.[3]

　1941년 6월 독일 군대가 소련을 침공했다. 같은 해 12월 일본이 진주만을 공격하자 미국이 참전했다. 미국이 이 전쟁을 어떻게 봤는지는 나중에 대통령이 되는 해리 트루먼이 [상원 의원이던] 1941년 6월에 노골적이고 간명하게 요약해 보여 줬다. "우리는 만약 독일이 이기고 있다면 소련을 도와야 하고, 소련이 이기고 있다면 독일을 도와야 합니다. 그렇게 해서 그들이 서로 최대한 많이 죽이도록 해야 합니다. 비록 어떤 일이 있어도 히틀러가 승리하는 꼴은 보고 싶지 않지만요."[4] 그리고 1943년이 되자 영국·소련·미국 연합군은 독일을 박살 낸다는 입장을 분명히 했다.

러시아 민족주의

　히틀러의 독일과 싸우는 동안 스탈린은 민족주의에 어마어마하게 양보했다. 이 전쟁을 "애국 전쟁"으로 묘사하며 1812년 나폴레옹 [의 러시아 침공]에 맞선 전쟁에 비유했다. 단지 말만 떠벌린 것은 아니다. 독일에 크게 밀리자 스탈린은 장교 계층에 양보했다. [1917년 혁명으로 폐지된] 장교의 계급은 1930년대에 이미 부활해 있었는데 이제는 군대에서 정치위원이 없어졌으며 거수경례나 견장 착용 같은 차르 시절 의례가 많이 되살아났다.

아주 날것의 민족주의적 표현이 허용·장려됐다. (한때 재능 있는 소설가였던) 일리야 예렌부르크가 1942년 7월 24일 〈프라우다〉에 다음과 같이 쓸 정도였다.

우리는 대화를 원하지 않는다. 화만 내고 싶지도 않다. 우리는 죽이 길 원한다. 당신이 독일인을 한 명도 죽이지 않았다면 그날은 헛되이 산 날이다. 독일인을 한 명 죽였다면, 한 명 더 죽여라. 우리에게 독일 인 시체보다 아름다운 것은 없다. 얼마나 행군했는지 세지 마라. 독일 인을 몇 명 죽였는지만 세라. "독일인을 죽여라!" 당신의 늙은 어머니 가 간청한다. "독일인을 죽여라!" 어린이들이 애원한다. "독일인을 죽여 라!" 당신의 조국이 울부짖는다. 죽여라!

심지어 전술적 수준에서도 이렇게나 노골적이고 메스꺼운 민족 주의는 정당화되기 힘들었다. 러시아 민족주의는 독일인의 국민감 정을 자극해 나치의 주요 이데올로기적 무기만 강화했을 것이다. 그 러나 더 근본적인 문제는 나치에 맞선 투쟁을 계급투쟁적으로 해 야 한다는 생각을 공개적이고 전면적으로 걷어차 버렸다는 것이다. 히틀러의 군대에 점령된 지역 어디에서나 주된 저항은 사회에서 천대받는 계층, 즉 노동자·농민이 벌인 것이다. 몇몇 중요한 예외가 있기는 하지만, 상층계급과 중간계급은 파시스트에 점령된 상태를 견딜 수 있었다. 사람들이 나치를 몰아내기 위해 무기를 든 것은 자신들을 전쟁과 점령의 공포에 빠뜨(렸고 그 전 1930년대에는 실업과 빈곤에 빠뜨)린 사회를 더 나은 것으로 바꾸고 싶었기 때문이다. 공산당들이 민족주의 노선을 채택한 것은 혼란스럽기 쉬운 이런 불만의 감정을 움직여 전쟁을 혁명전쟁으로 전환하고자 하는 노력을 간단히 내치는 일이었다.

프랑스 레지스탕스

프랑스 레지스탕스의 경험을 살펴보면 스탈린주의 노선이 실천으로는 어떻게 나타났는지 알 수 있다. 프랑스는 매우 빠르게 치욕스러운 패배를 당했다. [독일이 침공한 지 단 6주 만에] 1940년 6월 파리가 함락됐고, 지방의 조용한 휴양도시 비시에 노회한 군 원수 페탱이 이끄는 새 정권이 세워졌다. 프랑스 영토가 일부, 1942년 11월부터는 전부 [독일에] 점령당하는 동안 비시 정권은 사실상 히틀러의 꼭두각시 노릇을 했고, 경찰 탄압과 유대인 혐오가 창궐했다. 반면에 노동계급은 나치의 침공과 점령이 가하는 무게를 주로 짊어졌다. 독일 장군 폰슈투드니츠가 파리 점령 6일 후에 내린 첫 포고령은 모든 파업을 불법화하고 물가와 임금을 모두 점령일 기준으로 동결한다는 내용이었다. 독일의 점령 기간 내내 노동자들은 계속해서 노동조건 공격에 시달렸다. 노동시간이 늘어나고 성과급이 도입됐으며, 해방 몇 달 전부터는 실업률이 치솟았다.

비시 정권과 독일의 점령에 반대해 전개된 움직임은 독립적인 두 갈래 흐름으로 이뤄져 있었는데 그 둘은 때로 서로 충돌했다. 프랑스 국내의 저항은 1940년부터 성장했다. 처음에는 서로 연계되지 않은 소수 개인들의 행동이었지만, [독일군을 위한] 강제 노동을 하지 않으면 독일로 추방해 버리겠다는 [비시 정권의] 위협을 피해 마키로* 합류하는 사람들이 늘어나면서 1942년부터는 상당히 강해졌다. 국내의 저항운동은 목표가 통일돼 있지는 않았지만, 억압받는 계급에 확고히 기반을 두고 있었다. 다른 흐름은 1940년 런던으로 피신한 드골 장군의 지휘를 따랐다. 드골파는 프랑스 부르주아지 가운데 히틀러를 받아들이려 하지 않는 부문을 대변했다. 그렇다고 해서 그들이 좌파에 친밀감을 느끼는 것은 전혀 아니었다. 프랑스의 소규모 트로츠키주의 단체 하나는 드골파를 "프랑스 자본주의에서 가장 약삭빠르고, 가장 거짓 선동에 능하며, 따라서 가장 위험한 정파"라고 묘사했다.[5]

독일이 소련을 침공하기 전까지 프랑스 공산당이 레지스탕스를 대하는 태도는 좋게 말해도 흐리멍덩했다. 프랑스 공산당은 (드골을 "런던 금융가의 도구"라고 비난하는 등) 말은 혁명적 느낌이 나

---

* 마키(maquis) 레지스탕스의 일종으로 주로 삼림지대에서 활동한 유격대.

게 했지만 실제로는 비시 정권을 받아들였다. 심지어는 자기네 기관지 〈뤼마니테〉(인류)의 발행을 합법화할 목적으로 독일 당국을 조심스럽게 접촉하기까지 했다.* 그 결과 프랑스 공산당은 이 기간에 상당히 약해졌다. 첫째, 많은 당원이 '비애국 노선'에 항의하며 탈당했다. 의원 74명 중 24명과 평당원 다수가 그랬다. 둘째, 비시 정권에 지나치게 친화적인 나머지, 탄압에 직면해서도 부주의한 태도를 보였다.

소련이 전쟁에 끌려 들어오자 프랑스 공산당은 레지스탕스에 빠르게 합류했다. 단지 소련 방어를 위해서만은 아니었다. 이제는 프랑스 공산당을 겨냥한 박해도 갈수록 심해지고 있었던 것이다. 1941년 8월 23일 비시 정권은 특별법원을 열어 공산당원들을 재판에 넘겼다.

프랑스 공산당의 레지스탕스 조직 중 중요한 것은 의용유격대FTP로, 독일이 소련을 침공하기 전부터 저항이 필요하다고 주장한 지도적 공산당원인 샤를 티용이 이끌었다. 프랑스 공산당은 조직적 독립성을 유지하면서 사회당, 급진당, 노동조합총연맹CGT, 가톨릭계 노조 등 여러 단체와 함께 (1943년 5월에 결성된) 레지스탕스전국평의회에 들어갔다.

---

* 이 혐의는 옛 공산당원들이 한 증언에 기초해 수년간 제기됐다. 결국 당의 역사를 기록하는 공식 출판물에서 이 혐의는 사실로 인정됐다. *Le Parti Communiste Français dans la Résistance*, Paris 1967, p 73 — 지은이.

그때부터 민족주의적 언행에 거침이 없었다. [공산당 사무총장] 모리스 토레즈는 1944년 5월 18일 모스크바에서 방송하면서 다음과 같이 선언했다.[*] "프랑스인은 모두 나치 도당의 사형집행인과 그들의 비열한 부역자에게 증오의 숨을 내뿜습니다. 프랑스인은 모두 복수에 목말라 있습니다. 프랑스인은 모두 조국의 해방과 재건을 위해 싸우고 있거나 싸우고 싶어 속을 태우고 있습니다." 의용유격대는 '모두 함께 훈족을[**] 죽이자'라는 구호를 내걸었다. 감옥에서 탈출한 어느 공산당 투사의 말로 평당원들 사이에 퍼진 태도를 요약할 수 있다. 그는 함께 수감돼 있던 아나키스트들의 탈출을 돕지 않았다고 한다. "그 아나키스트들은 애국자가 아니었다. … 나는 왕정복고주의자에게는 문을 열어 줬겠지만, 아나키스트에게는 그럴 수 없었다."[6] 물론 프랑스 공산당의 많은 평당원은 국제주의 원칙에서 영감을 받았다. 예컨대 파리의 금속 노동자 장피에르 탱보는 [점령군 고위 장교를 암살한 혐의로 독일군에게] 총살을 당할 때도 "독일 공산당 만세"라고 외쳤다.

프랑스 트로츠키주의 운동은 작고 넷으로 분열된 데다 나치와 스탈린주의자 둘 다에게 박해를 받아서, 프랑스 노동자들에게 대안

---

[*] 토레즈는 1939년 10월 프랑스를 나와 소련 모스크바로 갔다.

[**] 훈족 4~6세기에 중앙아시아에서 활동하며 유럽을 침략한 유목 민족. 현대의 독일인과 아무 관계도 없지만, 제1·2차세계대전 당시 서유럽에서는 독일인을 잔혹한 야만인으로 묘사하기 위해 훈족이라고 불렀다.

적 지도력을 제공할 처지에 있지 않았다. 그렇지만 선전 수준에서는 공산당의 민족주의에 대한 대안을 제공했다.

프랑스 트로츠키주의자들은 모두 공산당이 독일 병사들에 대한 테러 공격을 지원하는 것을 반대했다. [제4인터내셔널 프랑스 지부의 신문] 〈라 베리테〉(진실)는 다음과 같이 주장했다. "살해당한 독일 병사는 더는 히틀러를 위해 싸우지 않을 것이다. … 그렇지만 히틀러에 반대해 싸울 수도 없을 것이다. 독일 병사 한 명을 공산주의로 설득하면 적이 한 명 줄어드는 것이 아니라 동맹이 한 명 늘어나는 것이다."

그러나 제4인터내셔널 프랑스 지부를 이루게 되는 단체들과 공산주의자연합(현 노동자투쟁LO의 전신) 사이에 분열이 있었다. 전자는 프랑스의 민족 투쟁에 어느 정도 진보적 내용이 있다고 여기며, 혁명가는 "부르주아의 민족주의에 맞서 일하는 사람들의 민족주의"를 제시해야 한다고 주장했다. 후자는 프랑스가 점령당했지만 여전히 제국주의 열강이며, 드골이든 비시 정권이든 똑같이 프랑스 제국주의의 이익을 유지하는 데 헌신하고 있고, 따라서 민족주의적 구호를 일절 거부해야 한다고 주장했다.[7]

프랑스 공산당이 민족주의에 타협했지만 그 투사들이 레지스탕스 투쟁에 참여해서 엄청난 용기와 자기희생을 보여 줬다는 사실은 의문의 여지가 없다. 프랑스 공산당원은 6만 명이나 사망한 듯하다. 프랑스 공산당의 레지스탕스 지도자들은 대개 독립적이고 개인적 용기가 대단한 사람들이었다. 의용유격대 지도자 샤를 티용은 흑해 반란의[*] 용사였고 5년간 강제노동형을 산 인물이다.

레지스탕스에서 하는 구실 덕분에 프랑스 공산당은 [1930년대] 민중전선 시절에 필적할 만큼 조직을 강화하고 크게 확장할 수 있었다. 물론 레지스탕스가 프랑스 인구 대다수의 지지를 누렸다는 신화를 그대로 믿어서는 안 된다. 프랑스 공산당이 레지스탕스에서 가장 투쟁적인 세력이어서 입당한 사람도 많았지만, 전쟁이 끝난 후에 공산당이 권력을 잡거나 적어도 유력한 세력이 되면 출세에 유리할 거라 내다보며 입당하는 사람도 많았다.

당원 수

	공업지역	준공업지역	농업지역
1937년	144,383	93,926	54,392
1944년	153,000	120,634	97,843
1945년	222,323	202,018	192,014

당 기층 조직 수

	작업장	지역
1937년	4,041	8,951
1944년	3,917	14,888
1945년	6,927	21,226
1946년	8,363	27,980

출처: M Duverger, *Political Parties*, London 1959, pp 32~34.

---

[*] 흑해 반란 1919년 러시아 내전에 개입해 백군을 지원하려던 프랑스 군함에서 일어난 반란.

프랑스 공산당은 산업 노동계급 사이에서 가장 중요한 진전을 이뤘다. 가톨릭계 노조를 제외한 프랑스 노조들이 모두 모여 재건한 노동조합총연맹에서 프랑스 공산당이 다수파가 된 것은 바로 전쟁을 거치면서였다. 독일 점령기의 막바지에 프랑스 공산당은 노동계급을 대규모로 동원할 수 있었다. 1944년 7월 14일 파리에서 공산당 소속 노동조합 투사들이 호소해 벌어진 대중 시위가 그 사례다.

그러나 순전히 당원 수만 보면 프랑스 공산당이 가장 크게 성공한 곳은 산업 노동자 부문이 아니라 농촌 지역이었다. 전쟁 전후 프랑스 공산당의 당원 수와 구성을 보면 알 수 있다.

프랑스 공산당이 농촌 지역에서 크게 성장한 것은 두 가지 요인 덕분이라고 할 수 있다. 하나는 프랑스 농촌 지역의 많은 곳에 오랫동안 급진적 전통이 있었다는 것인데, 프랑스 공산당의 새 당원과 지지 유권자는 사회당이 아니라 주로 급진당* 당원이거나 지지자였다. 다른 하나는 프랑스 공산당이 [곡물] 가격처럼 농민의 일상생활에 영향을 끼치는 모든 쟁점에 지칠 줄 모르고(그러나 기회주의적으로) 달려들었다는 것이다.

독일 점령기에 프랑스 공산당의 정책은 본질적으로 [1930년대] 민중전선 노선을 이어 가는 것이었는데, 그때보다 민족주의에 훨씬 더 타협적이었다. 그런 정책으로 얻는 이득도 훨씬 더 커졌다. 프랑

---

* 급진당 프랑스 제3공화국 시기 내내 주요 정당이었으며 자본주의적 자유주의 정당이었다. 당원은 대체로 중간계급이었다.

스 공산당은 국민 생활 곳곳에 영향력을 끼치게 돼, 전후에는 어떤 정치 세력도 무시할 수 없는 세력이 됐다. 그러나 공산당이 노동계급 운동을 단단히 장악하고 있었기에, 적어도 당장은 공산당을 거슬러서 또는 공산당 없이 노동계급의 행동이 일어날 가능성도 확실히 없었다.

프랑스 공산당이 가장 성공한 사례이기는 하지만, 독일이 점령한 유럽의 다른 지역에서도 비슷한 패턴이 나타났다. 1941년 6월 [독일군의 소련 침공] 이전에는 공산당들이 모든 곳에서 약하고 위태로웠다. 그러나 1941년 6월 이후 공산당들은 모든 기회를 놓치지 않고 레지스탕스 운동의 지휘권을 획득하려 했다.

그리스

예컨대 그리스 공산당은 [반나치 대중조직인] 민족해방전선EAM과 [그 군사 조직인] 그리스인민해방군ELAS 창설에서 주요한 구실을 하며 국민 생활에 깊이 침투했다. 그리스에서 첩보원으로 일한 영국 보수당원 C M 우드하우스는 민족해방전선을 다음과 같이 칭찬했다.

그들은 독일군이 사용하는 주요 통신수단을 제외하고 거의 나라 전체를 통제하게 됐다. 민족해방전선은 듣도 보도 못한 수단을 제공했다. 산악 지역에서 그들은 무선 통신·전화를 사용했는데, 전무후무

할 정도로 편리했다. 민족해방전선과 인민해방군은 자동차 도로도 수리하고 사용했다. … 문명과 문화의 혜택이 처음으로 산악 지역에 흘러들었다. 전쟁으로 문을 닫은 학교·지방정부·법원·공공시설이 다시 작동했다. 극장·공장·의회가 처음으로 문을 열었다. 그리스 농민의 개인주의 전통을 대신해 공동생활이 조직됐다. 농민의 자녀는 범그리스청년조직연합EPON(민족해방전선의 청년 조직)에 참여하도록 설득됐고, 농민의 비상금은 민족연대EA(구호 활동 기구)에 징수됐으며, 농민의 낚싯배는 인민해방해군ELAN(인민해방군의 해군)에 징발됐다.[8]

유럽의 다른 공산당들

전쟁이 끝나 갈 무렵 노동계급은 다시 스스로 행동하기 시작했다. 1943년 3월 [이탈리아 서북부] 토리노의 피아트 미라피오리 공장 파업은 파시스트 추축국 열강에 맞서 노동계급이 처음으로 벌인 주요한 도전이었다. 1944년 여름 총파업은 [독일에] 점령당한 덴마크를 뒤흔들었고 상당한 양보를 얻어 냈다.

각국 공산당이 그런 투쟁에서 지도적 구실을 했는데, 그들은 노동계급이 아니라 민족주의를 기초로 해서 싸웠다. [소련에 망명해 있던 이탈리아 공산당 사무총장] 팔미로 톨리아티는 모스크바 라디오 방송에 출연해 이탈리아의 모든 계급이 같은 이해관계를 공유한다고 주장했다.

히틀러가 몰락하면 모든 이탈리아인이 득을 볼 것입니다. 제 말을 분명히 이해하기 바랍니다. **모든 사회적 조건의 이탈리아인입니다!** 적어도, 잔혹한 경쟁 때문에 사업이 망가진 기업가가 그렇게 생각합니다. 오늘날 독일인 침략자들의 지배로 모든 유럽 시장과 단절된 경영인이 그렇게 생각합니다. 독일 파시즘을 자신들의 전통과 형제애라는 이상의 적으로 여기는 가톨릭교도가 그렇게 생각합니다. 전선으로 떠나보낸 남편과 아들이 나치 깃발 아래서 죽은 이탈리아의 모든 어머니가 그렇게 생각합니다. 전쟁으로 고난과 궁핍과 굶주림을 겪는 사람들이 그렇게 생각합니다. 자유인이 되고자 갈망하는 모든 이탈리아인이 그렇게 생각합니다.[9]

대부분의 나라에서 공산당은 엄청나게 성장했다. 오스트리아 공산당 당원은 1935년 1만 6000명에서 1948년 15만 명으로 늘었고, 체코슬로바키아 공산당은 1935년 6만 명에서 1946년 100만 명 이상으로 늘었다. 핀란드 공산당의 득표율은 1930년 1퍼센트에서 1945년 23.5퍼센트로 늘었다. 이탈리아 공산당 당원은 1944년에 40만 2000명으로 늘었고 1946년 말에는 200만 명을 넘겼다. 벨기에 공산당 당원은 1939년과 1946년 사이에 10배로 늘었고, 덴마크·네덜란드·노르웨이 공산당의 득표는 전쟁을 거치며 3~12배로 늘었다.[10]

영국

영국 공산당은 파시스트의 점령과 대적할 일이 없었는데도 노선은 기본으로 같았다. [독일군이 소련을 침공한] 1941년 6월부터 쭉 윈스턴 처칠이 이끄는 [영국] 연립정부를 완전히 지지한 것이다. 영국 공산당의 주간지 〈월드 뉴스 앤 뷰스〉는 "우리 민족의 전통"이라는 이름으로 독자들이 의견을 나누는 고정 코너를 뒀는데, 어떤 독자는 '동지comrade' 같은 외래어를* 사용하는 것을 불평했고, 어떤 독자는 영국 공산당을 [16세기 스페인 무적함대를 물리친] "엘리자베스 [1세] 여왕과 그녀의 해적들"의 후계자로 여겼다. 영국 공산당은 영국인 대중 사이에서 처칠의 연립정부에 대한 불신이 점점 커지고 소련에 우호적인 태도가 강하게 확산되는 것에서 득을 봤다. 당원 수가 1942년에 5만 6000명으로 훌쩍 뛰었고, 1945년에도 4만 5000명이 넘었다(1941년 6월에는 1만 2000명이었다). 무턱대고 당원 가입을 받는 태도도 당원 증가에 한몫했다.

영국 공산당은 프랑스 공산당이나 이탈리아 공산당만큼 대중적인 기반을 얻지는 못했지만, 산업 부문에서 중요한 구실을 했다. 1941년 6월까지 영국 공산당은 민중회의라는 이름의 외피 조직(또는 위장 단체)으로 활동했다. 민중회의는 '민중의 정부'와 '민중의 평화' 등을 목표로 삼았지만, 1941년 6월 이후 이 목표를 폐기하고

---

* '동지'를 뜻하는 영어 단어 'comrade'는 이베리아로망스어에서 유래했다.

(특히 공동생산위원회를 통해) 노사 협력을 장려하는 데 집중했다. 민중회의는 [노동조합 활동가이자 공산당원인] 잭 오언이 쓴 소책자 《공장 전선》을 발행했는데, 민중회의 지지자 D N 프릿은 그 내용을 다음과 같이 요약했다. "노동자들이 공장 조직에 가담하고 모든 생산 문제에 '관여'하는 동안에는, 생산 속도 향상이 진보적 대의에 이로운 것이 될 수 있다는 게 주된 논지였다."[11]

산업 부문에서 영국 공산당원들은 모든 파업에 반대했다. 그들은 결근을 하지 말자는 운동을 벌였으며, 광산에서는 사망 사고가 벌어지면 작업을 중단시키는 조처에도 반대했다. 게다가 생산성 향상에도 긍정적 태도를 보였다. 이런 태도 덕분에 영국 공산당은 노동당이라는 대중정당에 밀려 감내할 수밖에 없던 고립된 처지에서 어느 정도 벗어날 수 있었다. 1943년 5월 24일 [영국 공산당] 중앙위원회는 공산당의 노동당 가맹을 위한 운동에 박차를 가하자고 주장했다. 더 중요한 변화도 있었다. 바로 영국 노총TUC이 1943년 사우스포트에서 개최한 대의원 대회에서 '검은 회람문'을 철회한 것이다. 이 문서는 공산당원은 지역 지부 대의원이 되지 못하도록 금지하고 가맹 노조들에는 공산당원이 간부직을 맡지 못하게 하라고 강하게 권고하는 문서였다. 이 문서의 철회는 영국 공산당이 공동생산위원회에서 협조해 준 것에 대한 감사 인사였다. 이 덕분에 영국 공산당은 노동운동 내에서 영향력을 크게 확대할 수 있었다.

식민지

제2차세계대전 와중에 국제 공산당 운동이 채택한 정책에서 가장 추악한 면은 공산당들이 식민지·저개발국 대중을 대하는 태도였을 것이다. 유럽의 공산당원들은 그래도 파시스트 정권을 타도하려고 싸웠다. 그렇지만 연합국의 승리가 어떤 식으로든 식민지 대중에게 득이 된다고 보기는 힘들었다. 그와 반대로 영국은 세계 최대의 식민지 보유국이었고, 미국은 저개발국 곳곳에 경제적 촉수를 뻗치고 있었다. [영국 총리] 처칠은 1941년 9월에 (그 한 달 전에 처칠과 [미국 대통령] 루스벨트가 서명했으며 모든 민족에게 민족자결권을 약속한) 대서양헌장이 인도에는 적용되지 않는다고 선언했으며,[12] 1945년 얄타에서는 영국 제국 전체에 적용되지 않는다고 주장했다.

식민지들에서도 공산당이 성장했는데, 제국주의를 반대해서가 아니라 식민 제국의 전쟁 노력을 지지해서 이룬 성장이었다. [예컨대] 인도 공산당은 1943년 상반기 동안 당원 수가 4배로 늘어났다고 했는데, 그들의 주된 활동은 산업 중심지에서 생산 협의를 하고 '식량 증산' 운동을 벌이는 것이었다.[*] 인도국민회의가 불법화된

---

[*] 인도 공산당은 제2차세계대전을 제국주의 전쟁으로 여기다가 1941년 독일의 소련 침공 이후로는 반파시즘 전쟁으로 성격이 바뀌었다고 여겼다. 그러면서, 소련과 동맹을 이룬 영국에 맞서지 말고 적극 협조해야 한다며 그리 실천했다.

[1942년 말] 이후로 인도 공산당은 영국이 인도 노동자들을 이용하는 것을 도울 수 있는 사실상 유일한 세력이었다.*

식민지 세계의 공산당들은 유럽에서 전쟁이 벌어지는 것을 이용해 반제국주의 투쟁을 발전시키는 것에만 실패한 게 아니다. 제2차세계대전 와중에 그들이 채택한 전략이 만들어 낸 환상은 전후에도 오랫동안 해방운동의 성장을 방해했다.

---

* 1942년 여름 인도에서는 영국의 식민 통치에 반대하는 '인도에서 손 떼라'(Quit India) 운동이 벌어졌다. 이 운동은 대중적이었고 상당히 격렬했다. 영국 식민 당국은 이 운동을 유혈 진압하며 마하트마 간디를 투옥하고 인도국민회의를 불법화했다. 1934년부터 불법 단체로 규정돼 있던 인도 공산당은 '인도에서 손 떼라' 운동을 지지하지 않았고 1942년 7월에 합법화됐다.

2장
세력권 대분할

제2차세계대전은 강대국 지배자들을 위한 떠들썩한 잔치와 신무기 실험이 낳은 수많은 죽음 속에 끝났다.

1945년 4월 윈스턴 처칠은 스탈린에게 다음과 같이 썼다.

당신과 당신이 지배하는 나라들, 거기에 다른 많은 나라의 공산당들이 한편에 늘어서고, 영어권 국가와 그 동맹국과 지배령으로 모인 이들이 다른 한편에 늘어선 미래를 들여다보는 것은 그리 안심되는 일이 아닙니다. 양편의 싸움은 세계를 조각조각 찢어 놓을 것이며, 그 싸움과 관계된 양측 우리 지도자들은 모두 역사 앞에 부끄러우리라는 것은 꽤 명백합니다.[13]

점잖은 문체 뒤로 만일 역사가 "우리 지도자들"의 손에서 벗어날 때 무슨 일이 생길지 걱정하는 두려움이 감지된다. 처칠은 스탈린에게 강한 동류의식을 느꼈다. 처칠은 1944년 10월에 자신과 스탈린이 협력한 사례를 다음과 같이 묘사했다.

나는 작은 종이에 다음과 같이 썼다.

루마니아: 소련 90퍼센트, 나머지 10퍼센트.

그리스: 영국(미국과 함께) 90퍼센트, 소련 10퍼센트.

유고슬라비아: 50 대 50.

헝가리: 50 대 50.

불가리아: 소련 75퍼센트, 나머지 25퍼센트.

통역을 듣고 있던 스탈린에게 그 쪽지를 내밀었다. 잠깐 정적이 흘렀다. 이내 스탈린은 파란색 연필을 집어 들고 종이에 크게 동의의 체크 표시를 한 다음 우리에게 돌려줬다. 그 짧은 시간에 모든 것이 정해졌다.[14]

이 일화의 중요성은 이 분할이 크림반도의 얄타(1945년 1월)와 [독일의] 포츠담(1945년 7월)에서 열린 종전 회담에서 합의된 '세력권'과 정확히 같다는 데에 있는 것이 아니라, 이런 합의가 이뤄진 정신을 보여 준다는 데에 있다.

미국은 자신의 경제적·정치적 영향력을 강화하고 특히 서유럽과 극동 지역으로 확장하고 싶어 했다. 미국은 매우 치명적인 자산 하나가 있었다. 바로 원자폭탄이었다. 원자폭탄은 일본의 도시 히로시마와 나가사키에 사용됐다. 군사적 이점이 아니라 순전히 정치적 이유로 사용됐다. 사실 1945년 6월 6일 미국 전쟁부 장관 헨리 스팀슨은 대통령 트루먼에게 다음과 같이 말했다. "우리가 준비를 마치기 전에 우리 공군이 일본을 너무 철저하게 폭격해서 신무기의 위력을 보여 줄 적당한 배경이 없어질까 봐 약간 걱정됩니다."[15]

스팀슨은 걱정할 필요가 없었다. 원자폭탄은 8월에 '성공적'으로 투하됐다. 1945년 8월 10일 이탈리아 공산당의 신문 〈루니타〉(단결)는 일반 대중을 폭격하는 것이 프롤레타리아의 이익에 들어맞는 일인지 의심하는 이들을 날 세워 질책했다.

미국 공군이 원자폭탄을 투하했다는 소식은 전 세계에 큰 인상을 남겼고, 곳곳에서 공포감과 비난의 소리가 터져 나왔다. 우리가 보기에 이런 반응은 기이한 심리적 도착 상태이자 추상적 인도주의에 대한 교조적 복종이다. 지금 일본의 운명을 안타깝게 여기는 사람들은 극동 지역의 격렬한 전쟁이 가공할 새 살상 무기의 투하 덕분에 즉각 종료됐다는 사실을 깊이 생각하지 않는다.

스탈린은 바라는 것이 뚜렷했다. 발칸반도를 자신의 세력권으로 확고히 유지하고, 소련이 입은 엄청난 전쟁 피해에 대한 막대한 배상금을 원했다. 소련은 원래는 재건 작업을 위해 독일 노동자 1000만 명을 소련으로 보내고 독일 산업 80퍼센트를 해체하라고 요구할까 고려했다. 소련은 이 요구를 철회하는 대신 독일·루마니아·헝가리에서 막대한 배상금을 뜯어냈다.[16]

스탈린은 동유럽을 손에 넣으려고 기꺼이 친절하고 상냥한 태도로 협상에 임했다. 무엇보다, 스탈린은 자기 '세력권'이 아닌 나라들에 있는 공산당들을 단속할 수 있었다(물론 이를 공식적으로 약속해 준 것은 아니지만).

프랑스의 해방

1944년 6월과 11월 사이에 프랑스가 독일의 점령에서 해방됐다. 연합군뿐 아니라 수많은 프랑스 대중이 전투에 참여했다. 여러 공업 도시에서 봉기가 일어나, 파시즘을 물리치는 데 일조하려는 노동계급의 투지를 보여 줬다. 8월에는 철도 노동자들이 파업을 벌여 나라 전체를 마비시키고 점령군에 맞선 대중운동에 도움이 됐다. 독일이 쫓겨난 곳에서 사람들은 스스로 권력을 잡았다. 해방위원회가 수립돼 해방된 지역을 사실상 통치했다. 마르세유에서는 시 정부가 중앙정부와* 상의하지 않고 국유화 작업에 착수했다. 인민 법원이 수립돼 재판을 하기 시작했다. 특히 레지스탕스는 나치 부역자들을 처벌하는 공식 절차를 기다리려 하지 않았다. 적어도 1만

---

* 명목상 수반은 샤를 드골이었지만 실제로는 공산당과 사회당, 기독교민주주의 정당인 민중공화국운동의 3당 체제였던 1944~1946년의 프랑스공화국임시정부(GPRF)를 말한다. 뒤이어 제4공화국이 들어섰다.

1000명이 처형됐다는데, 실제로는 더 많았을 수 있다.

대중의 행동은 혼란스럽고 제각각이었다. 혁명적 지도력이 부재했기에 그런 상태가 계속 유지됐다. 명확한 강령이 있는 혁명적 조직이 있었다면 노동자 민주주의 기관의 발전을 고무하고 국가권력을 공격할 준비를 할 수 있었을 것이다.

두말할 것도 없이 프랑스 공산당은 그런 구실을 하지 않았다. 오히려 프랑스 공산당은 드골이 세운 정부에 들어갔다. 심지어 전술이라고조차 하지 않았다. 오히려 모든 것을 [연립정부] 참여를 위한 관료적 논리에 종속시켰다. 해방 전까지는 드골과 싸웠던 프랑스 공산당은 이제는 공산당원 중 누가 장관이 될지 선정하는 권한을 당이 아니라 드골이 갖는다는 것도 받아들였다. 당원들이 정부에 참여할지 말지를 당과 상의할 필요도 없었다. 이제 프랑스 공산당의 주된 전략은 사회당과 더 긴밀한 협력을 이뤄 내서 사회당이 다른 주요 정당인 민중공화국운동(기독교민주주의 정당)과 동맹하지 못하게 막는 것이었다. 점령기의 암울한 시절보다는 바로 이때, 프랑스 공산당 당원 수가 실질적으로 증가하고 기회주의자가 대거 유입됐다.

당시 프랑스 공산당 지도부 가운데 권력 장악을 시도하자고 주장한 사람은 아무도 없었던 듯하다(앙드레 마르티가 그랬다는 의혹이 나중에 제기됐지만, 그는 강력히 부인했다). 그러나 지도부 중 일부(특히 레지스탕스에 가장 적극적으로 관여했던 티용과 오귀스트 르쾨르)는 1944년 11월 파리로 돌아온 모리스 토레즈가 내세운 전략에 불만을 품었다. 그 전략은 드골 정부에 참여하는 것에 더해, 의용대를 해산하고 해방위원회가 정부의 권위를 대체해서는 안 된다는 내용이었다.[17] 토레즈의 정책은 '하나의 국가, 하나의 군대, 하나의 경찰'이라는 구호로 요약됐다. 토레즈는 독일인들을 데려와 프랑스의 재건을 위한 강제 노동을 시켜야 한다고 주장할 정도로, 국제주의에 기반한 전략에서 크게 벗어나 있었다.[18]

무엇보다 프랑스 공산당은 생산을 독려해 프랑스 경제의 복구를 돕는 것을 자신의 역할로 여겼다. 주요 노동조합인 노동조합총연맹에서 공산당원들의 영향력이 강력했던 것이 이 과제를 수행하는 데 도움이 됐다. 프랑스 공산당의 이런 관점은 토레즈가 1945년 7월 와지에서 광원들에게 한 연설의 일부에 잘 표현돼 있다.

1936년 6월의 파업을* 멈출 권위가 있는 세력은 오직 우리 공산주의자들뿐이었고, 5개월 전[인 1945년 2월]에 '우리는 내전 놀음을 멈추고 노동계급과 우리나라에 대한 도발을 허용하지 말아야 합니다' 하고 말할 권위가 있는 세력도 오직 우리뿐이었습니다. …

게다가 광원들이 자기 일을 사랑하지 않는다는 것은 참말이 아닙니다. 여러분은 제가 광원 가정 출신이라는 것을 알 겁니다. … 나이 든

---

* 1936년 5~6월, 새로 집권한 민중전선 정부의 개혁 강령을 아래로부터 관철하기 위해 벌어진 거대한 점거 파업을 가리킨다. 프랑스 부르주아지와 동맹을 맺고 싶었던 스탈린과 프랑스 공산당은 파업이 혁명으로 발전하지 못하게 가로막았고, 투쟁이 잦아들자 우파가 반격해 민중전선 정부는 붕괴하고 공산당은 불법화됐다.

광원은 선원이 바다를 사랑하듯 자기 일을 사랑합니다. …

다시 결근 문제를 이야기하겠습니다. 결근에는 온갖 사유와 핑계가 있습니다. 그러나 친애하는 동지 여러분, 그 결근 이유들이 제게는 그렇게 납득되지 않는다는 말씀을 드릴 수밖에 없습니다.

동지 여러분, 한 말씀 드리겠습니다. 독감 유행과 식량 부족이 무척 심각했던 그 겨울에 루아르강 유역에서도 지금과 같은 문제가 떠올랐습니다. 노조는 복지기금회에 파견한 대표자들을 모아서 다음과 같이 말했습니다. "진단서를 조사하고 의사들과 토론하십시오. … 이 의사들은 대부분 우리의 친구가 아닙니다. 그들은 진단서를 너무 쉽게 떼 줍니다. 노동계급과 국유화의 오랜 적인 그들은 진단서를 쉽게 떼 줍니다. 그들은 혼란을 부추기고 있습니다."

저는 얼마 전에 에스카펠 탄광에서 일하는 젊은이 열대여섯 명이 6시에 작업을 마쳐도 되느냐고 물었다고 들었습니다. 춤을 추러 간다면서 말이죠. 이는 용납할 수 없는 일입니다.[19]

물론 당시 프랑스는 경제 위기, 굶주림, 연료 부족에 직면해 있었다. 최상의 해결책은 노동계급의 열정과 주도력을 동원하며, 동시에 노동자를 소외와 노동 규율에서 해방하는 노동자 생산 통제를 실시하는 것이었을 터이다. 그렇지만 이런 일은 토레즈의 신경 바깥에 있는 것이었다. 그의 주된 관심사는 국제적 세력권 분할을 위한 질서 유지 활동이었다.

이탈리아

이탈리아에서도 패턴은 비슷했다. 파시스트가 20년간 지배했어도, 토리노와 밀라노 같은 북부 대도시 노동자들의 투지는 꺾이지 않았다. 노동자들은 여전히 위대한 1920년 공장점거 투쟁의 전통 위에 서 있었다.

일련의 파업이 일어난 뒤 1945년 4월 24일, 밀라노 노동자 6만 명이 반란을 일으키고 노동자 평의회를 세워 공장을 운영했다. 토리노에서도 노동자들이 도시를 장악했다. 짧은 기간에 파시스트와 부역자 2만 명이 처형됐다. 여기서도 노동계급 권력이 의제에 오른 듯했다.

1943년 7월 무솔리니가 궁정 혁명으로* 타도되고 바돌리오 원수가 그 자리를 차지했다. 이탈리아 남부 일부만을 통치하고 있던 바돌리오 정부(나머지는 독일의 손에 남아 있었다)는 9월에 서구 열강과 휴전했다. 바돌리오는 1935년에 끔찍한 에티오피아 침공을 이끌었고, 페탱과 더불어 유럽의 최고령 원수元帥 셋 중 한 명이라고 뻐기던 자였다. 그는 정치적으로 무솔리니의 파시즘과 정확히 똑같은 것을 대표했다. 바돌리오의 집권은 유럽의 변화한 세력균형에 적응하는 것일 뿐이었다.

---

* 궁정 혁명 연합군이 이탈리아를 침공하자 무솔리니의 측근들이 국왕 비토리오 에마누엘레 3세로 대표되는 구체제와 동맹해서 무솔리니를 쫓아낸 사건.

'세력권' 조정이 아직 끝나기 전인 1944년 3월 소련 정부는 바돌리오 정권을 인정했다. 그다음 달 이탈리아 공산당 지도자 톨리아티가 [망명지 소련에서] 귀국했다. 그는 전쟁이 끝날 때까지 왕정의 폐지를 논의하지 말자는 데 바돌리오와 뜻을 같이했고, 이탈리아 공산당이 정부에 들어가겠다고 선언했다. 이탈리아 사회당의 노선이 어떤 면에서는 공산당보다 더 급진적인 경우가 있었다. 사회당은 토지·경제 개혁에 몰두했다. 그렇지만 사회당은 크고 더 잘 조직된 공산당을 상대로 우세를 점할 수 없었다. 톨리아티는 이탈리아 정권이 난관을 잘 극복하도록 돕고, 연합군 당국에 협조해 빨치산을 무장해제시켰으며, 의회 밖 행동을 호소하는 것은 일절 삼갔다.

그리스

그리스에서는 투쟁이 훨씬 첨예했다. 그리스 공산당은 민족해방전선을 좌지우지할 정도였는데, 민족해방전선의 위세를 두고 동시대의 어느 관찰자는 다음과 같이 썼다. "해방 당시 그리스 전체 인구는 700만 명이었는데, 민족해방전선 조직원은 200만 명이었다. … 그 누구도 민족해방전선과 대적하는 것은 생각조차 못 하는 듯했다."[20]

그리스 공산당은 노동계급(다수가 재앙적 실업에 시달리고 있었다) 사이에서 상당한 지지를 받았다. 나치군이 패퇴하며 격렬한 투쟁이 불타올랐다. 예컨대 런던에서 발행되는 〈이브닝 뉴스〉는 1944년 11월 3일 아테네의 섬유 노동자 2000명이 공장을 장악하고 '경영 위원회'를 임명했다고 보도했다.

그 전에 처칠과 스탈린은 영국이 그리스를 차지한다고 합의해 놓았지만, 처칠은 용의주도했다. 독일군이 그리스를 떠나자 영국군이 들어왔고, 12월 2일 영국군 사령관 로널드 스코비는 민족해방전선에 무장해제를 명령했다. 잔인한 전쟁이 뒤따랐고, 이듬해 2월까지 계속됐다.

처칠은 스탈린의 기분을 상하지 않게 하려 주의했고, 회고록에 다음과 같이 썼다. "스탈린은 [1944년] 10월 합의를 굳건히 신의 있게 지켰다. 아테네 거리에서 공산주의자들과 싸운 그 오랜 기간 내내 〈프라우다〉와 [소련 정부의 기관지] 〈이즈베스티야〉에서는 영국을 비난하는 말이 한마디도 나오지 않았다."[21]

그리스 공산당은 프랑스 공산당이나 이탈리아 공산당과는 달리 투쟁을 벌였다. 조직을 건사하기 위해서라도 그래야 했다. 그렇지만 권력을 장악할 태세인 것은 아니었다. 1943년 8월 그리스 공산당 사무총장 게오르기오스 시안토스는 "그리스는 유럽 중에서 영국이 모든 책임을 맡는 지역에 속한다"고 선언했고,[22] 그 뒤 그리스 공산당은 다마스키노스 대주교가 섭정을 맡는 계획을 다른 정당들과 함께 지지했다.* 1944년 10월 20일 그리스 공산당은 다음과 같

---

* 1941년 4월 독일이 그리스를 침공하자 요르요스 2세를 국왕으로 이오아니스 메

은 성명을 발표했다.

나라를 위해 질서와 순조로운 정치 생활을 보호하는 것은 모든 사람이 따라야 할 으뜸가는 민족적 의무다. 나치 부역자 등 범죄자를 처벌하는 권한은 거국일치 정부의 손에 있으므로 사적 제재를 삼가라.[23]

거국일치 정부에 민족해방전선 소속 장관은 6명이었는데 그중에는 공산당원도 있었다. 이 공산당원들은 스코비가 [민족해방전선에] 무장해제 최후통첩을 보내고 나서야 장관직에서 사임했다.

이 전쟁은 1945년 2월 12일(즉, 얄타회담과 같은 시점)에 [바르키자] 협정이 체결되며 끝이 났다. 레지스탕스 투사들은 일반범죄에 대해서는 사면받지 못하게 됐다.* 즉, 지도부는 안전하지만 기층의 투사들은 여전히 박해받을 수 있었다는 뜻이다. 그리스 공산당의 일부 부문은 이런 조처를 받아들이지 않았다. 이 중에는 아리스

탁사스를 총리로 하는 그리스 독재 정부는 이집트로 망명했다. 독일군의 철수 뒤 1944년 9월 민족해방전선 등 국내 레지스탕스 세력들은 망명 정부(총리는 게오르기오스 파판드레우)에 참여하기로 협정을 맺고 거국일치 정부를 수립했다. 요르요스 2세는 1946년에야 귀국했고 그때까지 다마스키노스 대주교가 섭정했다.

* 바르키자 협정 1944년 12월 3일 영국군은 아테네를 공습했다. 12월 한 달 동안에만 그리스인 5만 명이 사망했다. 이 협정에 따라 민족해방전선은 무장해제하고 해산했다. 그 대가로 약속된 제헌의회 선출을 위한 민주적 선거 실시 등은 지켜지지 않았다. 이 협정은 독일의 그리스 침공 때부터 1945년 2월까지 정치범죄로 처벌받은 사람들은 사면한다고 했는데, 그 기간 레지스탕스의 행위는 거의 다 일반범죄로 처벌됐다.

벨루히오티스 같은 아주 유명한 레지스탕스 투사도 있었다. 게릴라 전투가 재개됐다. 그렇지만 그리스 공산당은 당내 반대파를 가차 없이 대했다. 1945년 6월 벨루히오티스는 메탁사스(전쟁 이전의 파시스트 독재자)의 첩자였다는 혐의를 받고 공산당에서 쫓겨났다. 이는 당시 맹위를 떨치고 있던 우파 테러에 유리하게 작용했고, 곧 우파 병사들은 벨루히오티스의 머리를 잘라 전시했다. 그리스 공산당의 거듭되는 양보에도 미래의 충돌은 피할 수 없었다.

독일

나치의 12년 지배로 독일 공산당은 대단히 약해졌다. 소련으로 피신한 지도자들조차 안전하지 않았다. 히틀러와 스탈린이 [1939년에 독소불가침]조약을 맺으면서 많은 이들이 나치의 게슈타포에 넘겨졌기 때문이다.

그럼에도 히틀러 정권이 1945년 봄에 붕괴하고 소련군과 서방의 군대가 진군해 왔을 때 독일에서는 흔히 공산당원이 주도적 구실을 하는 지역 위원회들이 수립돼 있었다. 영국군과 미군은 큰 고려 없이 위원회들을 해산시켰지만, 소련군은 더 신중하게 움직였다. 그러나 얼마 지나지 않아 독일 공산당 지도자 발터 울브리히트는 자생적으로 형성된 위원회들에 해산을 명령했다.

독일 공산당은 강령을 발표했는데, 마르크스의 '마' 자도 없었다.

당원들이 인터내셔널가를 부르거나 "종파주의적" 언행을 하지 못하게 강하게 틀어막았다. 소련은 현지 공산당원들이 설치다가 서방과의 분할 협의에 차질이 생기는 것을 완전히 차단하고 싶어 했다.[24]

영국

영국 공산당은 당원 수가 1942년에 정점을 찍은 뒤부터 떨어지고 있었고, 국가권력에 대한 혁명적 도전을 개시할 수 있는 처지도 저지할 수 있는 처지도 아니었다. 소련에게 영국 공산당은 확실히 변변찮은 요소였다. 그런데도 영국 공산당 지도부는 유럽 다른 나라들의 공산당에 부과된 정책과 동일하게 자신들의 정책을 손질했다. 그들의 눈길은 몇몇 유럽 나라들에서 공산당이 참여하는 모종의 폭넓은 연합이 집권하는 것에 가서 꽂혔다.

1945년 7월 총선을 준비하면서 영국 공산당은 노동당 지지 정서의 고조는 과소평가하고 자신의 중요성은 과대평가하는 잘못을 저질렀다. 영국 공산당의 주요 선거 구호는 '노동당과 진보 세력을 다수파로'였다. 그들의 소망은 노동당이 여러 선거구에서 양보해 주면 공산당 후보들이 당선해 의원이 되고 그중 일부는 장관이 될 수도 있다는 것이었다.

영국 공산당이 말하는 '진보 세력'에는 전쟁을 비판하는 좌파 단체들이 포함된 적은 결코 없지만 보수당은 잠시 포함된 적이 있다.

1945년 3월에 선거[1945년 7월 총선] 패배를 감지한 처칠은 노동당에 전후 연립정부 구성을 제안했다. 3월 20일 [영국 공산당 기관지] 〈데일리 워커〉는 "선거 이후 초당적 거국내각이 필수다"라는 표제 아래 영국 공산당 집행위원회의 성명을 실었다. 영국 공산당 런던 지구당이 4월에 발행한 소책자가 그 내용을 더 자세히 설명했다. "선거 후 노동당은 새 거국내각을 꾸리고 처칠과 앤서니 이든 같은 보수당원을 포함해 다른 정당들이 참여하도록 초대해야 한다."

노동당 지도자들은 기민하게 사태를 파악하고는 보수당과 공산당의 제안을 둘 다 거절했다. 노동당은 전례 없이 다수 의석을 차지하는 정부로 선출됐고, 공산당은 겨우 2석을 얻었다.

선거 결과가 발표된 지 5일 후 노동당 정부는 항만 노동자들의 태업을 분쇄하려고 런던 서리 부두로 군대를 보냈다. 이튿날(8월 1일) 〈데일리 워커〉는 신문 1면의 한쪽 귀퉁이(지면의 24분의 1 크기)에 [논평 없이] 순전히 사실만 전달하는 단신 기사 "군대가 런던 부두를 장악하다"를 실었다. 공산당은 선거에서 정신이 번쩍 드는 경험을 했는데도 아직 계급 휴전을 깨뜨릴 생각이 없었다.

동유럽

스탈린의 '세력권' 내에서는 레지스탕스 운동이 대개 훨씬 더 약했다. 여기서 주요한 예외는 유고슬라비아였는데, 티토가 이끄는 빨치산이 소련군의 도움 없이 권력을 잡았다. 사실 1943년에 티토의 빨치산은 스탈린에게 다음과 같은 전보를 보냈다. "만약 우리에게 도움을 줄 수 없다면, 적어도 방해는 하지 마시오."[25]

티토의 빨치산은 유고슬라비아 산악 지대라는 유리한 지형에서 용감하고 대담한 게릴라전을 폈다. 그렇지만 바로 그 지역의 특성 때문에 빨치산의 기반은 본질적으로 농민이었다. 그리고 강령도 근본적으로 보수적이었다. 1942년 11월 [빨치산이 장악한 지역에서 소집한] 민족해방반파시스트평의회가 채택한 강령에는 "사유재산의 불가침성을 인정하고 산업·상업·농업에서 개개인이 주도력을 발휘할 가능성을 모두 열어 준다"는 내용이 있었다.

티토의 진정한 힘은 그의 [유고슬라비아] 민족주의였다. 그는 유고슬라비아의 다양한 민족들을 모두 묶는 연방의 토대를 닦고자 했다. 티토는 소련의 조언을 거슬러 왕정을 대체할 임시정부를 세우고, 전쟁이 끝날 무렵에 권력을 잡았다.

동유럽의 나머지 지역에서는 (폴란드 정도를 제외하면) 혁명적 가능성이 있었다고 이야기하기 힘들다. 첫째, 동유럽 나라들은 소련에 전략적으로 무척 중요했기 때문이다. 스탈린은 그 나라들 사회체제의 성격이 무엇인지에는 거의 관심이 없었다. 스탈린은 폴란드의 민족주의 지도자 미코와이치크에게 다음과 같이 말하기도 했다. "공산주의는 폴란드 사람들에게 어울리지 않습니다. 그들은 너무 개인주의적이고 너무 민족주의적입니다. … 폴란드는 자본주의 국가가 될 것입니다."[26]

둘째, 체코슬로바키아를 제외하면 동유럽 나라들은 경제적으로 매우 낙후했다. 그나마 존재한 산업은 외국 자본의 지배를 받았고 발전 수준이 천차만별이었다.

이런 상황에서 노동계급의 직접행동이 거의 없었다는 것은 놀라운 일이 아니다. 이 나라들 중 가장 산업화한 나라이며 1920년대에 대중적 공산당이 있었던 체코슬로바키아에서는 소련군에 의한 해방 이후에 노동자들이 공장을 접수하고 노동자 평의회를 건설했다. 그렇지만 이는 공산당의 반대에 부딪혀 그리 오래가지 못했으며, 다른 나라 노동계급은 훨씬 더 수동적이었다.

스탈린이 어떤 종류의 자생적 행동도 두려워한다는 것은 1944년 8월 폴란드 바르샤바에서 독일에 맞선 무장봉기가 일어났을 때 분명하게 드러났다. 이 봉기는 런던에 망명 중이던 폴란드인들이 결정한 것이기는 하지만, 대중의 용기와 활력을 훌륭하게 보여 줬다. 스탈린은 소련군의 바르샤바 해방 계획을 변경하자는 제안을 거절했을 뿐 아니라* 봉기 참여자들에게 무기와 보급품을 전달하려는 영국 비행기의 소련 비행장 이용도 허락하지 않았다. 독일군은 마음 놓고 도시를 불태우고 학살할 수 있었다. 소련 지도자들의 냉담함은 그들이 자기네의 정치적 통제를 받지 않는 반나치 운동의 출현

---

* 봉기가 시작될 즈음 소련군은 바르샤바 지척까지 진군해 온 상태였다. 봉기 참여자들은 소련군의 진입이나 원조를 기대했고, 처칠과 루스벨트도 적어도 보급품을 공중투하해 달라고 수차례 요청했다. 그러나 스탈린은 봉기가 패배하는 10월 2일까지 요지부동으로 아무것도 하지 않았다.

을 무슨 수를 써서라도 막는 데 관심을 뒀다는 것 말고는 달리 설명될 수가 없다.

동유럽 공산당들의 전략은 서유럽 공산당들과 마찬가지로 폭넓은 연립정부를 세우는 것이었다. 불가리아 공산당은 키몬 게오르기에프 장군이 이끄는 정부에 들어갔는데, 게오르기에프는 1934년에 군사 쿠데타를 일으켜 의회제를 폐지하고 노동조합을 불법화한 인물이었다. 루마니아 공산당은 러데스쿠 장군의 정부에 들어가면서, 무장 시민군을 해산하라는 요구 조건을 받아들였다. 그때까지 대개 규모가 매우 작았던 동유럽 공산당들은 이제, 국가기구로 들어가는 길을 찾고 싶어 하는 관리와 모리배를 대거 끌어들이며 급성장했다.

당장은 공산당들이 집권할 조짐은 없었다. 그러나 경찰과 군대를 통솔하는 자리를 차지한 공산주의자 장관들은 천천히 자신들의 권력을 강화했고, 필요하면 소련의 힘을 빌릴 수 있었다.

아시아

유럽 바깥의 '세력권' 분할은 해당 민족들의 이해관계를 더욱 무시하는 방식으로 이뤄졌다. 스탈린은 저개발 국가의 공산당들에 거의 관심이 없었다. 스탈린은 1944년 미국 대사 해리먼에게 다음과 같이 말했다. "중국 공산주의자들은 진정한 공산주의자가 아닙니다. 그들은 '마가린' 공산주의자입니다.* 그래도 그들은 진정한 애국자이고 일본과 싸우길 원하기는 합니다."²⁷ 그리고 1944년 6월 중국 공산당 지도자 마오쩌둥은 인터뷰를 하며 다음과 같이 선언했다.

중국 공산당은 장제스 총통을 지지하는 정책, 국민당과 공산당과 전체 인민의 협력을 이어 가는 정책, 일본 제국주의를 물리치는 정책, 자유민주주의적 중국을 건설하기 위한 투쟁을 아무 흔들림 없이 유지해 왔습니다.²⁸

1927년 장제스가 상하이의 공산주의자들을 학살하고 모든 공산당원을 국민당에서 내쫓았을 때부터 1937년 일본의 침략에 대응해 국공합작이 재건될 때까지 중국 공산당이 분명히 그 민족주의 지도자 장제스에 대한 지지를 철회했다는 사실을 고려하면 이는 꽤 이상한 진술이다. 중국 공산당이 겪은 10년간의 쓰라린 경험을 이처럼 손쉽게 얼버무린다는 것은 충격적인 일이다.

1945년 9월 영국군이 인도차이나에 상륙했다. 포츠담회담에서 영국이 차지하기로 된 지역을 접수하기 위해서였다. 영국군은 고법** 전차 차고 노동자들이 이끄는 무장봉기에 부딪혔다. 한 목격자는 다음과 같이 말했다.

---

* 마가린이 천연 버터의 대용품인 것에 빗댄 표현이다.

** 당시 사이공 인근의 지역으로 현재는 호찌민시에 속한다.

띠어상(불꽃) 그룹의 트로츠키주의자들은 영국·프랑스 군대와의 대결이 임박하고 불가피하다고 예상하고 민중행동위원회의 결성과 … 민중의 무장을 주장하는 전단을 배포하기 시작했다. 그들은 민족 독립을 위한 투쟁 기관이 될 민중 회의의 창설을 옹호했다. 고법에 있는 커다란 전차 차고의 노동자들이 … 띠어상 투사들의 도움을 받아 노동자 시민군을 조직했다. 시민군은 사이공-쩔렁 지역의 노동자들에게 스스로 무장하고 영국·프랑스 제국주의 군대에 맞선 불가피한 투쟁을 준비하라는 호소문을 발행했다.[29]

가난한 교외 지역이 저항 세력의 손에 들어갔고, 많은 프랑스 식민 지배자들이 처형당했다. 영국·프랑스 군대가 '질서'를 회복할 수 있었던 것은 주로, 인도차이나 공산당이 통제하는 베트민(베트남독립동맹)이 자진해서 협상에 나서고 투쟁의 자제를 촉구했기 때문이다. 사실 인도차이나 공산당은 이미 다른 여러 정당과 함께 베트남 연립정부에 참여하고 있었다. 땅 없는 농민들이 토지를 점거하자, 인도차이나 공산당 지도자 응우옌반따오는 다음과 같이 선언했다. "거듭 말하건대, 우리 정부는 중간 계급의 민주 정부입니다. 이제 공산주의자들이 권력을 잡고 있을지라도 말입니다."[30] 그 말마따나 인도차이나 공산당은 [1945년] 11월에 자진해서 공식 해산하고 마르크스주의연구협회로 바뀌었다. 호찌민은 자신이 공산주의자인지 아닌지 밝히길 꺼렸다. 인도차이나 공산당은 프랑스군의 재주둔과 베트남의 프랑스연합 귀속을 허용하는 1946년 3월 6일 협정에 서명하기 위해, 그에 앞서 트로츠키주의 반대파의 지도자인 따투터우와 쩐반타오* 등을 살해해야 했다.

라틴아메리카에서도 이야기는 비슷했다. 1943년 쿠바 공산당[정식 당명은 인민사회당] 의장 후안 마리네요는 풀헨시오 바티스타 정부에 들어갔다. 16년 후에 카스트로에게 전복당하게 될 그 바티스타였다.

미국

이 시기 세계 공산당 운동의 전략에 대한 흥미로운 부가 정보를 미국 공산당의 이상한 일화를 통해 볼 수 있다. 미국 공산당은 당원이 최대 8만 명이었고 기존 질서에 도전할 만한 처지는 분명히 아니었다. 그리고 미국 주요 노조들이 참여한 전시 '무파업 서약'을 계속 지지했다. 그래서 미국 공산당은 전쟁이 끝날 무렵 산업 노동자들의 투쟁성이 급등하는 상황에서 주역이 될 수 없었다.

미국 공산당의 지도자 얼 브라우더는 다른 나라 공산당 전략의 논리로 보이는 것을 따랐다. 미국 공산당은 1944년 5월 21일에 열

---

* 사이공 시의원을 지낸 트로츠키주의자 쩐반탓을 일컫는 듯하다. 쩐반탓은 무장 봉기를 이끌다 1945년 10월에 베트민 군대에 체포돼 처형당했다(Simon Pirani, *Vietnam & Trotskyism*, 1987).

린 당대회에서 해산하고 미국 공산주의정치협회로 전환했다. 이런 변화를 준비하면서 브라우더는 미국 공산당 전국위원회에 다음과 같이 보고했다.

조직된 마르크스주의자들은 국내에서는 민주·진보 진영 전체에 가장 안정적인 지지대와 지향점을 제공한다. 외교 관계에서는 다른 나라(상대적 평화와 질서의 시기가 왔을 때 유럽과 아시아를 재편하려 한다면 공산주의자들과의 협력이 절대적으로 필요한 나라, 예컨대 중국·유고슬라비아·이탈리아·프랑스)의 공산주의자들을 상대하는 데 필요한 정책 [수립]에 긴요한 경험을 제공한다.[31]

쉬운 말로 하면 브라우더는 자신의 국내적 힘을 기반으로 해서는 결코 얻을 수 없는 정부 직책을 얻으려고 자신의 국제적 관계망을 이용하고 있던 것이다. 그렇지만 1945년 4월 프랑스 공산당의 지도적 당원이자 국제 공산당 운동에서 영향력 있는 인물인 자크 뒤클로가 [프랑스 공산당 이론지] 《카이에 뒤 코뮈니슴》에 글을 써서 개입했다.[32] 뒤클로는 미국 공산당의 청산을 날카롭게 비판했고, 이 덕분에 [공산당 청산을 반대한] 윌리엄 Z 포스터가 재건된 당의 지도부를 맡을 수 있었다.

1946년 2월 이 불운한 브라우더는 미국 공산당에서 쫓겨났다. 그는 미사여구를 액면 그대로 받아들였고 다른 나라 공산당들이 온갖 양보를 하면서도 조직 자체를 와해시킬 의도는 전혀 없다는 것을 깨닫지 못했다. 상황은 곧 바뀔 것이었다.

혁명이 가능했을까?

1944~1945년 노동자들이 마주한 근본 물음은 이것이었다. 지금
은 혁명적 상황일까? 지금 일어나고 있는 대중투쟁의 분출이 세계
사회주의 혁명으로 전환될 수 있을까?

공산당들이 내놓은 답은 분명하게 '아니요'였다. 물론 그들은 스
탈린의 유럽 분할 정책을 수행하고 있었다. 그에 더해서 공산당 지
도자들은 노동계급의 자주적 행동을 뼛속 깊이 불신하는 관료의
태도를 대변했다. 레닌은 심지어 노동자 국가도 노동계급이 자신
의 권리를 방어할 수 있도록 독립적 노동조합 조직을 허용해야 한
다고 여겼는데 말이다. 그렇지만 부르주아 정부에 들어간 공산당원
장관들은 노동계급의 자기방어 움직임을 아무리 사소한 조짐이 있
어도 반대했고, 노동조합을 정부의 부속물로 바꿔 놓으려 애썼다.

이에 맞서 현실적 대안을 제시할 만한 세력은 전혀 없었다. 전쟁
중에 생겨난 혁명적 좌파는 약하고 고립돼 있어서 독자적 개입을
할 처지가 아니었다.

혁명적 지도력이 존재했더라면 상황은 매우 달랐을 것이다. 그리
스에서, 그리고 아마 프랑스와 이탈리아에서도, 부르주아 국가를
전복하는 것이 가능했을 것이다. 모든 혁명적 행동은 도박이고, 승

리를 미리 장담할 수 없다. 그렇지만 노동계급의 모든 자주적 행동은, 패배로 끝날지라도, 결국 노동자 권력으로 나아가는 과정의 일부다. 1944~1945년 공산당들의 정책은 그들이 그 과정에 등을 돌렸다는 것을 분명히 보여 줬다.

3장
밀월 기간

　1945년 가을부터 1947년 봄까지 약 18개월 동안은 국제적 교착 상태였다. 당장은 소련도 미국도 얄타에서 맺은 합의를 어그러뜨리고 싶어 하지 않았다. 소련은 전쟁으로 입은 끔찍한 피해를 복구하는 중이었고, 미국은 유럽 등지로 서서히 경제적으로 침투해 들어가고 있었다. 각국에서 공산당과 사회민주주의 정당이 잠정적이지만 평화롭게 공존하는 시기가 시작됐다. 사회민주당은 공산당이 태도를 바꿨고 주류 정치에 재통합될 가능성이 있다고 생각했다. 그러는 동안 공산당은 때를 기다리고 있었다.

　공산당은 가능하면 어디서든 연립정부에 들어가는 것을 목표로 삼았다. 1947년 초에 공산당원 장관이 있던 나라로는 오스트리아·벨기에·프랑스·아이슬란드·이탈리아·칠레·핀란드 등이 있었다. 공산당들은 어디서든 생산 활동을 지원하고 파업을 반대하는 패턴을 비슷하게 보였다. 이 시기에 공산당들이 무엇을 얻었는지 평가하는 것은 프랑스와 이탈리아에서 공산당이 정부에 참여해 무엇을 했는지 살펴보는 것으로 충분하다.

프랑스

평화 시에 정부에 참여하는 것은 프랑스 공산당에게 새로운 경험이었다(1936년 민중전선 시기에는 정부를 지지했지만 정부에 참여하지는 않았다). 1945년 10월 총선에 출마해 경합한 정당 가운데 중요한 것은 단 3개로 공산당, 사회당, 민중공화국운동(기독교민주주의 정당)뿐이었다. 전통적 우파 정당과 급진당은 독일 점령기에 신뢰를 잃었기 때문이다. 웬만한 수학자들도 제대로 이해하기 힘들 만큼 복잡한 비례대표제에 기반한 새 선거법은 의도적으로 프랑스 공산당의 당선 가능성을 줄이기 위해 고안된 것이었다. 그럼에도 프랑스 공산당은 500만 표 이상을 득표하고 161석을 얻으며 [1위를 차지하는] 가장 큰 성공을 거둔 정당이 됐다.

프랑스 공산당과 사회당은 합쳐서 과반 의석을 차지했다. 즉, 둘이서만 정부를 꾸릴 수 있었다. 프랑스 공산당은 원래는 둘이서 정부를 꾸리자고 했으나 사회당이 민중공화국운동도 참여시켜야 한다고 고집하자 물러섰다. 11월에 드골이 만장일치로 총리에 선출됐다. 드골의 관심사는 어떻게 하면 공산당을 구슬려서 노동계급을 잘 통제할 수 있을까였다. 드골은 프랑스 공산당에 직설적으로 이야기했다. 경제문제를 다루는 장관 자리는 줄 수 있지만, 외교·치안·국방 관련 자리는 결코 주지 않겠다고 말이다. 드골이 약간 양보해, 국방부를 셋으로 쪼개 공산당원이 군비부를 맡고 우파 인물이 국방부·군대부를 맡는 타협이 이뤄진 뒤 프랑스 공산당은 정부에 들어갔다. 토레즈는 4명의 부총리 중 1명이 됐고, 프랑스 공산당은 경제부·산업부·노동부 장관을 맡았다.

드골을 대하는 프랑스 공산당의 태도는 계속 모호했다. 1946년 1월에 드골이 총리직에서 사임하자 〈뤼마니테〉는 빈정대는 논조의 논평을 냈는데, 프랑스 공산당 사무국은 이에 대해 징계를 내렸다.

프랑스 공산당이 원칙과 정치를 기꺼이 훼손할 수 있었던 것은 자기 세력 기반 구축을 주된 목표로 삼았기 때문이다. 이 목표를 이루려면 프랑스 공산당은 이전에 사회당으로 향했던(그러나 사회당 자신은 상부만 비대한 관료주의적 조직 구조 탓에 더는 얻을 수 없게 된) 지지를 획득해야 했다. 동시에 사회당이 민중공화국운동과 너무 가까운 동맹을 맺어 공산당과 협력할 필요성이 줄어들게 되는 일도 막아야 했다. 이를 위해 전통적으로 반교권주의적인* 사회당을 민중공화국운동과 분열시키려고 오랜 논쟁적 주제인 가톨릭계 학교 보조금 문제가 제기됐다.

동시에 프랑스 공산당은 지지자들을 공산당원 장관이 관할하는

---

* 반교권주의(anti-clericalism) 가톨릭교회나 그 성직자들의 권력과 특혜에 반대하는 운동과 사상.

권력 요직에 앉혔다. 노동조합 대표자들을 국유화된 산업의 이사회나 특정 산업의 경영진(티용이 군비부 장관을 지내는 동안 항공 산업의 경영인 채용 공고는 공산당 친화적 신문에만 실렸다)에 집어넣은 것이다. 정부 부서가 엄청나게 확장됐다.

같은 시기 영국의 노동당 정부와 마찬가지로 프랑스의 전후 연립정부는 복지 개혁을 일부 도입해서 노령연금과 전쟁 부상자 보상금 등을 인상했다. 공장위원회가 법제화돼, 공장에서 노동조합 권리의 최저선은 보장됐다. 그러나 프랑스의 식민지에서 벌어지는 투쟁과 국내 산업 생산 같은 핵심 쟁점에서 프랑스 공산당은 수치스러울 정도로 기회주의적이었다.

종전 직후에 알제리와 인도차이나에서 프랑스 제국주의에 맞서는 위대한 투쟁의 씨앗이 뿌려졌다. 1945년 5월 알제리에서 민족주의 시위가 폭동으로 이어졌고 식민 당국은 강경하게 탄압했다. 〈뤼마니테〉의 5월 19일 자 논평은 다음과 같았다. "5월 8일 사건에 참여한 나치 살인자들과 가짜 민족주의 지도자들에게 그에 합당한 처벌을 내리는 것이 필요하다." 베트남에서 인도차이나 공산당은 언젠가 독립시켜 준다는 약속을 받고 프랑스군의 통킹 재주둔을 허용하는 1946년 3월 협정을 지지했다.

인도차이나 공산당이 좌우하는 베트민이 프랑스군과의 우호 협력을 촉구하는데도 충돌은 계속됐다. 이를 핑계 삼아 프랑스군은 [통킹만의 항구도시] 하이퐁에 포탄을 퍼부었고 6000명이 사망했다. 바로 이 사건 뒤에 프랑스 공산당 소속 의원들은 "극동 지역에서 문명화를 이루며 평화롭게 주둔을 유지"하려는 프랑스군의 노력에 경의를 보내는 의회 결의안에 찬성표를 던졌다. 1947년 3월 프랑스 하원은 인도차이나전쟁 자금 마련을 위한 공채 발행 문제를 논의했다. 이 회의 때 프랑스 공산당은 여러 극적인 태도를 보였다. [부총리인] 모리스 토레즈는 의회에서 장관석이 아니라 평의원석에 앉았고, 의원들이 프랑스군에 경의를 표하는 의미로 기립했을 때 일어나지 않았다. 그러자 [사회당 소속] 폴 라마디에 총리가 말했다. "인도차이나 문제에서 우리는 지금까지 소련 정부가 보인 올바른 태도에 언제나 주목해 왔습니다." 표결에 들어가자 프랑스 공산당 소속 의원들은 기권하는 것으로 만족했다. 반면, 공산당 소속 장관들은 내각의 단결을 지키기 위해 전쟁공채 발행에 찬성표를 던졌다. 정부에 남아 있는 것 자체가 정부에 있음으로써 실제로 성취하는 것보다 더 중요하게 여겨진 것이다.

국내 경제정책에서 프랑스 공산당은 경제 재건과 생산 증대에 전념하는 정부의 노력을 지지하는 데 완전히 꽂혀 있었다. 미국 기자 조지프 올솝은 [산업부흥 계획인] 모네 플랜의 시행에 프랑스 공산당이 크게 기여한다며 찬사를 보냈다.

지금까지 이 계획이 상당히 잘 진척된 핵심 요인은 프랑스 공산당의 열렬한 협력이다. 공산당은 프랑스 최대 노총인 노동조합총연맹의 가장 중요한 노조들을 통제한다. 공산당 지도부는 주요 프랑스 노조들이 노동자 1인당 생산량이 높을 때 그에 맞춰 보상을 지급하는 일종의

완화된 성과급제를 받아들인 것 같은 놀라운 변화들을 책임졌다.[33]

이것이 노동계급에게 뜻하는 바는 무엇이었을까? 본질적으로 만성적 인플레이션 시기에 임금을 억제하는 정책, 한마디로 이미 빈약한 노동계급의 생활수준을 대거 침해하는 것이었다. 비록 프랑스 공산당 지도자들은 임금 동결에 대해 선동성 비판을 이따금 했지만, 그에 맞서 자신의 강점을 발휘하는 일은 결코 없었다. 프랑스 공산당은 주요 노총인 노동조합총연맹의 대다수 부문에서 지배적 영향력을 발휘했지만, 강경한 파업 반대 정책을 밀고 나갔다. 공장에서 공산당원들은 솔선해서 스타하노프 운동* 방식의 생산 장려 활동을 했다. 예컨대 르노 자동차 공장에서 공산당원들은 전등을 끄지 않은 노동자들을 낭비적이라고 비난하고, 공장위원회가 운영하는 구내식당에서 무단으로 밥을 두 번 먹었다가 해고된 노동자들을 비난했다.

그렇지만 프랑스 공산당도 노동자들이 자신의 권리를 위해 싸우는 것을 완전히 틀어막을 수는 없었다. 1946년 1월 인쇄 노동자들 사이에서 임금 인상 파업을 하자는 압력이 생겨났다. 프랑스 인쇄업에는 오랜 아나코신디컬리즘 전통이 있었고, 이때 투쟁의 선두에 선 것도 아나코신디컬리스트 투사들이었다. 작업장 대표자들은 중재 신청에 표를 던졌지만, 노동자들이 연 대중 집회는 이를 거부하

---

* 스타하노프 운동 스탈린 치하 소련에서 실시된 생산성 증대 운동.

고 파업을 시작했다. 결국 노동자들은 임금 인상은 이루지 못했지만 생산성 향상 보너스를 소급해서 받아 냈다. (이 합의 이후 발행되는) 〈뤼마니테〉가 인쇄 노동자들을 날 서게 공격하는 기사를 실으려 했지만, 인쇄 노동자들이 인쇄를 거부해서 그 기사 부분은 빈 채로 신문이 나오게 됐다.

같은 해 7월, 우체국 노동자들의 불만이 커지자 노동조합총연맹은 파업을 선포했다. 그러나 항의성 반나절 작업 중단에 그치게 했다. 많은 투사가 여기에 만족하지 않았고 전면 파업이 벌어졌다. 하원에서 우체국 노동자들의 요구를 받아들이는 안건의 처리를 주도한 것은 사회당 소속 의원 한 명이었다. 프랑스 좌파에서 공산당의 장악력은 여전히 강했지만, 공산당이 다른 좌파에게 예기치 못한 한 방을 얻어맞을 가능성도 완전히 무시할 수는 없게 됐다.

이탈리아

이탈리아 연립정부(공산당도 포함된)는 훨씬 더 혹독한 경제문제에 직면했다. 1946년 6월 실업자가 250만 명으로 늘어났고 심각한 인플레이션이 일어났다. 비록 지방의 공산당원 투사들이 선동을 이끌기는 했지만, 이탈리아 공산당 전체로서는 철저히 합법적 통로의 행동만을 고수했다. 이탈리아 공산당은 빵 차등 배급이나 세제 개혁 등 노동자의 생활수준을 지키기 위한 몇몇 최소한의 조처를 요구하는 선동은 했지만, 이탈리아 자본주의의 재건이라는 기본 전략은 전혀 비판하지 않았다. 이탈리아 연립정부는 산업부흥공사IRI를 인수해서 발전시켰는데, 산업부흥공사는 무솔리니가 국가의 산업 관여를 보장하려고 쓴 주요 무기 중 하나였다.

이탈리아 공산당은 한 가지 면에서는 프랑스 공산당보다 더 성공적이었다. 바로 사회당의 협력을 얻는 문제였다. 1945년 7월 이탈리아 사회당 전국위원회는 피에트로 넨니가 제안한 공산당과의 동맹 계획을 76퍼센트 찬성으로 승인했다. 이 계획에 반대한 주요 인물로는 옛 공산당원 이그나치오 실로네, 나중[1947년]에 사회당에서 반공주의 세력을 이끌고 분열해 나가는 주세페 사라가트 등이 있었다. [1946년] 4월에 [공산당과 사회당의] 공동 행동 협정이 갱신됐고, 이번에는 사라가트가 열렬한 지지를 보냈다. 1946년 [6월 총선에서] 공산당과 사회당은 중앙 수준의 선거 협정을 맺지는 않았지만, 지역 수준에서는 서로 협력했다. 이렇게 해서 이탈리아 공산당은 노동운동에서 영향력을 넓힐 수 있었다.

영국

영국 공산당은 [국가]권력에 참여하고 있지 않았으므로 정부를 지지하는 데 아주 목매는 처지는 아니었다. 1945년 노동당의 선거 승리부터 [1947년 봄] 냉전 시작까지 기간에 영국 공산당원 투사들은 파업과 '눌러앉기 운동'을* 이끌었다. 영국 공산당은 빈집을 징발하라고 지방정부에 압력을 넣고 항명으로 기소된 군인들을 방어하는 데 적극적이었다.

그래도 전체로 보아 영국 공산당의 전략은 여전히 노동당 정부와 협력하는 것이었다. 《인간의 필요에 기초한 임금》이라는 소책자에서 [통합금속노조 조합원이자 공산당원인] 레지 버치는 전반적 분위기를 전달했다. "수년간 해야 할 필수 작업이 우리 앞에 놓여 있다. 금속 노동자들은 기꺼이 협력할 것이다. 이 길에서 걸림돌은 아무것도 용납할 수 없다."[34]

광원노조에서 활동하는 지도적 공산당원 아서 호너는 [냉전이 시작되기 직전인] 1947년 1월까지도 영국 공산당의 비공식 기관지 《레이버 먼슬리》의 지면을 빌려 광원노조가 생산성을 높이기 위해 기울인 노력을 자랑할 수 있었다.

이 나라 노동조합운동 역사상 처음으로, 광원노조는 석탄 생산량 증대 노력을 적극 돕는 책임을 맡았다. … 이번 겨울에 노조는 전국 생산 감독관 1명과 지역 생산 감독관 8명을 지명했고, 이들의 봉급은 광원노조의 기금에서 지급된다.

---

* 눌러앉기 운동(squatters' movement) 1946년 8~9월 영국 전역에서 일어난 운동으로, 비어 있는 군사기지·호텔·주택에 들어가 거주하는 형태였다. 주로 퇴역 군인과 그 가족 수만 명이 참여했다.

영국 공산당은 노동당 정부가 추진하는 국유화도 상당히 무비판적인 태도로 수용했다. 영국 공산당 소속의 지도적 노동조합 활동가 윌 페인터는 다음과 같이 회상한다.

나는 1947년 1월 1일 아침(국유화된 탄광을 가동하는 첫날)에 "새 시대의 여명"이 밝아 오고 있고, 오늘은 "노동자들이 자신의 운명을 스스로 통제하는 길로 나아가는" 중요한 날이며, 자본주의가 사회주의로 대체되는 과정이 시작되고 있다고 열정적으로 연설한 것을 기억한다.[35]

전후 '밀월' 기간 공산당들의 정책을 평가할 때, 그 정책들이 그들의 눈으로 보더라도 성공하지 못했다는 점을 강조하는 것이 중요하다. 누군가는 당시의 세계적 세력균형 탓에 실질적 성과를 거둘 수 없었으며 힘을 기르는 것이 중요했다고 말할지도 모른다. 그러나 그랬다손 치더라도, 공산당들이 추구한 정책이 그 목적에 복무했다고 보기도 힘들다. 노동자들이 스스로 유일한 무기를 버리도록, 즉 생산 현장에서 조직된 힘을 발휘하지 않도록 부추김으로써, 민족자결권을 지지한다는 요구를 (심지어 선전 수준에서조차) 제기하지 않음으로써, 공산당들이 희생시킨 것은 단지 단기적 이익만이 아니다. 바로 몇 년 안에 벌어질 살벌한 투쟁들을 앞두고 노동자들을 정치적으로 무장해제시킨 것이기도 하다.

4장
스탈린과 티토의 분열

세계를 양분하는 힘의 블록들 사이의 불안정한 평화는 지속될 수 없었다. 양측 모두 [상대를 비난하는] 여러 신화를 쌓아 올렸지만, 소련이든 미국이든 세계 전체를 정복하려는 소망이나 욕심은 없었다. 그렇지만 마찬가지로, 양측 다 전후 회담들에서 정해진 '세력권'에 만족하는 것도 아니었다. 양측 모두 자기 영역을 확장해야 할 무시 못 할 경제적 이유가 있었다. 그리고 탐욕스럽고 공격적인 적수에 대한 공포를 부추겨 국내의 불만을 다른 방향으로 돌리는 것이 매우 유용하다는 것도 알게 됐다.

냉전의 시작이 누구 책임인지 따지는 것은 헛된 일일 것이다. 전쟁의 성격은 누가 먼저 방아쇠를 당겼는지로 규정되지 않는다. 사실 첫 '방아쇠'를 당긴 것은 미국 대통령 트루먼이었다. 1947년 3월 12일 트루먼은 미국이 그리스에 개입하겠다고 발표했다. 그는 나중에 트루먼독트린으로 알려지게 되는 원칙을 수립했다. 사실상, '공산주의적'이라 여겨지는 모든 반란에 미국이 개입할 것이라는 선언이었다.

미국의 기본 목표는 서유럽을 미국식 자본주의에 안전한 곳으로 유지하는 것이었다.

서유럽은 제2차세계대전이 남긴 피해를 다 복구하지 못한 상태였다. 인플레이션과 대량 실업 때문에 불만이 크게 쌓이고 있었다. 그리고 프랑스와 이탈리아에서는 공산당이 노동계급에 지배적 영향력을 미치고 있었다. 미국은 서유럽을 미국의 시장이자 정치적 동맹으로 회생시키고, 통일된 정치·경제 블록을 세울 토대를 놓고 싶어 했다. 동유럽에 균열을 낼 수 있다면 더욱더 좋은 일이겠지만, 이를 위해 전쟁까지 벌일 태세는 아니었다.

그래서 1947년 6월 5일 유럽에 경제원조를 하는 마셜플랜이 발표됐다. 사실 마셜플랜은 역사상 최대의 '인센티브 제도'였다. 경제원조는 정치적 순응을 대가로 제공된 것이다. 그 일환으로 프랑스·이탈리아 등지의 정부에서 공산당 소속 장관들이 쫓겨났다.

냉전은 최대 강도로는 1953년까지, 희석된 형태로는 1960년대 초까지 지속됐다. 그렇지만 적어도 유럽에서는 양측이 전면적 대립을 꺼렸다. 그래서 양측이 [대립했다가] 전면전을 피하기 위해 물러서는 조마조마한 위기가 반복됐다.

마셜플랜이 발표됐을 때 이탈리아 공산당 지도자 톨리아티는 이탈리아가 원조를 환영할 것이라 선언했다. 1947년 7월 (공산당과 사회당이 포함된) 체코슬로바키아 정부는 원조 논의에 참여하기로 의견을 모았다. 그 원조가 체코슬로바키아 경제에 큰 도움이 될 것으로 봤기 때문이다. 그렇지만 8월 2일 소련이 마셜플랜을 거부하자, 공산당들은 그 노선을 충실히 따라야 했다. [소련으로서는] 공산당 운동의 기강을 다잡을 필요가 있었다.

소련은 무엇보다 동유럽 '세력권'을 확실히 틀어쥐는 데 신경을 썼다. 무슨 일이 있어도 이 나라들이 [소련과는] 독자적인 경제블록을 이뤄 잠재적 경쟁자로 발전하는 것은 막아야 했던 것이다. 1948년 1월 28일 〈프라우다〉는 불가리아 지도자 게오르기 디미트로프(충성스러운 스탈린주의자이자 전쟁 전 민중전선의 설계자)를 공개 비판했다. 그가 동유럽관세동맹을 설립하자는 이단적 제안을 했다는 이유였다.

인민민주주의

전후 '밀월' 기간에 동유럽 국가들은 부르주아 '민주주의' 헌법을 유지했고, 그곳 공산당들은 프랑스와 이탈리아에서처럼 사회민주당 등 다른 정당들과 공동 집권했다.

소련과 동유럽 동맹국들이 더 급진적인 정치·경제적 변화 과정에 나서기 시작한 것은 마셜플랜에 대한 대응이었을 뿐이다. 국가의 외국무역 독점은 마셜플랜에 대한 필수적 응수였다. 그와 동시에, [동유럽 나라들에서는] 가장 잘 조직된 정치 세력이던 공산당들은 소련을 언짢게 해선 안 된다는 두려움에 힘입어 다른 정치집단들을 흡수하거나 제거하는 데 성공했다.

동유럽의 새 정권들은 인민민주주의를 자처했다. 헝가리 공산당 지도자 라코시 마차시는 짧지만 핵심을 담아 인민민주주의를 "소비에트 없는 프롤레타리아 독재"라고 정의했다. 다시 말해, 노동자 권력기관이 없는 노동자 권력이라는 것이다.

인민민주주의의 수립은 소련 진영을 대단히 강화하는 것처럼 보였다. 그러나 이는 약화의 씨앗을 품은 강화였다. 그때까지 각국 공산당 지도자들은 자신의 정통성과 위신을 10월 혁명의 조국과 연계돼 있다는 점에서 끌어왔다. 그러나 이제는 자체의 국가를 갖게 됐다(비록 아직은 소련이 정치적·경제적으로 주무를 수 있었지만 말이다). 이런 모순은 향후 20년간 많은 결과를 가져올 것이었다.

코민포름

서방이 제기하는 새 도전에 소련 지도자들은 좌파적으로 보이는 정책으로 응수해야 했다. 이는 1947년 10월 공산당정보국(코민포름)의 창설로 이어졌다. 코민포름은 9개국의 공산당만으로 이뤄졌다. 동유럽 7개국의 공산당(소련, 폴란드, 헝가리, 루마니아, 불가리아, 체코슬로바키아, 유고슬라비아)과 서유럽 2개국의 대중적 공산당(프랑스, 이탈리아)이었다. 여기에 포함되지 않은 공산당 가운데 주목할 만한 것은 중국 공산당(2년 후에 권력을 잡게 된다), 그리스 공산당(당시 격렬하고 필사적인 무장투쟁을 하고 있었다), 알바니아 공산당(곧 스탈린에 누구보다 충직한 당이 되는데 이때는 유고슬라비아 공산당의 반대로 빠졌다)이다. 영국 공산당은 나중에 가서는 코민포름의 구성원이었던 적이 한 번도 없다고 자랑했지만, 당시에는 코민포름의 결정을 충성스럽게 지지했고, [1951년에 발표된 영국 공산당의 새 강령] 《사회주의로 가는 영국의 길》 전문全文은 코민포름이 발행하는 신문에 실렸다.

코민포름이라는 새 조직의 주요 임무는 공산당 운동을 규율하는 것이었다. 코민포름의 첫 회의에서 서유럽의 공산당들이 도마에 올랐다. 그들은 전후 밀월 기간에 타협과 양보를 했다는 이유로 대대적으로 비난받았다. 서유럽 공산당들을 가장 소리 높여 비난한 사람은 얄궂게도 유고슬라비아 공산당의 밀로반 질라스와 에드바르트 카르델이었다.

코민포름 첫 회의는 세계 정세에 대한 새 분석을 내놨다. 세계가 "제국주의·반민주주의" 진영과 "반제국주의·민주주의" 진영으로 양분됐다는 것이었다.[36] 여러모로 이런 규정은 1928~1934년의 '제3기' 정책으로 회귀를 나타냈다. 그렇지만 [제3기 정책과는 달리] 사회민주주의와 파시즘을 동일시하지는 않았다. 그 대신 [미국에 우호적인] '우파 사회주의자'와 [소련에 우호적인] '좌파 사회주의자'를 가르고, 후자(이탈리아 사회당, 동유럽의 공산당 친화적 사회민주주의 정당들, 그 외 나라의 다양한 소규모 단체들)의 환심을 사고자 부지런히 노력하는 것이 주안점이었다.

티토와의 분열

그렇지만 코민포름은 국제 스탈린주의 단일 운동을 보존한다는 목표를 이루지 못했다. 1948년 6월 28일 코민포름은 본부를 [유고슬라비아의] 베오그라드에서 [루마니아의] 부쿠레슈티로 황급히 옮기고 성명을 발표했다. "공산당정보국은 유고슬라비아 공산당 지도자들의 반反소련적 태도를 규탄한다. 그것은 마르크스-레닌주의와 양립할 수 없으며 민족주의자에게나 걸맞은 것이다."

1920년대 좌익반대파의 패배 이후 세계 공산당 운동에서 일어난 가장 심각한 이 분열의 원인은 무엇이었을까? 일차적 원인은 소련이 유고슬라비아의 경제 발전을 소련 경제의 필요에 종속시키려 하는 것에 유고슬라비아가 반기를 들었다는 것이다.

그런 수탈은 물론 티토의 유고슬라비아만 당하는 것이 아니었다. 그렇지만 티토는 스탈린에 반항하는 도박을 하고도 무사할 수 있었다. 티토는 자기 나라의 대중운동에 기반해 집권했으며 소련의 지원에 비교적 독립적이었기 때문이다. 바로 이것이 코민포름이 티토에게 퍼부은 주된 정치적 비난, 즉 당의 구실을 경시하고 사실상 당을 민중전선 속으로 용해했다는 비난의 진짜 이유였다. 민중전선이 오랫동안 공산당 전략의 중심에 있었기 때문에, 그렇게 비난했다는 게 이상하게 들릴 수 있다. 그렇지만 티토가 공산주의자로서가 아니라 대중적 유고슬라비아 민족운동의 지도자로서 통치하게 된다면, 세계 공산당 운동에서 소련 공산당이 차지하는 헤게모니가 통째로 흔들릴 수 있었다.

이렇게 해서 티토주의는 국제 노동운동 내에서 대안적 조류로 자리 잡았다. 그래도 티토주의는 관료적 스탈린주의의 한 변형이었지 노동계급 민주주의의 부활이 결코 아니었다. 1950년 6월 유고슬라비아 연방의회가 '노동자 평의회'를 공장에 설치하는 법을 통과시킨 것은 사실이다. 그러나 소련의 중앙집권적 경제모델이 유고슬라비아에서 실패했기 때문에, 그리고 유고슬라비아 경제의 경쟁력을 향상시키기 위해서, 생산 단위에 어느 정도의 독립성이 허용되고 금전적 유인책이 도입된 것일 뿐이다. 1950년 6월의 법이 시행되기 전이나 후에나 파업권은 인정되지 않았다. 노동기록부(노동자가 새 일자리에 지원할 때 보여 줘야 하는 봉인된 기록) 제도도 유지됐다.

티토의 국제 정책도 전혀 혁명적이지 않았다. 동구권 나라들은 유고슬라비아와 모든 관계를 끊었다. 특히 알바니아는 재빨리 소련의 지지를 얻어 냈다. 티토는 서방과의 무역을 발전시킬 수밖에 없었다. 그는 서방에 외교적 지지도 보냈는데, 특히 유엔의 한국전쟁 개입을 지지했다.

스탈린과 티토의 분열은 공산당 운동에서 소련이 차지하는 우위에 기대어 지위와 정통성을 유지하던 [소련] 관료들에게 매우 중요했다. 이런 이유로, 매우 표독스럽고 신경질적인 반응이 코민포름의 출판물을 장식했다. 1949년 9월 1일 코민포름의 신문 〈영속적 평화를 위해, 인민민주주의를 위해〉는 "파시스트 짐승이 미쳐 날뛰다"라는 흥미로운 제목의 머리기사를 실었다. 이 기사는 다음과 같이 주장했다. "반소련·반마르크스주의의 길을 택한 유고슬라비아의 부르주아 민족주의 티토 패거리는 그 반공주의의 논리적 결론에 이르렀다. 바로 파시즘이다." 이듬해 7월 7일 같은 신문에 실린 또 다른 기사는 다음과 같이 선언했다. "티토 패거리는 유고슬라비아 자본주의의 복원으로 향하는 발걸음을 또 내딛었다."

다음과 같은 뜻으로 이해된다: 파시스트 패거리가 얼마간 유고슬라비아를 통치해 왔고, 이제 막 자본주의의 복원에 착수했다. 지금까지 유고슬라비아는 짐작건대 '파시스트 노동자 국가'였다.

동유럽에서 숙청 작업

그렇지만 아무리 독설을 퍼붓는다 해도 말만으로는 티토주의라는 바이러스를 고립시키기에 충분하지 않았다. 1948년부터 1953년까지 동유럽은 각국 공산당 지도부 내의 잠재적 민족주의* 경향을

---

* 여기서 '민족주의'는 소련 공산당의 지도나 지시를 고분고분 따르지 않는 태도로 이해하는 것이 적절하다.

전부 제거하기 위해 고안된 일련의 재판과 숙청으로 갈기갈기 찢겼다. 이 기간에 처형당한 사람으로는 트라이초 코스토브(불가리아 공산당 서기장), 루돌프 슬란스키(체코슬로바키아 공산당 서기장), 블라디미르 츨레멘티스(체코슬로바키아 외무부 장관), 러이크 라슬로(헝가리 외무부 장관)가 있다. 브와디스와프 고무우카(폴란드 공산당 서기장)와 아나 파우케르(루마니아 외무부 장관)는 체포돼 해임됐다.

당시에 열린 재판은 1930년대 모스크바 재판에 버금갈 정도로 기본적인 법적 절차를 무시했다. 숙청당한 사람들의 다수는 오랫동안 투사로 활동한 경력이 있었다. 게다가 다수는 티토를 반대하는 장광설을 늘어놓는 삼류 작가로 헌신한 사람들이었다. 예컨대 루돌프 슬란스키는 〈영속적 평화를 위해, 인민민주주의를 위해〉에 "본색을 드러낸 베오그라드 첩자" 같은 제목의 기사들을 써서 독자들을 즐겁게 했다.[37] 그런데도 슬란스키와 그의 동료 피고인들은 "트로츠키·티토 추종자, 시온주의자, 부르주아 민족주의 반역자, 체코슬로바키아 민중의 적"이라는 딱지를 피하지 못했다.[38]

재판의 후반부에는 티토주의와 민족주의보다는 세계주의와 시온주의라는 혐의가 흔히 적용됐다. 그 희생자는 대개 소수민족, 특히 유대인이었다. 여기에는 복잡한 요인, 즉 이스라엘 문제가 있었다. 1948년 이스라엘 국가가 수립되자 소련은 이를 강력히 지지했다. 그런데 이스라엘은 급속히 미국 제국주의의 영향권으로 빨려들어갔다. 노선을 변경하는 과정에서 죄를 뒤집어씌울 대상이 필요했다. 두 길 보기를 할지도 모르는 사람들도 모두 제거할 필요가 있었다. 이 유대인 혐오적 숙청은 소련 국내로도 번졌다. 희생자는 수많은 이디시어* 작가와 배우였다. 1901년부터 러시아사회민주노동당 당원이었고 치머발트회의를 지지했으며 1921~1937년 적색노동조합인터내셔널의 서기장을 지낸 솔로몬 로좁스키도 그중 한 명이었다. 그는 74세의 나이에 총살당했다.

서유럽의 티토주의

티토주의 이단을 겨냥한 사냥은 [동유럽의] 집권한 공산당들을 넘어 유럽 전역의 공산당들로 번졌다. 1950년에 〈영속적 평화를 위해, 인민민주주의를 위해〉는 프랑스·독일·이탈리아·노르웨이 등지 공산당에서 티토 추종자를 축출했다는 소식을 끊임없이 보도했다. 그리스 공산당은 유고슬라비아가 제공하는 보급품에 결정적으로 기대어 무장투쟁을 하는 와중에도 [소련에] 충성하며 티토를 비난했다.

서방의 공산주의자들이 동방의 스승을 그저 흉내 내기만 한 것은 아니다. 그들의 최고 걱정거리는 자기 나라의 친미적 사회민주주의 정당이 유고슬라비아와 손잡을지도 모른다는 것이었다. 사회

---

* 이디시어 유럽 중부와 동부에 사는 유대인들이 사용하는 언어.

민주주의 정당이 또 다른 사회주의 조국을 등에 업으면 가공할 경쟁자가 될 터였다. 영국 노동당의 모건 필립스와 프랑스 사회당의 기 몰레가 1950년대 초 베오그라드를 방문했다. 반면 이탈리아 사회당은 공산당과의 정치적 유대를 끈끈하게 유지했고, 유고슬라비아를 방문한 밀라노 지역 당원들을 출당했다.

프랑스 공산당에서 벌어진 티토주의 반대 투쟁은 여러 형태를 띠었다. 유고슬라비아에서 휴가를 보낸 당원들은 축출됐고, 프랑스 대 유고슬라비아 축구 경기를 직접 관람한 투사들은 징계를 받았다. 공격의 또 다른 표적은 레지스탕스를 지도했던 당원들이었다. 프랑스 공산당은 이들이 티토와 비슷하게 "민족주의" 성향을 보일까 봐 두려워했다.

프랑스 공산당이 겪은 가장 격렬한 충격은 1952년 가을에 벌어진 마르티·티용 사건이었다. 앙드레 마르티와 샤를 티용은 공산당 운동의 걸출한 베테랑이었다. 둘 다 프랑스 해군이 러시아 혁명의 파괴에 이용되는 것을 막으려 한 [흑해] 반란 때 정치에 입문했다. 둘 다 스페인 내전에 참가해 싸웠다(비록 악랄한 반트로츠키주의 전적을 기록했지만). 마르티는 코민테른에서 지도적 구실을 했고 코민테른 해산에 서명했다. 티용은 (독일이 소련을 공격하기 전에) 프랑스에서 반나치 레지스탕스를 조직하는 데 일조했고 전후 연립정부에서 일했다.

그들은 바로 이 명성 때문에 프랑스 공산당의 지도부에 위협이 됐다. 마르티는 프랑스 공산당이 인도차이나전쟁에 무르게 대응한다고 여기며 날카롭게 비판했다.* 마르티와 티용 둘 다 지도적 직책에서 밀려났으며, 마르티는 "트로츠키주의 경찰 첩자"나 할 짓을 했다고 비난받았다.

이탈리아에도 [티토주의가] 전염될 위험이 있었다. 1951년 초 이탈리아 공산당 소속 의원인 발도 마냐니와 알도 쿠키는 공산주의자의 가장 중요한 의무는 그 어떤 공격에 맞서서도 영토를 수호하는 것이라고 선언한 이후 티토주의로 몰려 출당됐다.

영국 공산당은 코민테른이 "전쟁광들의 대리인"이라고 부른 코니 질리어커스 의원을 비난하는 데 많은 에너지를 쏟았다.[39] 질리어커스는 나토를 반대하는 입장 때문에 노동당에서 막 쫓겨난 참이었지만, 그가 유고슬라비아 정부에 동조한 것에 대면 그의 나토 반대 입장은 고려할 가치도 없다는 것이었다.

티토 반대 캠페인이 대대적으로 시작됐다. 영국의 제임스 클루그먼과 프랑스의 피에르 에르베는 각각 《트로츠키에서 티토로》라는 제목의 작품을 내놨다. 1956년 프랑스 공산당에서 쫓겨난 에르베는 당시에는 클루그먼이 자신과 유사한 책을 작업하고 있다는 사실을 전혀 몰랐다고 주장했다.[40]

결국 티토 반대 캠페인은 '바이러스'를 고립시키는 데 성공했다. 기성 공산당과 경쟁하는 티토주의 정당을 세우려는 시도가 특히 서독에서 있었지만 티토의 반란은 본질적으로 관료적이었고 티토

---

* 마르티는 프랑스의 베트남 침공을 강경하게 반대했다.

는 대안적 인터내셔널을 세울 생각이 전혀 없었다. 그런 계획은 서방의 사회민주주의 정당이나 다양한 진보 정당과 친해지려는 티토의 관심사와 양립하기가 거의 불가능한 것이었다.

티토와 혁명가들

티토주의는 스탈린주의 단일 운동에 생긴 첫 균열이었다. 불행히도 이 균열에서 혁명적 대안을 건설한다는 전망이 바로 생겨나지는 않았다. 당시 혁명적 운동이 극도로 취약했다는 것이 한 이유다. 그렇지만 트로츠키주의 운동의 다수가 티토의 반스탈린주의를 액면 그대로 받아들이고 너무 무비판적으로 이해했다는 사실도 한 이유다. 예를 들어 [정설 트로츠키주의 조직인 제4인터내셔널의 제러드 블로흐는 다음과 같이 썼다.]

러시아 혁명은 제3인터내셔널이 역사적 비행을 시작한 도약대였다. 유고슬라비아 혁명은 제4인터내셔널이 대중을 획득하는 데로 나아갈 도약대가 될 수 있다.[41]

소련을 '국가자본주의'로 이해하는 분석을 발전시킨 영국 트로츠키주의자들은 좀 더 신중한 태도를 보였다. 그들은 "사회주의적 국제주의자들의 첫째 임무는 유고슬라비아의 독립을 위해 투쟁하고 소련의 공격으로부터 유고슬라비아를 방어하기 위해 싸우는 것"이라고 강조했다. 그러면서도 그들은 티토주의는 본질적으로 모호하고 스탈린주의와의 분명한 단절을 뜻하지 않는다고도 지적했다. 혁명가들은 유연해야 하지만 노동운동 안의 티토주의 조류와 관계 맺을 때 무엇보다도 원칙에 입각해야 한다는 것이었다.

유고슬라비아 바깥의 티토주의 정당은 분명 소련군이 해방적 구실을 한다는 주장을 부정해야 할 것이고, "모든 나라의 노동계급은 스스로 해방을 쟁취할 수 있다"는 점과 작은 나라들이 스스로 생각하고 행동할 수 있다는 점을 강조해야 할 것이다. 이것은 고압적인 공산당 관료 집단에 맞선 투쟁의 내적 논리와 합쳐져서, 티토주의 정당의 평당원들이 온갖 관료주의에 맞서 싸울 '자체 동력'을 줄 것이다. 다른 한편으로 티토주의 정당은 집권 중인 관료 집단에 의존하므로, (소련 공산당이 이끄는 코민테른의 경험이 엄중하게 경고하듯이) 외교정책에서 우왕좌왕하고 진실을 반쪽만 강변하는 등의 모습을 보일 것이다. 트로츠키주의자들은 유고슬라비아 바깥 티토주의 정당의 이런 필연적 이중성을 이용해 혁명적 당 건설을 한 걸음 전진시킬 기회를 얻을 수 있을 것이다. 이를 위해 트로츠키주의자들은 (특정 조건에서는 티토주의 정당에 하나의 분파로 입당하는 것을 배제하지 않는 식으로) 전술적으로 유연하면서도 원칙을 확고히 지켜야 한다. '일국사회주의'라는 반혁명적 개념 반대, 소비에트 민주주의 지지 등등의 원칙 말이다.[42]

5장
아시아의 전쟁과 혁명

전후 분할 과정에서 공산당들은 제국주의 질서를 받아들였고, 민족해방운동을 저버리거나 심지어 방해했다. [냉전이 시작된] 1947년 중반부터는 반제국주의라는 말을 다시금 마음 놓고 할 수 있었다. 아프리카에서는 공산당들이 작고 약했기 때문에 정말로 말에 지나지 않았고, 라틴아메리카에서도 사정은 크게 다르지 않았다. 그렇지만 아시아에서는 무장투쟁을 위한 동원이 가능했다. 1948~1950년에 버마·말라야[말레이시아]·인도네시아·필리핀의 공산당들은 모두 무장 게릴라 투쟁을 시작했다. 그러나 대중행동이 수천 킬로미터 떨어진 곳 관료 집단의 편의에 맞게 시작됐다 끝났다 하는 것은 아니다. 아시아에서 일어난 봉기들은 대체로 성공하지 못했고 공산당들의 고립과 내부의 정치적 위기를 불러왔다.

몇몇 나라의 운동은 기반이 탄탄했다. 인도에서는 [지주에 맞선] 농민 게릴라 운동이 이미 1946년 [영국령] 하이데라바드왕국 지역에서 시작됐고, 1947년에는 게릴라 전사 5000명을 거느린 일명 텔랑가나 운동이 400만 명이 거주하는 3만 9000제곱킬로미터의 지역에 농민의 지배를 수립했다고 주장했다. 1948년 인도 공산당 당대회는 전면적 봉기 공세를 시작하기로 했다. 그렇지만 텔랑가나 운동 같은 특수한 조건이 없는 지역에서는 봉기가 혹독하게 탄압당했다. 공산당원 가운데 캄마(부농) 계층에 속한 이들은 이 전면 봉기 전술을 반대하며 부농·중농·빈농의 동맹이라는 마오쩌둥주의식 전략을 선호했다. 중앙정부가 하이데라바드를 침략했을 때, 인도 공산당은 주州의 자치를 옹호하며 니잠(하이데라바드왕국의 통치자)과 동맹했고, 그러면서 농민의 지지를 잃었다.

봉기의 확산을 주장하면서 다소 초좌파적인 입장을 채택한 인도 공산당 사무총장 B T 라나디베는 밀려나고 마오쩌둥주의식 동맹 전략을 지지하며 캄마 계층에 속하는 라제스와라 라오가 그 자리를 차지했다. 1950년 인도 공산당은 봉기 노선을 폐기하고 라오는 새 사무총장 고시로 대체됐는데, 고시는 소련의 정설 노선을 따랐고 이전 지도부의 "좌익 종파주의적 관점"을 비판했다.

베트남

베트남에서 일어난 전쟁(제1차 인도차이나전쟁)은 코민포름의 결정에 따라 시작된 것이 아니다. 1946년 말 프랑스군이 하이퐁을 사납게 포격하며 시작된 것이다. 이 전쟁은 1947년과 1948년에 격렬해졌고, 1949년 프랑스는 베트남에 바오다이를 수장으로 하는 꼭두각시 정권을 세웠다. 호찌민이 이끄는 베트민은 맹렬히 저항했고, 1949년 3월에는 게릴라전을 정규전으로 전환할 만큼 강력해져 있었다. 호찌민은 소련의 지시대로 움직이지는 않았다. 사실 소련은 중국의 새 [마오쩌둥] 정권이 호찌민 정부를 인정한 직후인 1950년 1월이 돼서야 호찌민 정부를 공식 인정했다.

베트민은 스탈린주의자들이 이끄는 민족주의 운동이었다. 베트민이 1946년 12월 20일에 발표한 "전체 인민에게 보내는 호소"를 보면 그들 자신은 스스로의 계급적 성격도, 두말할 나위 없이 사회주의와의 관련성도 드러내지 않으려 했음을 분명히 알 수 있다. "남녀노소·종교·정당·민족을 불문하고 모든 베트남인은 조국을 지키기 위해 프랑스 식민주의자들에 맞서 싸워야 합니다."[43]

그렇지만 베트민은 농민이라는 실재에 뿌리내린 운동이었다. 그리고 농민은 베트민이 프랑스에 맞서 투쟁하며 결국 1954년에 군사적 승리를 거두는 과정에서 구축한 진정한 대중 기반이었다. 사실 미국이 프랑스를 크게 지원하지 않았더라면 베트민은 더 빨리 승리했을 것이다. 바로 이런 대중적 농민 기반 덕분에, 베트남인들의 투쟁은 이 시기 아시아에서 벌어진 여느 게릴라 전쟁과는 다를 수 있었다.

중국

그렇지만 가장 중대한 사건이 일어난 곳은 중국이었다. 중국 공산당이 민족주의 정당인 국민당과 그 지도자 장제스와 동맹[제1차 국공합작]을 맺은 자멸적 정책을 편 결과, 1927년에 대중적 노동계급 운동이 패배하고 수많은 공산주의자가 학살당했다. 그 후 중국 공산당의 구성과 전망은 완전히 바뀌었다.[44]

중국 공산당은 후퇴하며 농촌 이곳저곳으로 근거지를 옮겨 다녔다. 처음에는 중국 남부로, [1934년 10월] 군사적 패배와 1934~1936년의 대장정 이후에는 결국 산시성의 옌안이라는 훨씬 더 낙후한 벽지로 갔다. 그와 함께 당원 중 노동계급이 극적으로 감소했다. 중국 공산당 당원 중 노동자의 비율은 1926년 66퍼센트에서 1930년 1.6퍼센트로 떨어졌고, 1949년까지도 별다른 변화는 없었다.[45]

그 과정에서, 1927년의 최후 피난처였던 농촌의 '소비에트 지구'가* 중국 공산당의 새 혁명 전략에서 중심이 됐다. 마오쩌둥이 지도

---

* 소비에트 지구 1925~1927년 중국 노동자 혁명이 파괴되고 장제스의 국민당이 난징을 거점으로 정부를 수립한 뒤에 벌인 극심한 탄압으로 중국 공산당은 거의 궤멸됐다. 그나마 조직으로서 명맥을 유지한 것은 마오쩌둥이 이끄는 게릴라 부대였다. 마오쩌둥은 국민당 정부와 지방 군벌들이 대치하는 틈새 지역이어서 모두의 통제력이 느슨한 장시성 징강산에 근거지를 마련하고 정부를 자처했다. 중국 공산당은 그 외 지역에서도 정부 수립을 선포했다. 현재의 중국 공산당은 이것을 농촌 혁명 근거지, 홍색 정권, 노농병 정부, 소비에트 등으로 부른다. 그리고 1927년부터 1934년까지 시기를 토지 혁명 전쟁 시기로 규정한다.

부 내에서 두각을 드러내면서 다음과 같은 구호가 대두됐다. "모든 파업은 소비에트 지구를 후방에서 지원한다."[46]*

중국 공산당은 이제 노동자 정당도, 농민 혁명을 위해 싸우는 농민 정당도 아니었다. 당원들은 출신이 어떻든 간에 전업 조직가와 전업 군인이 됐고, 당 일꾼의 다수는 해당 지역에서 겉도는 존재였다.[47] 중국 공산당의 농민 관련 정책은 당이 농촌 지역의 여러 계급들 사이에서 줄타기를 하는 과정에서 여러 번 급격하게 변화했다.

중국 공산당은 농촌으로 근거지를 옮긴 직후에는 급진적 토지 국유화 정책을 주장했다. 그러다가 농촌 마을의 부유한 촌장들의 도움에 기대게 되면서 이 정책은 곧 완화됐다. 그래도 지주의 토지를 (이론상으로는 부농의 토지도) 몰수한다는 것은 유지됐다.[48] 그러나 1937년에 토지 몰수 [후 균등 분배] 정책은 소작료·이자율 인하 정책으로 바뀌었고, 1942년 중국 공산당 중앙위원회는 소작료를 최대 25퍼센트 인하한다고 분명히 밝혔다. 즉, [기존 소작료가 수확량의 80퍼센트인 경우] 지주는 여전히 수확량의 60퍼센트를 가져갈 수 있었다.[49] 빈농이 "혁명을 일으켰다"는 것은 1951년 토지개혁 이후에야 창조된 신화였다.

---

* 1931년 11월 중국 공산당은 장시성 루이진을 수도로 하는 중화소비에트공화국의 수립을 선포했다. 인용된 마오쩌둥의 말에서 "파업"은 도시 노동계급의 투쟁을, "소비에트"는 농촌에 근거지를 둔 게릴라 부대(나중에 홍군이 된다)를 가리킨다. 즉, 장시성 남부 산악 지대가 혁명의 최전선이 되고, 상하이·우한·광저우 등 노동자가 집중된 도시는 게릴라 부대를 지원하는 역할을 해야 한다는 뜻이다.

1937년 일본이 [중국을] 침략했을 때 장제스와 국민당 군대는 사기가 나쁘고 무기력했다. 그 덕분에 중국 공산당은 옌안이라는 척박한 곳에서 벗어날 기회를 얻었다. 중국 공산당은 농촌 유격전이라는 군사전략과 국민당과의 동맹 재개 정책[제2차 국공합작]으로 그 기회를 붙잡았다. 이런 유형의 민중전선은 민족 단결과 계급 협력을 위해, 중국 노동계급이나 농민의 이익을 방어하는 시늉조차 하지 않는다는 것을 뜻했다. 장제스 정권의 아주 야만적인 파업 금지법이 아무런 반대 없이 받아들여졌다.[50] 지주에 관한 중국 공산당의 1942년 정책은 "오직 봉건적 착취를 완화해 농민을 돕는 것이지 봉건적 착취를 일소하는 것은 아니며, 민주개혁을 지지하는 깨어 있는 부농을 공격하는 것은 더더욱 아니"었다.[51]

1946년 중국 공산당이 장제스와 결별한 후 벌어진 [국공] 내전은 지방 근거지를 끼고 싸우는 유격전이 아니라, 인민해방군(이제 공산당 군대는 이렇게 불렸다)과 장제스 사이의 영토 쟁탈전이었다. 장제스의 썩어 빠진 정권은 걷잡을 수 없는 인플레이션으로 경제가 타격을 입으면서 눈앞에서 무너져 내리고 있었다. 국민당 군대의 병사들은 [도망가지 못하게] 탱크에 몸을 묶어 놓아야 겨우 전투에 참여할 정도였다. 결국 국민당 군대는 그야말로 통째로 중국 공산당 쪽으로 넘어갔다.

노동자가 수백만 명씩 거주하는 도시들은 1949년 초부터 중국 공산당 군대에 의해 '해방'됐다. 노동계급은 중국 공산당의 승리에서 수동적 구실만 했다. 마오쩌둥 군대가 양쯔강을 건너 남부 도시

들로 향할 때 마오쩌둥은 "모든 업종의 노동자와 피고용인이 계속해서 노동하고 사업이 평상시처럼 운영"되기를 바란다는 성명을 발표했다. 사실상, 노동자들이 인민해방군의 입성을 지지하며 벌이는 파업도 하지 말라는 것이었다.[52]

1949년에 수립된 중화인민공화국이 모종의 프롤레타리아 독재를 표현한다는 말은 전혀 없었다. 중국 공산당의 집권 강령 격인 공동강령은* '4계급 연합'(민족부르주아지·프티부르주아지·노동자·농민)을 기초로 했다.

중국 공산당은 집권 전후로 중국 자본가들에게 그들의 이익을 돌볼 것이라고 약속했다. 공동강령(사실상 중화인민공화국의 최초 헌법) 제26조는 다음과 같이 명시했다.

중화인민공화국의 경제 건설 근본 방침은 공익과 사익을 모두 고려하고 노동과 자본을 모두 이롭게 하는 … 정책으로 생산을 발전시키고 경제를 번영시키는 것이다.

많은 나라 노동자들은 자본과 노동의 조화라는 이런 주장에 익숙할 것이다. 또 그것이 무엇을 뜻하는지 알 것이다. 소위 '국익'을 고려해 노동자의 생활수준과 조직할 권리를 공격하는 것 말이다. [1949년] 혁명 이후 중국도 다르지 않았다. 파업권은 [국가의] 강제중

———

* 1949년 9월 29일 제정된 "중국인민정치협상회의공동강령"의 약칭이다.

재 절차로 대체됐고 이 절차는 결근, 지각, 고의로 불량품 만들기 등을 다루는 노동법으로 뒷받침됐다. 노동자는 모두 취업 이력을 담은 노동기록부를 가지고 다녀야 했고, 이직이 엄격히 통제됐다. 성과급제가 널리 퍼졌고, 정부는 임금격차를 줄이려는 시도를 완강히 반대했다. 생산량 목표치가 끊임없이 올랐고, 노동자 간 경쟁이 체계적으로 부추겨졌으며, 몇몇 노동자는 '모범 노동자'라는 칭호를 받았다.[53]

그렇지만 중국 공산당 정권은 경제에서 국유 부문을 늘리는 방향으로 상당히 급속하게 이동했다. 그리고 중국 공산당은 무엇보다 정치적 통제력을 다지는 데 전념했다. 1951년 상반기에만 80만 명의 '반혁명 분자'가 인민재판에 회부됐고 13만 5000명이 처형됐다(이는 중국 정부의 공식 수치이고, 중국에 더 비판적인 관찰자들은 훨씬 더 많았다고 본다). 물론 처벌받은 이들의 압도 다수는 과거에 국민당 정권을 도운 기생충 같은 인간들과 군벌이었다. 그럼에도, 이 작업은 전체로 보아서는 공산당 정부에 대한 충성을 확보하기 위한 체계적 시도였다.[54]

중국 혁명으로 수립된 체제는 관료적 국가자본주의의 한 유형이었다. 그렇지만 이 체제 수립의 국제적 의의는 막대했다. 저개발국 가운데 가장 큰 국가가 대중투쟁을 기초로 장기간 내전을 벌인 후 서방 제국주의와 결정적으로 단절했다는 것이다. 저개발국 피억압 민족들의 눈에는 이제 소련에 만만찮은 경쟁자가 생긴 셈이었다.

소련이 전 세계 피억압 민족들 사이에서 헤게모니를 누린 것은 패배의 시대가 낳은 결과였다. 소련의 가장 큰 자산(대다수 사람들의 눈에 온갖 결함을 다 덮고도 남는 큰 강점으로 보인 것)은 소련이 존재한다는 사실 자체였다. 소련은 서방 제국주의가 아닌 대안으로서 유일하게 현실에 존재하며 직접 느낄 수 있는 것이었다. 마오쩌둥의 중국이 스탈린의 소련의 창조물이 아님은 (미국의 편집증적 반공주의자들을 제외하면) 모든 사람에게 분명했다. 세계 공산당 운동의 단일체적 성격은 결정적 타격을 입었다.

한국전쟁

공산주의자들이 무장투쟁에 참여한 세 번째 아시아 지역인 한반도 상황은 중국이나 베트남과 사뭇 달랐다. 한반도에서 두 국가가 생겨난 것 자체는 어느 정도는 예기치 못한 일이었다. 스탈린이든 루스벨트든 한반도 문제를 얄타회담에서 다룰 만큼 중요한 것으로 여기지 않았다. 1945년 8월에 일본이 원자폭탄을 맞고 항복하자 뭐든 결정이 빨리 내려져야 했다. 미국은 일반명령 1호를 발표해 38선 이남의 일본군은 미국에, 이북의 일본군은 소련에 항복하라고 지시했다. 미국은 수도인 서울을 챙겼지만, 38선 이북에는 더 발전한 산업과 구리·납·아연의 주요 매장지가 있었다. 소련군은 한반도에 8월 12일에 도착하고 미군은 9월 8일에야 도착했다. 그러므로 소련은 마음만 먹었으면 더 큰 면적을 차지할 수도 있었다. 그렇지만 이 시기에 소련은 서방과 좋은 관계를 해치고 싶지 않았다.

두 꼭두각시 국가가 생겨났다. 남한 정권은 생애의 절반 이상을 미국에서 보낸 이승만이라는 부패한 독재자가 이끌었다. 이승만은 감옥을 정치적 반대자들로 채워 나갔고 토지개혁을 방해했다. 실업자 수가 100만 명을 넘겼다.

북한 정부는 1930년대에 조선공산당 유격대의 지도자였으며* 적어도 1942년부터는 소련에서 지낸 김일성이 이끌었다. 김일성은 소련군 군복을 입은 채 한반도로 돌아왔다.

두 국가는 평화롭게 공존하지 않았고, 1948년부터 남한에서는 무장 빨치산 투쟁이 일어났다. 1950년 6월 북한군이 남쪽으로 빠르게 진격하면서 전면전이 발발했다. 이 전쟁이 어떻게 시작했는지를 두고 견해가 다른 설명들이 여전히 경합하고 있는데, 실제로 먼저 침공한 쪽은 북한이라 하더라도 이승만 정권이 틈만 나면 도발을 했다는 것도 분명하다.

그렇지만 마르크스주의자들은 누가 먼저 방아쇠를 당겼는지에 따라 전쟁을 판단하지 않는다. 한국전쟁은 냉전의 군사적 표현 가운데 가장 포괄적인 것으로, 1950~1953년의 국제 상황 속에 놓고 볼 때만 이해할 수 있다.

소련도 미국도 전후 분할 합의를 근본적으로 흔들려는 입장은

---

* 실제로는, 김일성은 중국 공산당 산하 동북항일연군 소속이었다. 당시 조선공산당은 해산된 상태였다.

아니었다. 말은 무성했지만, 미국도 동유럽을 공산주의로부터 탈환하려는 시도를 하지 않았고 소련도 마찬가지로 영토를 넓히려는 시도를 하지 않았다.

미국의 목표는 태평양 연안 지역을 완전히 장악하는 것이었다. 즉, 제2차세계대전 승전으로 얻은 이 대양에 대한 지배력, 특히 일본에 대한 영향력이 어떤 식으로든 위태로워지지 않게 하는 것이었다. 중국 혁명이 성공하면서, 이 목표는 더욱더 화급한 것으로 보이게 됐다. 더군다나 한국전쟁은 미국 의회가 재무장을 위한 지출 증액을 승인하게 하는 결과를 낳았고, 이는 경기후퇴의 신호가 처음 나타나는 시점에 미국이 군비 경제로 나아가는 토대를 놓았다.

소련의 목표는 미국의 목표와 성격이 비슷했다. 스탈린은 태평양 연안 지역에 거점을 확보하고 일본이 미국의 헤게모니 아래 놓이는 것을 방지하며 소련의 동쪽 면을 방어하길 바랐다. 소련은 한국전쟁에 군사적으로 직접 뛰어드는 것을 꺼렸지만,* 기본적 결정들이 모스크바에서 내려진 것은 분명했다. 한국전쟁이 발발하자 소련 언론은 북한 라디오 방송이 발표하는 사건 설명을 곧바로 보도했다. 전쟁의 주된 부담은 어쩔 수 없이 중국이 짊어졌다. 이는 십중팔구 스탈린의 노림수 중 부가적인 것의 하나였을 터였다. 즉, 한국전쟁

---

* 1990년대 이후, 소련이 한국전쟁에 상당한 규모로 직접 참전했다는 사실이 밝혀졌다. 소련군은 1950년 11월부터 중국군으로 위장한 전투기들을 보내 미군과 교전했다.

이 터지면 중국은 계속 소련에 의지해야 할 테고 그러면 중국에서 티토주의 경향의 출현을 차단할 수 있으리라고 봤을 것이다.

한국전쟁은 한반도를 남단부터 북단까지 지독하게 휩쓸었다. 1950년 10월 29일 미군은 중국 국경에 거의 다다랐다.

티베트 침공을 막 시작한 참인 중국은 이제 자신을 방어해야 했고, 한반도에 대규모 공격을 개시했다. 한동안 중국군이 사용한 무기는 주로 일본과 국민당에게서 노획한 것이었다. 1950년 말에 전선은 다시 38선 근처로 내려와 교착됐다. 그 뒤 2년 동안 격전이 벌어졌지만 큰 변화는 없었다.

이처럼 한반도에서 벌어진 전쟁은 베트남과 중국에서 벌어진 [무장]투쟁과 성격이 달랐다. 남한 지역에 민족해방운동의 요소가 있었던 것은 맞지만, 전쟁이 시작됨에 따라 곧 압도돼 버렸다. 개전 후 몇 달을 제외하면 남북한 군대는 부차적 구실만 했다. 남북한 대중은 양대 열강이 한반도에서 벌이는 힘겨루기의 피해자였다. 미군의 후방에서 활동한 게릴라들은 북한군에 속한 소집단들이었을 뿐, 대중에 뿌리내린 운동이 아니었다.

한국전쟁에서 가장 충격적인 점은 그것이 어떻게 시작했는지가 아니라 어떻게 끝났는지일 것이다. 1952년 말이 되자 아무도 완전한 승리를 거둘 수 없다는 것이 양측 모두에게 분명해졌다. 더군다나 동방과 서방의 관계에서 '해빙'을 향한 첫 움직임이 일어났다[7장 참조]. 휴전회담이 얼마간 질질 끌었지만, 한국전쟁은 1953년 7월에 끝났다. 이것은 한국전쟁을 시작한 것과 마찬가지로 끝낼 수 있었던 것도 미국과 소련이었음을 보여 주는 증거다. 한국전쟁은 1965년에 시작한 베트남전쟁과는 뚜렷한 차이가 있다. 베트남전쟁에 대해, 미국과 소련은 둘 다 전쟁을 난처하게 여겼고 전쟁이 실제로 끝나기 수년 전부터 전쟁이 끝나기를 바라고 있었다. 베트남인들은 전쟁의 주인공이었던 반면, 한반도 주민들은 전쟁의 피해자였다.

6장
서유럽: 다시 거리로

두 강대국 진영 사이 주요 군사적 대립은 아시아에서 일어났지만, 이 시기 미국 제국주의에 가장 결정적인 지역은 저개발국이 아니라 서유럽이었다. 미국의 노력 가운데 핵심은 앞에서 살펴봤듯이 마셜플랜이었다. 미국은 그 밖에도 서유럽의 정치·경제적 통합을 위한 다양한 계획을 후원하고 장려했다. 1949년 여름에는 북대서양조약기구(나토)가 창건됐다.

이런 미국 측의 새로운 공세에 소련 지도자들은 대응할 수밖에 없었다. 소련 지도자들이 쥔 주요 무기 하나는 프랑스와 이탈리아에 있는 거대한 공산당들이었다. 그 전 3년간 두 나라의 공산당원들은 잠자코 앉아서 정부에 들어간 공산당 소속 장관들을 믿으라는 이야기를 들었다. 그렇지만 두 공산당은 [두 나라 지배계급에] 잠깐 대여된 것이지 아주 팔린 것은 아니어서, 전투 태세를 갖추라고 하면 얼마든지 그리할 준비가 돼 있었다.

미국이 가하는 위협만으로도 서유럽 공산당들이 어떤 면에서는 '왼쪽'으로 선회할 이유가 충분했을 것이다. 그러나 그 못지않게 주목할 만한 또 다른 이유가 있었다. 1947년 서유럽은 짧지만 혹독한 경제 위기를 맞았다. 물가가 걷잡을 수 없이 올라서, 예컨대 프랑스에서는 많은 노동자가 식비로만 임금의 75퍼센트를 썼다. 2~3년 동안 누적된 불만이 분노의 폭발로 이어지려는 참이었다. 공산당들이 노동운동에서 차지하던 지위를 유지하려면, 이렇게 분출하는 운동을 이끌기를 회피하다가 (아무리 일시적일지라도) 다른 좌파에게 선수를 빼앗기는 일은 없어야 했다. 서유럽 공산당 운동의 전반적 기조는 능동성과 대중 동원을 악보의 크레셴도 기호처럼 점차 강화하는 쪽으로 선회했다.

프랑스

프랑스에서 다가오는 지진의 첫 진동은 파리의 르노 자동차 공장에서 느껴졌다. 르노는 1945년 국유화됐고, 정부의 목표는 르노 공장을 경제정책을 좌우할 '기준점' 공장으로 이용하는 것이었다. 그러나 이 전략은 부메랑을 맞았다. 1947년 4월 25일 르노 공장의 두 부서 노동자 1500명이 임금을 시간당 10프랑 인상하라고 요구하며 파업에 들어갔기 때문이다. 프랑스 공산당이든 공산당이 꽉 잡고 있는 노동조합총연맹이든 투쟁 의지를 전혀 보이지 않는 상황에서, 공산주의자연합에* 속한 트로츠키주의자들이 이 투쟁의 정치적 주도력을 쥐었다.

프랑스 공산당과 노동조합총연맹은 즉각 파업을 고립시키고 깨뜨리려 애쓰며 "도발"적 행위라고 비난했다. 노동조합총연맹 사무총국의 플레장스는 다른 부서 노동자들에게 "드골파 트로츠키주의 아나키스트" 패거리가 공장을 폭파할 계획을 세우고 있다고 말했다. 파업에 대한 지지를 요청하러 다른 공장들로 파견된 대표자들은 공산당원들에게 구타당했다. 그래도 파업은 공장 전체로 급속히 확대됐다.[55]

혁명적 좌파가 극도로 약했지만, 이렇게 투쟁성이 훅 하고 치솟은 상황은 프랑스 공산당의 노동계급 장악력에 상당한 위협이 됐다. 4월 30일 토레즈는 프랑스 공산당이 더는 정부의 물가·임금 정책을 지지할 수 없다고 내각에 보고했다. 정부에서 공산당 소속 장관들을 쫓아내라는 미국의 압력을 받던 사회당 소속 총리 라마디에는 기꺼이 기회를 움켜쥐었다. 라마디에는 파리의 치안 부대들을 강화한 후 정부의 경제정책에 대한 신임투표를 실시했다. 5월 4일 공산당 소속 의원 183명이 정부 정책에 반대표를 던졌고, 다음 날 토레즈·비유·크루아자·티용이 내각에서 쫓겨났다.

뒤이어 프랑스 공산당의 정책은 급격히 바뀌었는데, 이 변화는 미리 세심하게 계산된 것이 아니라 강요된 것이었다. 그래서 프랑

---

* 이 단체의 기원과 독일 점령기에 한 구실에 관해서는 1장을 참조 — 지은이.

스 공산당의 전략은 혼란의 흔적이 역력했다. 토레즈는 그 여름 내내 사회당과 동맹하고 정부로 돌아가야 한다고 말했다. 앙드레 바르조네(노동조합총연맹의 지도적 조합원이었으며 1968년에 탈퇴했다)는 1947년에 자크 뒤클로가 당원 모임에 참석해 순환 파업을 연속해서 벌이면 공산당이 어렵지 않게 정부로 복귀할 수 있을 거라고 말하는 것을 들었다고 한다.[56] 그러나 10월에 코민포름이 창설된 뒤 프랑스 공산당 지도자들은 사회당과 완전히 결별하고 정부 입각의 꿈을 접으라는 압력을 받게 됐다.

그 후 18개월 동안 파업이 프랑스를 휩쓸었다. 거의 모든 산업과 경제 부문에서 한 번쯤은 파업이 일어났다. 정부가 이 같은 노동계급 분노의 폭발을 공산주의자들이 조종한 음모라고 크게 과장하긴 했지만, 공산당 투사들이 엄청난 용기와 헌신을 보이며 거의 모든 투쟁의 선두에 섰다는 점은 분명 사실이다.

파업은 순전한 경제적 요구를 한참 넘어섰고 때로는 봉기 수준의 투쟁이 벌어졌다. 12월 마르세유에서는 전차 요금 인상에 반대해 일어난 시위로 많은 사람들이 체포됐다. 시위대가 시청과 법원을 습격했고 시위자 1명이 살해당했다. 한 도시가 총파업에 들어가고 전국적 철도 파업이 뒤따랐다. 1947년 말 광원 파업에 참가한 노동자들은 광산 지역을 돌며 동참을 호소했고, 어떤 지역에서는 파업 규찰대가 도로 교통을 통제했다.

이때 노동조합총연맹은 조합원이 약 550만 명이었다. 유일한 경쟁자인 가톨릭계 프랑스기독노총CFTC은 100만 명이 안 됐다. 노동조합총연맹 지도부는 프랑스 공산당이 정부에 들어가 있는 동안에는 [노동자들의] 요구를 묵살했지만, 이제는 투쟁 물결을 전폭 지지했다. 정부는 미국의 지원을 받아 이 지도부를 깨뜨려야 했다.

노동조합총연맹 내에는 한동안 '노동자의 힘FO'이라는 반공주의 경향이 존재했다. 1947년 말 이 경향은 노동조합총연맹에서 떨어져 나가 경쟁 연맹체를 만들었다. 그 새로운 노조 연맹체 '노동자의 힘'은 노련한 신디컬리스트이자 과거 트로츠키의 친구였던 피에르 모나트 같은 몇몇 반反공산당 좌파의 지지에 힘입어 일정한 신뢰를 받았다. 그렇지만 '노동자의 힘'은 근본적으로 미국이 만들어 낸 것이었다. 몇 년 뒤에 미국노동총동맹AFL의 지도자 조지 미니는 연설을 하다가 다음과 같이 말했다. "이제 이 사실을 밝힐 수 있게 됐군요. 자랑스럽게 여러분에게 말씀드립니다. 미국 노동자들, 그중에서도 디트로이트와 여러 지역 노동자들이 낸 돈 덕분에 우리 모두에게 중요한 일, 즉 프랑스 노동조합총연맹을 분열시켜 '노동자의 힘' 연맹을 설립할 수 있었습니다."[57] 그리고 1967년 전직 미국 중앙정보국CIA 관리 토머스 브레이든은 미국이 프랑스와 이탈리아의 반공주의 노동조합들에 한 해에 200만 달러의 보조금을 지급했다고 밝혔다.

이런 책략은 성공했다. 노동조합총연맹의 힘은 급속히 약해졌다. 1947년 500만 명이 넘던 조합원 수가 1950년대 중반에는 200만 명 남짓으로 급락했다. 노동조합총연맹을 탈퇴한 노동자들이 '노동자의 힘'으로 간 것은 아니었다. '노동자의 힘' 조합원은 100만 명을 넘긴 적이 없었다. 그 수백만 명의 노동자들은 분열에 환멸을 느끼고 성과 없이 거듭되는 파업에 기력이 떨어져 노동조합운동을 아예 떠나 버린 것이다.

프랑스 공산당이 정부의 악랄한 탄압과 미국의 역겨운 간섭에 맞서 싸운 것은 모두 완전히 정당했다. 그렇지만 프랑스 공산당 자체도 이 시기 프랑스 노동운동이 입은 타격에 상당한 책임이 있다. 그 전 3년간 프랑스 공산당은 노동자들의 생활수준이 하락하는데도 노동자들에게 가만히 있으라고 주장했다. 당의 노선이 바뀔 때 노동자들이 정치적으로 준비할 수 있게 하는 노력이 전혀 없었다. 그러다가 갑자기 투사들은 경찰의 곤봉과 총알을 무릅쓰는 행동에 투입됐다. 그러고 나서도 아무 정치적 설명이 없었다. 그 작전의 목적은 무엇이었을까? 노동자들의 생활수준을 지키고 향상시키는 것이었을까? 공산당이 정부로 돌아갈 수 있게 압력을 넣으려는 것이었을까? 프랑스 경제를 교란시켜서 미국이 서유럽에 경제적·군사적으로 침투하는 것을 지연시키려는 것이었을까? 프랑스 공산당 지도부조차 흔히 모르는 눈치였고, 평당원들은 확실히 몰랐다. 이 시기 프랑스 공산당이 채택한 정치적 술수와 '요크 공작' 전술은 프랑스 노동계급에 큰 상처를 남겼고, 그것을 극복하는 데 20년 가까이 걸렸다.

---

* 요크 공작 전술 영국의 요크 공작은 18세기 프랑스 나폴레옹 군대와의 전투에서 군대를 의미 없이 퇴각, 전진시키기를 반복하다가 수적으로 우세한데도 패배했다.

그렇지만 노동조합총연맹의 영향력 하락을 지나치게 강조해서는 안 될 것이다. '노동자의 힘'과 프랑스기독노총이 화이트칼라 노동자와 공무원 사이에서 조합원을 다소 늘리긴 했지만, 노동조합총연맹은 금속, 화학, 철강, 르노 자동차 공장, 철도, 탄광에서 우세를 유지했다. 그리고 산업 현장에서 투쟁을 북돋는 정책은 1950년대 중반까지 계속됐다. 그렇지만 점점 더 많은 파업이 패배했는데, 1950년에 미쉐린에서 벌어진 대규모 파업이 한 사례다. 이후 몇 년간 노동자들이 겪은 전반적 좌절은 파업 손실 일수[의 하락으]로 드러난다.

1947년	22,600,000일
1948년	13,100,000일
1949년	7,100,000일
1950년	11,700,000일
1951년	3,400,000일
1952년	1,400,000일

이 시기에 프랑스 공산당은 대체로 '경제적' 운동보다는 '정치적' 운동을 강조했고, 그래서 노동자들의 실질적 걱정거리나 어려움에는 신경을 끊는 경향이 두드러졌다. 그 전 시기에는 경시되던 인도차이나전쟁이 이제 조명을 받게 됐고, 1949년과 1950년에는 인도차이나전쟁에 반대하는 여러 중요한 행동이 시작됐다. 몇몇 항구

의 항만 노동자들은 인도차이나로 가는 군수물자의 선적을 거부했고, 니스에서는 시위를 벌이던 노동자들이 V2 로켓 발사대를 바다에 빠뜨렸다. 젊은 해군 병사 앙리 마르탱은 동료 병사들에게 전쟁 반대 전단을 돌린 혐의로 징역 5년 형을 받았고, 여성 투사 레몽드 디앙은 철로 위에 드러누워 인도차이나로 가는 무기가 실린 열차를 막았다.

이런 정치 행동들은 프랑스 공산당이 끊임없이 국가에 맞선다는 뜻이었고, 국가의 탄압은 점점 거세졌다. 극우파는 프랑스 공산당 불법화 요구를 제기했다. 가장 격렬한 충돌은 1952년 5월에 찾아왔다. 나토 유럽연합군최고사령부 사령관 아이젠하워의 후임자로 정해진 미국 장군 매슈 리지웨이의 프랑스 방문을 반대하는 파리 시위가 금지된 이후 〈뤼마니테〉의 편집장 앙드레 스틸이 체포됐다. 시위는 정부의 불허를 무릅쓰고 3일 뒤에 열렸다.

그러는 와중에 프랑스 공산당 사무총장 대행 자크 뒤클로가 체포됐고, 그의 자동차에서 죽은 비둘기 2마리가 발견됐다. 마녀사냥 분위기 속에서, 이 비둘기가 소련으로 보고서를 보내는 용도라는 의혹이 흘러나왔다. 그렇지만 총파업이 호소되자 정부는 후퇴했다. 뒤클로는 석방됐고 그의 차에서 발견된 비둘기는 박물학 교수, 군사 통신 전문가, 전국비둘기애호가연맹 회장으로 구성된 특별 조사단에 의해 식용이라는 것이 밝혀졌다.

동시에 의회에서도 프랑스 공산당을 고립시키려는 온갖 노력이 있었다. 예컨대 1948년에는 헌법을 비틀어서, 연공서열에 따라 총리를 정하던 규칙이 바뀌었다. 자크 뒤클로가 임시 총리가 되는 위험을 차단할 목적이었다. 1951년 선거 때는 정당들 간 연합을 허용하도록 비례대표제를 수정하는 선거 '개혁'이 도입됐다. 그래서 다른 정당과 연합을 하지 않던 프랑스 공산당은 크게 불리해졌다. 프랑스 공산당은 득표수 하락이 50만 표 미만이었는데도 의석수는 177석에서 103석으로 급감했다.

그렇지만 이 시기 프랑스 공산당이 의회에서 하는 행동은 훗날에 보인 품위 유지에 애쓰는 모습과는 매우 달랐다. 1950년 3월 인도차이나전쟁을 다루는 의회 논의에서 어느 공산당원 의원은 사보타주에 관한 법안에 재수정안을 내고는 [회의 진행을 방해할 목적으로] 소련 물가 통계를 시시콜콜 인용하며 5시간 30분을 연설했다. 그러자 몸싸움이 일어났고 경비대가 투입돼 회의장을 정리했다. 또 한 번은 한 우파 의원이 흑해 반란의 용사였던 앙드레 마르티를 향해 "폭도"(프랑스어로 뮈탱)라고 소리쳤는데 공산당원 의원들은 그가 모리스 토레즈의 아내를 창녀(프랑스어로 퓌탱)라고 불렀다고 생각했고, 또다시 몸싸움이 벌어졌다.

혁명적 당은 국가 탄압을 당하고 노동계급 일부의 사기가 저하하는 시기를 겪기 마련이다. [그럴 때] 혁명적 당이 할 일은 지름길을 찾는 것이 아니라 참을성 있게 설명하고 선전하는 것이다. 그런데 프랑스 공산당은 인기를 되찾는 것과 나토 방해라는 소련의 목표에 복무하는 것을 중요하게 여기면서 선전 측면에서 민족주의에 크게 양보하기로 선택했다. 그래서 베트남에서 벌어지는 전쟁을 "부당한 전쟁, 프랑스의 국익에 어긋나는 전쟁, 미국 제국주의의 이익을 위한 식민지 재정복 전쟁"으로 묘사했다.[58] 독일의 재무장을 반대하는 운동을 벌일 때는 한편으로는 반독일 감정을 자극하고, 다른 한편으로는 극우 입장에서 독일의 재무장에 반대하던 드골파에 무비판적 태도를 보였다.

프랑스 공산당은 이렇게 기회주의적으로 처신하는 한편 갈수록 관료화됐다. 지도자 모리스 토레즈를 향한 '개인숭배'(소련 것의 축소판)가 발전해서, 1950년 토레즈의 50번째 생일을 기념해 시와 초상화를 헌정하는 전국적 전시회가 열렸다. 그해 토레즈가 병에 걸려 소련으로 가서 1953년 스탈린의 사망 후까지 귀국하지 못하자, 그가 없는 동안에는 당대회를 열지 않기로 했다. 기층으로 내려가면 당내 활동이 쇠퇴했다. 당원들에게 당원증을 배달하는 것이 허용되도록 규칙이 바뀌면서 당원들이 지회 모임에 참석할 필요가 없어졌다.

프랑스 공산당은 느리지만 끊임없이 쇠퇴했다. 당원 수가 1947년 80만 명 이상에서 1954년 50만 명 남짓으로 떨어졌다. 청년들을 거의 조직하지 못해서 당원의 평균 나이가 올라가고 있었다. 작업장 세포[기층 조직]의 수는 1946년 8000개에서 1954년 5000개로 줄었다. 충분한 준비 없이도 정치적 동원을 하던 능력도 약해져서 노동자 당원들을 불필요한 탄압에 노출시킬 뿐이었다.

이탈리아

이탈리아에서도 기본 패턴(공산당 소속 장관 축출, 공산당의 좌선회, 국가 탄압)은 같았다. 그렇지만 한 가지 결정적인 차이가 있었는데, 이 차이는 1950년대와 1960년대 국제 공산당 운동에서 이탈리아 공산당이 중요한 구실을 하게 되는 길을 닦았다. 바로 공산당과 사회당의 동맹이 지속됐다는 것이다. 이 덕분에 이탈리아 공산당은 한편으로는 프랑스 공산당과는 달리 의회와 노동조합에서 고립되지 않았고, 다른 한편으로 이탈리아 공산당 지도부는 더 유연해야 했고 당원들은 당 바깥의 투사들과 일상적으로 더 많이 접촉했다.

이탈리아 사회당은 사라가트가 미국에 다녀온 직후 1947년 1월에 주도한 분당을 이미 겪은 상태였다. 그렇지만 사회당 당원과 투표자는 대부분 넨니 지도부를 계속 지지하고 있었다. 사회당 내에서 공산당과의 동맹 수준을 둘러싼 분파 논쟁이 끊이지 않았지만, 1953년 스탈린이 사망할 때까지 공산당과 사회당의 관계는 밀접하게 유지됐다. 사실 스탈린의 장례식에 참석한 넨니는 비공산당계 정치 지도자 가운데 최고의 예우를 받았다.

1948년 3월* 선거에서 이탈리아 공산당과 사회당은 합동 후보자 목록을 제출했다. 1946년에 두 당은 합쳐서 거의 40퍼센트를 득표

---

* 4월의 오기인 듯하다.

했기 때문에, 관측통들은 사라가트 분파의 사회당 탈당에도 불구하고 공산당·사회당 연합이 승리할 가능성이 꽤 있다고 생각했다. 이에 대해, 온갖 위협과 거짓말이 총동원되는 작전이 펼쳐졌다. 당시의 한 묘사처럼 말이다.

[미국] 트루먼 대통령은 이탈리아에 몹시 필요한 상선商船 29척을 선물로 줬다. 나치가 이탈리아에서 약탈한 금이 반환됐다. 미국 대사가 연설하는 기념식 와중에, 첫 번째 마셜플랜 원조 선박이 도착해 짐을 내렸다. 미국 국무부는 공산당에 투표한 이탈리아인은 모든 이탈리아인의 꿈인 미국 이민이 거부될 것이라고 발표했다. 미국 전쟁부는 지중해에 파견된 미국 해군이 강화될 것이라고 발표했다. 이탈리아 트리에스테에 주둔한 미군은 전후 최초로 탱크와 대포를 갖추고 군사 행진을 했다. 미국과 영국 군함이 선거운동 기간 내내 이탈리아 항구에 정박했다.[59]

가톨릭교회는 공산당·사회당에 투표하는 사람은 죄 사함을 받지 못할 것이라고 위협하며 이 작전을 뒷받침했는데, 이는 특히 노동계급 여성이 있는 가정에 악영향을 주는 위협이었다. 이런 공격적 캠페인에 부딪힌 좌파 세력은 선거에서 31퍼센트만을 득표하면서 패배했다.

선거를 앞둔 겨울에 이탈리아 공산당은 공장 노동자와 남부 농민 사이에서 의회 밖 대중행동을 적극 조직했다. 그렇지만 의회 정치에서 거리 대중투쟁으로의 진정한 전환은 1948년 6월 톨리아티 암살 시도 때 일어났다. 이탈리아노동조합총연맹CGIL은 3일간의 총파업을 선언했고, 몇몇 곳에서는 봉기 수준의 투쟁이 벌어졌다.

바로 이런 상황에서, 우파적 노조 지도자들은 이탈리아 지배계급과 미국의 지원과 사주를 받아 이탈리아노동조합총연맹에 대한 이탈리아 공산당의 장악력을 깨려고 했다.

1948년 10월 [이탈리아노동조합총연맹에서] 기독교민주당 계열이 떨어져 나간 데 이어 1949년 5월 공화당과 사회민주당(사라가트파) 계열이 분열해 나갔다. 공화당과 사회민주당 계열은 다시 분열해서 그 가운데 일부가 기독교민주당 계열과 합쳤다. 1950년이 되면 이탈리아에는 3개의 노조 연맹체가 있게 되는데, 이탈리아노동조합총연맹CGIL(사회당과 공산당이 여전히 함께했다), 이탈리아노동조합연맹CISL(기독교민주당 계열), 이탈리아노동조합연합UIL(사회민주당과 공화당 계열)이었다.

이 과정에서도 미국의 조언(과 자금 지원)이 무척 두드러졌고, 연립정부 내 주요 세력인 기독교민주당이 민간 기업들한테 받아 뿌린 돈도 마찬가지로 큰 구실을 했다. 사용자들 스스로도 눈이 벌개져서 노조의 분열을 부추겼다. 예컨대 자동차 기업 피아트는 이탈리아노동조합총연맹과는 교섭하지 않겠다고 거부하면서 다른 노조들에는 매우 협조적이었다. 이탈리아노동조합연맹은 총선에서 기독교민주당 후보들을 지지하기로 약속했는데, 그 후보들 중에는 노동조합 자체를 원칙적으로 반대하는 극우파 후보도 몇 명 있었다.

1952년 이탈리아노동조합연맹의 지도자 파스토레는 다음과 같이 썼다. "이탈리아 노동자들은 생산성 향상으로 생기는 여유분 이내로만 임금 인상을 요구해야 한다. 그것이 그들 자신에게 이롭다."[60]

그래도 이탈리아 공산당은 가장 강력한 노조 연맹체인 이탈리아노동조합총연맹에 대한 장악력을 계속 유지했다. 그리고 이탈리아 공산당 지도부와 이탈리아노동조합총연맹 지도부의 관계는 매우 밀접했다. 그래서 이탈리아노동조합총연맹은 일련의 정치 파업을 개시할 수 있었다. 예컨대 북대서양조약 비준에 반대해서, 그리고 1953년에도 이탈리아 공산당의 의석을 줄이게 될 선거법 개정에 반대해서 정치 파업을 벌였다. 이탈리아 항만 노동자들은 때때로 미국 무기의 하역을 거부했다.

이탈리아 공산당은 프랑스 공산당이 1950년대 초에 강요당한 고립을 피했기에 계속해서 성장할 수 있었고 1953년에는 세력이 전후 최고조에 달했다. 청년 쪽에서 기반을 좀 잃었어도 당원이 200만 명 이상이었고, 공장 세포를 1만 1550개 보유했고, [6월] 총선에서 22.5퍼센트를 득표해 590석 중 143석을 차지했다. 이런 성장세는 북부의 공업지대가 아니라 남부의 농촌에서 가장 강했다. 남부의 [시칠리아섬 등을 제외한] 본토 선거구에서 이탈리아 공산당의 득표는 1946년 11.63퍼센트에서 1953년 21.75퍼센트로 올랐다.

이탈리아 공산당은 덜 고립됐기 때문에 다른 정치 세력의 압력을 더 많이 받았고 동맹을 만들기 위한 책략에 더 기꺼이 관여했다. 1951년 7차 당대회에서 톨리아티는 이탈리아의 외교적 이득을 위해 [노동]계급적 요구를 사실상 포기할 의향이 있다고 말했다.

밀라노 공산당 협의회에서 저는 우리 당의 지도부를 대표해 다음과 같이 선언했습니다. 이탈리아 민중을 위한 평화를 지킨다는 과업의 중대함과 긴급함을 자각하는 우리는 이탈리아 부르주아지의 현 정부에 대항하는 최강의 정당으로서 의회 안팎에서 우리의 반대를 포기할 태세가 돼 있습니다. 이탈리아의 외교정책을 급격히 변화시킬 정부, 다시 말해 이탈리아를 필연적으로 전쟁에 밀어 넣을 속박으로부터 자유롭게 할 정부, 우리의 조국이 새로운 무력 충돌이라는 대혼란에 휘말리지 않도록 막을 정부에 대해서라면 말입니다.[61]

이렇게 평화를 위한 투쟁과 자본주의에 맞선 투쟁을 별개로 보는 관점은 비현실적인 것은 물론이고 레닌주의 전통과 완전히 단절한 것이기도 하다.

세계노동조합연맹의 분열

프랑스와 이탈리아는 서유럽에서 계급투쟁이 냉전의 경로로 나아간 핵심 나라들이었다. 그렇지만 이런 투쟁의 영향은 훨씬 더 멀리 떨어진 곳에서도 느껴졌다. 프랑스·이탈리아 노조들이 분열을 겪은 이후 영국 노총TUC과 미국 산업별조직회의CIO의 지도자들은 제2차세계대전 말에 세워진 세계노동조합연맹WFTU을 분열시키기로 결심했다. 1949년 1월 영국·네덜란드·미국 대표자들은 세계노동조합연맹을 탈퇴했고, 같은 해 12월에는 경쟁 국제 조직인 국제자유노동조합연맹ICFTU을 세우는 데 성공했다. 이제 노동조합의 국제 연맹체는 2개가 됐고, 1920년에 설립된 기독교계 노동조합 연맹까지 치면 3개가 됐다.

어떤 점에서는, 혁명적인 적색노동조합인터내셔널RILU이 개혁주의적인 국제노동조합연맹IFTU에 맞서던 1920년대 상황으로 회귀한 것처럼 보였다. 그렇지만 세계노동조합연맹은 적색노동조합인터내셔널의 전통에 서 있는 것처럼 보임으로써 명망을 얻었을지는 몰라도, 같은 종류의 정책을 추구하지는 않았다. 세계노동조합연맹의 주요 목표는 (1920년대 영국의 소수파운동과는 달리) 노동계급 운동 내에서 혁명적 조류를 건설하는 것이 아니라, 자신이 지배하는 노동조합들을 이용해 국제적 수준에서 소련의 이익을 증진하는 것이었다. 결의안과 선언문이 홍수처럼 쏟아졌고, [관료 집단의] 편의에 따라 투쟁이 시작됐(다가 끝났)다. [운동의] 정치는 산업 투쟁 내부에서 발전하는 것이 아니라 바깥에서 관료적으로 주입될 수 있는 것으로 여겨졌다. 그 결과 모든 나라의 노동조합들이 냉전의 전장이 됐고 현장 조합원들의 의식과 자신감에는 재앙적 효과를 냈다. 노동조합의 분열을 일으킨 주된 악당은 미국이었을지라도, 코민포름의 전략 또한 무거운 책임이 있다.

그리스

그리스 공산당은 1945년 초에 무장투쟁을 중단했지만, 휴전은 오래가지 못했다. 민주주의는 허울뿐이었고, 실질적 권력은 경찰과 행정 조직 내 극우파의 수중에 있었다. 1946년 3월의 선거는 노골적으로 불공정해서 그리스 공산당은 출마하지 않았고, 이내 내전이 다시 발발했다. 처음에 정부는 영국의 지지에 의존했지만, 1947년에는 미국이 주된 군사적·재정적 부담을 떠맡아 줬다.

그러나 그리스 공산당은 이전 전쟁[1차 내전] 때보다 훨씬 더 고립돼 있었다. 그때는 함께했던 소규모 중간계급 정당들이 이제는 공산당을 버렸다. 이는 변화한 사회 상황으로 설명될 수도 있지만, 이전 전쟁 동안 공산당이 보인 지그재그 정치 행보 때문이기도 했다. [그리스 사회철학자] 콘스탄티노스 추칼라스는 다음과 같이 썼다.

그리스인 다수는 6년간 지속된 전투면 이제 족하다고 생각했다. 그리고 나치 점령기에 민족해방전선이 추구한 민족전선* 전략은 공산주의 정권 수립을 위한 투쟁에 나서도록 농민을 이데올로기적으로 준비시키는 데 별 도움이 되지 않았다. 더욱이 나치 점령기에 주되게 민족해

---

* 민족전선 추축국의 지배로부터 해방된 나라에서 공산당이 추구한 전략으로, 민중전선 전략과 유사하다. 공산당과 다른 여러 계급의 정당들이 힘을 합쳐 새 정부를 꾸리자는 전략이다.

방전선을 지지한 중간계급들은 새 전쟁을 몹시 반대했다. 경제가 정상화됐다고 여기기 어려운 상황이었으니, 중간계급들의 첫째이자 가장 시급한 요구는 경제적 안정이었고, 끊임없는 격변의 위협은 그들의 이익과 바람에 분명히 어긋나는 것이었다.[62]

요컨대 민중전선은 객관적 이유로 더는 가능하지 않았지만, 그리스 공산당은 권력투쟁을 할 준비가 돼 있지 않았고 그럴 의지도 없었다. 더욱이 경찰 탄압은 그리스 공산당의 도시 내 조직망을 끊어 버렸다. 그래서 그리스 공산당은 [도시] 노동계급의 지지에 거의 의존할 수 없었고 주된 전략은 농촌 게릴라전에 기초를 둘 수밖에 없었다. 그럼에도 빨치산들은 투쟁을 계속했고, 정부군 병사 일부와의 친교 행위로 이따금 도움을 얻었다.

그렇지만 스탈린은 내전을 중단시켜야 한다는 생각이 아주 분명했다. 스탈린은 티토의 유고슬라비아가 보여 준 [소련으로부터의] 독립 경향에 대해 걱정하던 차였고, 유고슬라비아의 국경 남쪽에 대중투쟁으로 수립되는 공산주의 정권이 또 생기는 것은 계산이 불가능할 만큼 막대한 문제를 야기할 것이라고 여겼다. 더욱이 스탈린은 유럽에서 미국과 직접 맞붙는 것, 즉 한국전쟁보다 훨씬 더 위험할 것이 뻔한 일을 원치 않았다.

1948년 1월 스탈린은 유고슬라비아의 두 지도자 질라스와 카르델을 만났다.

그러고 나서 스탈린은 그리스에서 일어난 봉기로 화제를 돌렸다. "봉기는 접어야만 할 것이오." (스탈린은 여기서 문자 그대로 둘둘 만다는 뜻의 스베르누트라는 단어를 썼다.) 스탈린은 카르델에게 고개를 돌렸다. "당신은 그리스에서 봉기가 성공하리라 생각하오?"

카르델이 답했다. "만약에 외국의 간섭이 커지지 않고, 심각한 정치적·군사적 실수를 범하지 않는다면 말입니다." 스탈린은 카르델의 의견에 주의를 기울이지 않은 채 말을 계속했다. "만약에, 만약에! 아니, 성공할 가망은 전혀 없소. 영국과 미국이, 미국은 세계 최강의 국가인데, 지중해 병참선이 끊기는 것을 두고 보리라 생각하시오? 말도 안 되지. 그리고 우리는 해군이 없소. 그리스에서 일어난 봉기는 반드시 중단돼야 하고, 최대한 빨리 그래야 하오."[63]

그리스 공산당을 박살 낸 것은 스탈린과 티토의 분열이었다. 지리적 이유로 유고슬라비아가 그리스 빨치산들에 대한 보급의 주요 원천이었고, 그리스 빨치산들이 국경을 넘어 [유고슬라비아로] 대피하는 일이 흔했다. 그렇지만 그리스 공산당 지도부는 스탈린주의에 충실해서 소련 편에 섰고, 심지어는 티토가 그리스 정부군을 숨겨 준다고 비난하기도 했다. 유고슬라비아는 한동안 [그리스 빨치산] 지원을 하다가 확 끊어 버렸다. 1949년 7월에는 그리스와 유고슬라비아 사이 국경이 닫혔다. 이때쯤 그리스 빨치산은 패배했고, 생존자들은 알바니아로 대피했는데 알바니아의 엔베르 호자 정부는 그리스 정부와 충돌하지 않으려고 이들을 억류했다. 10월에 그리스 공산당은 전쟁이 끝났다고 선언했다. 이는 소련에 완전히 의존하는 공산당은 결국 자기방어를 위한 싸움을 제대로 하지 못하는 처지에 이른다는 사실을 선명하게 보여 줬다.

이제 그리스 노동계급의 암흑기가 시작됐다. 강제수용소가 세워졌고, 살아남은 공산주의자의 많은 수가 처형당했다. 정부는 노동조합운동을 단단히 옥쬈고, 그리스 노동계급은 곧 유럽에서 가장 가난한 축에 속하게 됐다.

영국

몇몇 유럽 나라 공산당은 계급투쟁에서 중요하거나 심지어 결정적인 구실을 했다. 영국에서 벌어진 사건들은 이보다 덜 비극적이었고 공산당의 구실도 덜 결정적이었다. 영국 공산당은 1950년에 그나마 있던 2개의 의석을 잃었고 정계에서 주변부에 머물렀다. 그렇지만 특정한 노동조합들에서는 영향력과 힘이 있었다.

영국 공산당이 1947년에 좌선회를 한 지 얼마 안 돼 노동당 정부가 혹독한 소득 억제 정책을 도입했다. 영국 공산당은 [정부의] 생산 증진 운동을 어느 정도 지지하던 태도를 근본적으로 재고해야 했다. 그렇지만 영국 공산당은 노동당 정부가 집권 후반기에 벌이게 되는 반노동 조치들(1949년 노동당 정부가 모든 노동절 행진을 금지한 기이한 광경이 대표적이었다)에 맞서도록 노동자들을 준비시키지는 않은 상태였다. 정부는 공산주의자(와 파시스트)와 그 관계자들은 "안보 위협"을 일으킬지도 모른다면서 공직을 맡지 못하도록 금지하기도 했다.

주된 공격은 영국 공산당이 어느 정도 힘이 있는 곳, 산업부문에서 일어났다. 1948년 11월 노총 중앙집행위원회는 이른바 "민주주의를 방어하라"라는 문서를 발행했는데, 공산주의자들이 노동조합에서 직책을 맡거나 대의원으로 활동하지 못하게 금지하는 것을 고려하라고 노동조합들에 촉구하는 내용이었다. 이 제안은 운수일반노조TGWU에서 승리를 거둬, 1949년에 공산주의자들은 노조 직책을 맡지 못하게 금지하는 안이 가결됐다. 노총 중앙집행위원회의 유일한 공산주의자였고 그 때문에 자리를 잃은 버트 팝워스를 포함해 9명의 상근 간부가 해임됐다. 통합금속노조AEU, 사무관리직노조CAWU, 공무원사무직노조CSCA에서는 공산주의자가 간부를 맡지 못하게 완전히 금지하는 것이 공식 채택되지는 않았지만, 강한 반공주의 기류가 나타나 공산당원들의 활동을 제약했다.

유럽의 다른 나라들

서유럽의 다른 나라들에서는 공산당들이 대부분 후퇴를 겪었다. 한편으로 그 공산당들은 노동계급에 실질적 기반이 없었다. 다른 한편으로 소련에 대한 충성 때문에 자국의 정치 지형에서 자리를 찾을 수가 없었다. 다음 표가 보여 주는 대로 그들의 의석수는 급격히 줄었다.

	연도	의석수	연도	의석수
벨기에	1946	23	1954	4
덴마크	1945	18	1953	7
네덜란드	1946	10	1952	6
노르웨이	1945	11	1953	3
스웨덴	1944	15	1952	5
스위스	1947	7	1955	4

스페인에서도 공산당은 약해지고 고립됐다. 제2차세계대전이 끝날 무렵 스페인에서는 [독재자] 프랑코에 반대하는 흐름이 부활해 파업과 게릴라 투쟁이 벌어졌다. 그렇지만 냉전이 시작되면서, 비공산당계 반정부 세력들은 서방 열강들의 지원이 끊길까 두려워서 스페인 공산당과의 관계를 끊었다. 반정부 소요는 차츰 잦아들었고 스페인 공산당은 게릴라 단체들의 해산을 묵인했다.

그래도 두 나라에서는 공산당이 세력을 유지했다. 핀란드 공산당은 1948년에 정부에서 배제당하기는 했지만, 전후 모든 선거에서 20퍼센트 이상 득표했다. 아이슬란드 공산당의 선거 득표율은 16퍼센트 밑으로 내려간 적이 없었다. 핀란드는 소련의 옆 나라라는 점으로 설명할 수 있을 것이고, 아이슬란드는 외딴 나라이고 반미 정서가 강하다는 점으로 설명할 수 있을 것이다. 두 공산당은 훗날 중요한 구실을 하게 된다.

미국

미국에서는 공산주의가 전혀 뿌리내리지 못했다거나 기껏해야 지식인들에게만 스치듯이 영향을 끼쳤다는 신화가 널리 퍼져 있다. 이는 사실이 아니다. 1930년대에 산업별조직회의가 부상한 이래 미국 공산당은 항만 노동자, 자동차 노동자, 전기공 등 많은 노조에서 큰 영향력이 있었다.

1946년 말 미국에서는 공산주의자에 대한 맹공격이 시작됐다. 공화당이 연방수사국FBI 국장 존 에드거 후버의 부추김을 받으며 마녀사냥을 시작했지만, 민주당 소속 대통령인 트루먼도 그에 못지 않았다. 트루먼은 1947년 3월 정부 직원 250만 명에 대한 신원 조사를 명령했다. 짧은 기간에 미국 시민 800만 명 이상이 충성 선서를 해야 했고 충성 심사 위원회의 감시를 받았다.

1947년 제정된 태프트·하틀리법은 노조 지도자가 공산당원도 아니고 공산당과 연관돼 있지도 않다는 내용의 진술서에 서명하지 않으면 그 노조는 전국노동관계위원회의 도움(예컨대 공장에서 협상권을 얻기 위한 도움)을 받을 수 없다고 규정했다. 이는 여러 노조에서 공산주의자 배척 운동이 일어나는 길을 닦았다.

이 모든 일이 벌어지는 동안, 위스콘신주 바깥의 미국인들은 아

직 상원 의원 조 매카시에 대해 거의 들어 본 적이 없었다. 오늘날
에는 좌파든 우파든 매카시즘을 비난하면서도 이것을 미국 민주주
의 역사에서 벌어진 사소한 일탈 정도로 치부하는 것이 유행하고
있기 때문에, 당시 미국 정계 전체가 밑받침을 마련하지 않았더라
면 매카시즘은 일어날 수 없었을 것이라는 점을 강조하는 것이 중
요하다.

매카시 자신은 정직하지도 총명하지도 않았다. 언젠가 그는 공산
주의와 싸우겠다며 1만 달러를 빌려 특별 계좌에 예금했다가, 3주
후에 인출해서 콩 투기를 위해 친구에게 넘겨줬다. 매카시는 증인
들에게 '모스크바에 있는 소련 대사관'에 관해 묻는 등 엉터리 질
문들을 던졌고, 일관되지도 않고 확고한 사실에 기반하지도 않은
수치들을 끊임없이 인용했다. 그러나 반공주의 신화가 지배하고 있
었기에 매카시는 수많은 사람들의 삶과 경력을 망칠 수 있었다. 나
이 든 옛 공산당원들이 괴롭힘 속에 심장마비로 죽었고, 미국에 50
년 넘게 산 이민자들이 강제 추방당했다. 소수의 용기 있는 개인들
만이 매카시에게 할 테면 해 보라고 맞서며 겁먹지 않았다.

미국 공산당은 미국 좌파를 한 세대 퇴보하게 한 억압적 공격에
희생됐다. 그렇지만 미국 공산당 자신의 전술도 패배에 일정 부분
책임이 있다. 만약 그들이 언제나 노동계급 이익을 가장 굳건하게
옹호하는 세력으로 여겨졌다면, 계급 기반을 어느 정도 보존할 수
있었을 것이다. 그와 반대로 그들은 계급투쟁을 친소련 노선에 종
속시킨다는 태도를 너무 자주 분명히 드러냈다. 그래서 일찍이 루

스벨트를 지지했고, 심지어 1948년 대통령 선거에서는 소련과의 무역에 호의를 보인 '진보 인사' 헨리 월리스를 지원했다. 미국 공산당은 자신의 정치로 운동을 벌이기보다는 제3 정당을 통해 활동하는 전략을 채택했고 이 때문에 지배계급이 공산당을 고립시키기가 매우 쉬웠다.

평화운동

1947~1953년은 국제 공산당 운동이 '좌파적' 모습을 보인 시기로 여겨질 수 있다. 그렇지만 민중전선 전략과 완전히 단절하는 일은 없었다. 소련 지도자들의 장기 전략은 여전히 평화공존이었고, 각 나라 공산당의 지도자들은 자국의 정계에 내린 뿌리를 유지하려고 애썼다. 바로 이런 배경에서 1940년대 말과 1950년대 초의 평화운동을 봐야 한다.

이 운동은 1948년 [폴란드] 브로츠와프에서 열린 '평화 옹호 세계 지식인 대회'로 시작됐고, 뒤이어 1949년 파리에서 대규모 '평화 옹호 세계 대회'가 열렸으며 프랑스 비자 발급이 거부된 동구권 대표자들을 위해 프라하에서도 나란히 대회가 열렸다. 이 대회들은 세계평화평의회의 창립으로 이어졌고, 세계평화평의회는 1950년 3월 "핵무기의 무조건적 금지"를 주장한 유명한 "스톡홀름 호소문"을 발표했다.

이 운동의 논리는 최소 요구에 대한 광범한 지지 기반을 찾는 것이었고, 따라서 정치적으로 가장 낮은 수준에 계속 양보할 수밖에 없었다. 이는 제국주의 전쟁 와중에 다음과 같이 쓴 레닌의 전통과는 완전히 모순된다. "전쟁 종료, 국가 간 평화, 약탈과 폭력의 중지 등등은 우리의 이상이다. 하지만 부르주아 소피스트들은 이 이상이 직접적이고 즉각적인 혁명적 행동의 호소와 결별할 때만 대중을 이 이상으로 꾀어낼 수 있다."⁶⁴

2차 평화 옹호 세계 대회는 (영국 노동당 정부가 셰필드에서의 개최를 금지한 이후) 1950년 11월 바르샤바에서 열렸다. 이 대회는 독일 재무장에 반대하는 투쟁을 주되게 강조했다. 이는 반독일 감정에서 가장 악질적인 요소에 추파를 던지고 영국의 〈데일리 익스프레스〉 같은 우파 민족주의 부류와 사실상 함께하는 것을 허용했다. 1951년 3월 세계평화평의회는 훨씬 더 모호하고 실체가 없는 요구인 '다섯 열강(미국·소련·중국·영국·프랑스)의 평화협정' 체결 요구를 내놨는데, 사실상 제2차세계대전의 연합국 동맹으로 돌아가자는 요구였다.

이 운동의 지향과 전술은 필연적으로 중간계급적이었다. 바르샤바 대회에 참가한 대표자 2000명 중 고작 121명만이 노동자나 농민으로 묘사됐고 나머지는 모두 중간계급이나 이런저런 지식인이었다. 1950년 8월 세계평화평의회는 스톡홀름 호소문이 2억 7300만 명의 서명을 받았다고 밝혔다. 이 서명의 상당수는 공장들에서 모은 것이었고, 더 많게는 독재 정권하 불법 상황에 있는 투사들의 헌신과 용기를 범죄적으로 낭비하면서 모은 것이었다. 그렇지만 본질적으로 이 운동의 전체 전략은 중간계급 정치에 대한 양보를 뜻했으며 [공산당들의] 중간계급 당원들을 위한 활동을 제공했다. 여러모로 이 평화운동은 스탈린의 죽음 이후에 성장하게 될 추세를 위한 길을 닦았다.

2부
1953~1963년

7장
스탈린 격하와 헝가리 혁명

1953년 3월 5일 아침 스탈린이 죽었다. 그의 죽음에 대한 반응은 장소에 따라 달랐다. [영국 공산당의] 몬티 존스턴은 9일 후 [영국 공산당 청년 조직의 기관지] 〈챌린지〉에 다음과 같이 썼다.

스탈린 동지의 죽음으로 전 세계 노동 인민은 회복할 수 없는 손실을 입었다. … 그의 삶이 보여 준 용기, 끈기, 인민에 대한 믿음, 학습과 행동의 결합, 원칙에 대한 끊임없는 헌신은 모든 청년 사회주의자에게 모범이 된다.

소련 내 강제 노동 수용소에서는 반응이 조금 달랐다.

그렇지만 다음 날 아침(시베리아는 여전히 몹시 추웠다) 수용소 전체 인원이 열을 맞춰 섰다. 소령부터 대위와 중위까지 모두 거기 있었다.

소령은 슬픔으로 침울해하며 발표를 시작했다. "깊은 애도를 표하며 ⋯ 여러분에게 전한다. ⋯ 어제 모스크바에서 ⋯ "

그러자 살갗이 트고 뼈만 앙상하고 거무튀튀한 수감자들의 낯짝이 모두 활짝 미소를 띠기 시작하더니, 거의 대놓고 환호할 지경이었다. 수감자들이 웃기 시작하는 걸 소령은 알아챘다. 그는 화가 나서 이성을 잃은 채 명령했다. "모자를 벗어서 애도를 표해!" 수백 명이 명령에 복종하려다 멈칫했다. 모자를 벗으라는 명령을 어기는 것은 여전히 불가능한 일이었지만, 그렇다고 모자를 벗는 것도 너무 낯부끄러운 일이었다. 한 남자가 방법을 보여 줬다. 수용소의 익살꾼이자 입담이 좋기로 유명한 사람이었다. 그는 모자(인조 모피로 만든 방한모)를 홱 벗어 위로 던졌다. 어쨌든 그는 명령을 따르기는 한 것이다!

수백 명의 수감자가 이를 봤다. 그들도 모자를 위로 던졌다![65]

스탈린주의는 한 개인의 창조물이 아니라 사회체제였다. 그렇지만 스탈린이 사망한 1953년 소련에서는 사회·경제적 위기가 드리우기 시작했다. 스탈린이라는 개인은 한편으로는 지난 사반세기 동안의 난공불락 독재를, 다른 한편으로는 1917년 볼셰비키 혁명과 소련 정권의 연속성을 대표했다. 이런 이유로 그의 죽음은 소련 국내외를 모두 극도로 불안정하게 만드는 요인이었다.

소련의 위기

1953년의 소련은 굶주리는 나라였다. 빵은 명백히 부족했고, 도시 거주민은 일주일 평균 230그램 미만의 고기와 110그램 미만의 지방을 섭취했다.

1930년대에 스탈린주의 경제는 성과를 냈다. 육중한 공포정치 기구와 스타하노프 운동 방식의 개인 생산성 증대 운동에 힘입은 고도로 중앙 집중화된 체제 덕분에 소련은 경제적 자립을 할 수 있었다. 그렇지만 이는 계획경제가 아니었다. 계획의 초과 달성, 심하게는 3배 초과 달성이 일상적이고 칭송받는 성취인 경제는 어떤 의미에서도 계획된다고 할 수 없다.

1950년대가 되자 이 체제는 성과를 내지 못했다. 노동자들은 생산을 통제할 권한이 전혀 없었고 관료와 공통된 이해관계도 없었기에, 능력껏 체제를 속이려 했다. 서방 노동자들이 작업 능률 관리자의 머리 꼭대기에 앉는 법을 재빨리 배웠듯이, 소련 노동자들(과 이 문제라면 지방의 관리자들)도 처벌을 피하는 선에서 생산 할당량을 조정하는 법을 배웠다. 위기는 특히 농업에서 극심했다. 스탈린의 통치 마지막 4년 동안 평균 곡물 수확량은 8000만 톤밖에 되지 않아, 1913년보다 적었다.

스탈린의 공포정치는 정권에 대한 조직된 반대파를 마지막 흔적까지 뿌리 뽑았다. 그렇지만 불만은 표면 아래에서 끓었고 스탈린이 죽은 뒤 7월에 스탈린주의 체제 전체를 상징하는 듯하던 바로 그 장소에서 분출했다. 노동자 50만 명이 갇혀 있는 보르쿠타의 대규모 강제 노동 수용소였다. [강제 노동을 하던] 광원 1만 명이 몇 주간 파업을 벌여 레닌그라드[오늘날의 상트페테르부르크]의 석탄 공급에 심각한 영향을 끼쳤고, 파업 지도자 120명이 총살당한 후에야 파업이 분쇄됐다.

바로 이런 상황에서 스탈린의 후계 자리를 놓고 여러 집단과 개인이 쟁투를 벌이기 시작했다. 이 경주에서 가장 먼저 나가떨어진 사람은 1938년 이래 내무부 장관이자 보안경찰의 수장이었던 라브렌티 베리야였다. 그가 쿠데타를 모의했기 때문이든 아니면 그저 독일 문제에서 유화 노선을 옹호했기 때문이든 간에, 다른 지도자들은 그를 제거하기로 했다. 흐루쇼프가 어느 이탈리아 공산주의자에게 말한 바에 따르면, 베리야는 상임간부회 회의 자리에서 함정에 빠졌으며 말렌코프와 미코얀이 군 장성 2명의 도움을 받아 베리야를 제압했다. 이것이 문자 그대로 진실이든 아니든 간에, 이 사건은 소련 공산당의 지도 집단 사이에 퍼져 있던 '사회주의적 적법성'이라는 게 무엇인지를 분명히 보여 주는 상징이다. 베리야에 관한 공식 성명은 그가 내전 중이던 1919년에 영국 정보기관의 통제를 받는 아제르바이잔 반혁명 정부의 첩자가 됐다는 혐의를 제기했다. 이는 [1930년대] 모스크바 재판에서 통용된 공상의 세계를 떠올리게 하지만, 이런 방법이 사용된 것은 이번이 마지막이었다. 새로운 사람들은 더 교묘한 장치들을 선호했다.

흐루쇼프의 부상

이제 주목을 받게 된 인물은 니키타 흐루쇼프였다. 그는 뱌체슬라프 몰로토프 같은 보수파와 게오르기 말렌코프 같은 개혁파 사이의 '중도파' 경향을 대표했다. 흐루쇼프는 1894년에 태어났지만, 1917년 이전에 혁명 활동에 참여했다는 기록이 전혀 없다. 그는 볼셰비키가 이미 집권당이던 1918년에 입당했다. 그 후에는 충성스럽고 정력적인 관료가 됐고, 스탈린이 권력을 잡을 때 혁명적 이상주의자들에게서 자리를 넘겨받은 단단하고 '실용적'인 관리자 집단의 일원이었다. 흐루쇼프는 나중[스탈린 사후]에 스탈린을 공격했지만, 스탈린을 충성스럽게 모신 다른 어떤 관료 못지않게 많은 피가 그의 손에 묻어 있음을 부정할 수 없다.

그렇지만 흐루쇼프는 실용주의자였다. 바로 이 덕분에 그는 잇따른 숙청에서 살아남을 수 있었다. 고수할 원칙이 있는 사람이면 누구든 필연적으로 스탈린과 충돌했을 테니 말이다.

흐루쇼프의 새 정책은 기성 관료에 대한 공격을 수반했고, 수천 명의 목이 달아났다. 이를 위해 그는 하급 관료의 지지를 얻어야 했다(이 모든 작업은 [1961년 영국 노동당 지도자] 해럴드 윌슨이 "기업 이사회에서 쓸모없는 자들을 쫓아내자"고 한 것을 연상시킨다).*

---

* 경제가 지지부진한 상황에서 당시 영국 노동당은 영국 경제의 경쟁력을 강화하는 데서 자신들이 보수당보다 더 유능할 것이라고 주장했다. 그 비전은 역동적

평화공존

소련은 국내 경제만 기로에 선 것이 아니었다. 스탈린이 죽은 후 몇 년 동안 소련의 외교정책도 크게 변화했다. 1953년 8월 8일 [총리] 말렌코프는 소련이 수소폭탄을 제조했다고 발표했다. 스탈린 시대에 소련 지도자들은 핵무기 문제를 완전히 경시했다. 정설 레닌주의로 여겨지던 불모의 도그마에 빠진 그들은 순전한 기술적 발명이 자신들의 정치 전략을 탈바꿈시킬 수 있다고는 상상도 하지 못했다.

실용주의자 흐루쇼프는 레닌주의든 뭐든 어느 정설에도 별 관심이 없었지만 힘과 폭력의 현실에는 날카로운 감각이 있었고, 이제 막 확립되던 핵 공포의 균형이 갖는 중요성에 훨씬 더 민감했다. 그는 두 가지 사실을 알아차렸다. 한편으로 세계 양대 진영 사이의 전면 대립에서는 재래식 전쟁이 이제 구식이 됐다는 점, 다른 한편으로 서로 핵무기를 쏜다면 어느 편도 의미 있는 '승리'를 거둘 수 없으리라는 점이었다.

공포의 균형은 소련 경제의 문제들과 밀접하게 연관돼 있었다. 소련이 상대편과 같은 수준의 군사력을 달성해야 하는 한, 나라 경제 전체가 필수적 파괴 수단의 생산에 맞춰져야 한다. 겉보기로는 서

경영진이 주도하는 자본주의 경제의 활성화였다. 인용된 문장은 다음과 같이 이어진다. "열정적이고 젊은 이사, 생산 기술자, 과학자에게 일을 맡[겨야 한다.]"

로 다른 소련 경제와 미국 경제를 본질적으로 연결하는 것이 바로 군비경쟁이다. 소련은 미국과 마찬가지로 군비 지출 수준이 너무 높아지거나 너무 낮아지면 문제에 봉착하게 된다. 소련 외교정책의 변화 과정은 바로 이를 배경으로 놓고 봐야 한다.

1953년이 되자 냉전의 양측은 긴장 완화 조치를 원했다. 매일매일 지그재그 하는 국제 관계를 추적하는 것은 이 이야기의 목적이 아니다. 중요한 것은 이 시점부터 모든 공산당의 입장 발표에서 '평화공존'이 강조됐다는 점이다. 1960년 11월 모스크바에 모인 81개의 공산당은 다음과 같이 선언했다.

평화공존 정책은 더는 잔혹한 전쟁을 원치 않고 지속적 평화를 추구하는 모든 나라 인민의 기본 이익에 부합한다. 이 정책은 사회주의의 지위를 강화하고, 사회주의 국가들의 위신과 국제적 영향력을 드높이며, 자본주의 나라에서 활동하는 공산당의 위신과 영향력을 높인다. 평화는 사회주의의 충실한 동맹이다. 시간은 자본주의가 아니라 사회주의의 편이기 때문이다.

이 선언이 공산당들의 전체 전략에, 그리고 국제 공산당 운동과 소련 관료들의 관계에 의미하는 바는 어마어마하게 컸다. 여기에 담긴 사고방식은 1914년 이전 제2인터내셔널의 것, 즉 사회주의의 성취는 긴 과정의 일부이며 시간은 우리 편이고, 공산당의 과제는 권력을 잡는 게 아니라 "위신과 영향력"을 키우는 것이라는 견해와 매우 비슷하다.

'평화공존' 이론은 중립 노선을 대하는 소련의 태도가 수정됨을 의미했다. 1947년 코민포름은 세계가 '두 진영'으로 나뉘었다고 선언했었다. 우리 편이 아니면 반대편이라는 뜻이었다. 그러나 한반도와 인도차이나에서 휴전 협상을 하는 과정에서 소련은 일련의 중립적 완충국들이 성장하는 것을 직시하려는 태도를 보였다.

이런 변화를 위해서는 유고슬라비아 문제가 정리돼야 했다. 서서히 비난의 어조가 약해졌다. 1953년 3월 27일에만 해도 〈영속적 평화를 위해, 인민민주주의를 위해〉는 "유고슬라비아 파시스트들의 우두머리이며 베오그라드의 미국·영국 간첩 행위 중심지의 우두머리인 도살자 티토"라고 말했다. 그러나 같은 해 가을 유고슬라비아의 '경기 하락'에 관한 보도에는 '유고슬라비아 파시즘'이라는 말이 일절 등장하지 않았다. 유고슬라비아에서 파시즘의 지배는 등장했을 때와 마찬가지로 아마도 신비롭게 증발해 버린 모양이었다. 1955년 5월 흐루쇼프는 유고슬라비아를 방문해 티토에게 사실상 사과를 했다. 같은 해 11월 25일 〈영속적 평화를 위해, 인민민주주의를 위해〉는 왜 소련과 유고슬라비아의 우호 관계에 "차질"(10년간 있었던 일을 축소해서 표현한 말)이 있었는지 설명했다. 유고슬라비아를 향한 비난은 모두 베리야와 아바쿠모프라는 *"제국주의의 비

---

* 빅토르 아바쿠모프 1946~1951년 국가보안부 장관. '레닌그라드 사건'을 날조한 혐의로 1954년에 체포돼 처형당했다.

열한 첩자들이 악의를 품고 날조한 자료"를 근거로 벌어진 일이더라는 것이었다.

스탈린 격하

그렇지만 베리야가 사후에 속죄양 노릇을 해야 하는 상황은 이번이 마지막이었다. 이제 대체물이 준비됐다. 흐루쇼프가 새 경제·외교 정책 노선을 공고히 하고자 한다면, 그리고 자신과 자기 인맥의 지위를 강화하고 스탈린 시절의 정치로 되돌아가길 원하는 자들의 평판을 떨어뜨리고자 한다면, 그는 스탈린 신화 전체와 대결해야 했다.

'스탈린 격하'를 향한 첫 움직임은 스탈린이 죽은 지 몇 주 만에 말렌코프 [총리] 아래에서 이뤄졌다. 처음에는 그저 암시의 형태만을 띠었다. "위대한 레닌, 그리고 스탈린의 명령"이라는 말처럼 형용사와 문장부호를 신경 써서 배치한다든지, 스탈린 기일의 중요성을 줄여 나간다든지 하는 식으로 말이다.

1956년 2월이 되자 흐루쇼프는 단순한 암시 이상으로 나아갈 만큼 충분히 강해졌다고 느꼈다. 소련 공산당 20차 당대회가 이달 열렸고 전 세계의 공산당 지도자들이 참석했다. 티토가 연설해 기립 박수를 받았다. [알바니아 공산당 제1서기인] 엔베르 호자는 연설하면서 흐루쇼프를 찬양했고 스탈린은 언급하지 않았다. 흐루쇼프는 국제 공산당 운동의 지도자이자 노선을 정하는 사람으로 분명히 인정받았다.

당대회에서 흐루쇼프는 두 가지 연설을 했다. 첫째 연설인 공개 연설에서는 "개인숭배"를 비난했지만, 스탈린을 분명하게 언급하지는 않았다. 둘째 연설인 소위 '비밀 연설'에서는 스탈린의 범죄들을 상세히 이야기했다. 중대한 법률 위반 행위, 볼셰비키 지도자 살해, 제2차세계대전 중에 저지른 범죄적 책임 방기 행위, 자기 찬양, 역사 왜곡 등 뽑아 쓸 소재가 많았기에 연설은 길었다. 흐루쇼프가 말한 내용의 많은 것은 트로츠키와 그 지지자들이 그 전 20년간 말해 온 것이 옳았음을 확인해 줬다.

그렇지만 흐루쇼프는 표현 하나하나에 주의를 기울이며 연설했고, 비판의 한계도 분명히 했다. 흐루쇼프 자신이 스탈린이 만든 체제의 상속인이었고, 기본적으로 그 체제를 바꾸거나 그것에 도전할 의도가 없었기 때문이다. 흐루쇼프는 스탈린의 범죄가 [스탈린이 반대파들에게 완전한 승리를 거두고 난] 1934년에 시작됐다고 봤고, 그 전에 일어난 일들은 문제 삼지 않았다. 사실 그는 스탈린이 트로츠키주의에 맞선 투쟁에서 "긍정적 구실"을 했음을 강조하려 특별히 애썼다. 게다가 흐루쇼프는 상당히 비마르크스주의적인 방식으로 스탈린을 심리적 측면에서 해석하려 했다. 스탈린의 잘못은 그의 기질에서 비롯한 것으로 봐야 한다는 것이었다.

이 연설은 '비밀'리에 행해졌지만, 그 줄거리는 곧 누구나 알 수 있게 됐다. 그렇지만 스탈린 격하의 효과는 엄격히 제한됐다. 강제 노동 수용소는 대부분 폐쇄됐고 약간의 사회 개혁이 도입됐다. 그래도 정치적 반대파나 독립 노조를 조직할 권리는 여전히 인정되지 않았다. 흐루쇼프는 스스로 벌인 일의 위험을 잘 알고 있었던 것 같은데, 사르트르가 다음과 같이 그 위험을 예언적으로 요약했다. "스탈린 격하는 결국 스탈린 격하를 하는 사람들을 격하하는 것으로 끝나고 말 것이다."

소련 공산당 20차 당대회 직후 코민포름은 해체됐다. 소련의 지도부는 여전히 국제 공산당 운동의 향방에서 수신호 구실을 했고, 전 세계 공산당들의 회의를 소집하기도 했다. 그렇지만 이제 분명해진 것은, 소련 방어는 국제 공산당 운동이 아니라 소련의 핵 방위 체계(계속해서 미국을 따라잡으려 애쓰는)에 의존하게 됐다는 사실이다.

냉전의 종식

이제 소련 외교정책의 주요 목표는 미국과 공존할 길을 찾는 것이었다. [1961년] 흐루쇼프는 미국 기자 C L 설즈버거에게 다음과 같이 말했다.

우리(소련과 미국)는 세계 최강국들이며, 우리가 평화를 위해 단결한다면 전쟁은 있을 수 없습니다. 어떤 미치광이가 전쟁을 원한다면, 우

리는 검지를 좌우로 흔들며 그러지 말라고 경고해야 할 것입니다.[66]

이는 20세기판 신성동맹을 맺자고, 즉 양대 핵무기 보유국이 동맹해서 '말썽꾼'들에 맞서 기존의 (제국주의적) 세계 질서를 지키자고 분명하게 제안하는 것이었다. 확실히 이는 소련이 중국을 바라보는 시각이 어땠는지를 잘 보여 준다.

당연히 평화공존의 길에는 오르내림이 있었다. 핵 억지력의 균형이 확립되기 전까지 몇몇 대립이 불가피했다. 흐루쇼프는 쿠바의 카스트로 정권이 '마르크스-레닌주의'로 전환하겠다고 선언하며[*] 소련과 무역·군사적 연계를 추구하려는 것을 기회로 삼아 자신의 위신을 높이고 라틴아메리카에서 발판을 마련하려 했다. 1962년 9월 체 게바라가 소련 핵미사일을 쿠바에 배치하는 협정에 서명했다. 이에 대응해 미국은 군사 장비를 싣고 쿠바로 향하는 선박을 모두 봉쇄했고, 만약 미사일을 치우지 않는다면 추가 조치가 있을 것이라고 위협했다. 엿새 동안 세계는 전무후무한 핵전쟁의 문턱에 선 듯했다. 그러자 흐루쇼프는 몇몇 사소한 양보를 받아 내고 미사일을 철수하기로 합의했다. 냉전의 '대치' 국면은 끝났다. 이제부터 소련과 미국은 서로 얼마나 멀리까지 나아갈 태세인지를 암묵적이지만 분명하게 이해하게 됐다.

---

[*]   12장의 "쿠바" 절을 보라 — 지은이.

동유럽의 위기

소련 국내에서 스탈린 격하는 단지 짧고 산발적인 사회불안을 수반했을 뿐이다. 그렇지만 동유럽 위성국들의 사정은 사뭇 달랐다. 사회질서 전체가 훨씬 더 취약한 상태였기 때문이다.

동유럽 국가를 통치하는 국가 관료들은 소련 정부의 직접적이고 순종적인 대리인이 아니었다. 그들 자체의 이해관계가 소련 지배자들의 이해관계와 점점 더 충돌하게 됐다. 소련 지도자들은 이를테면 동유럽산 상품을 싸게 구입해서 세계시장에 저가로 판매하는 식으로 동유럽을 경제적으로 계속 착취했을 뿐 아니라, 동유럽 국가 관료들의 존재 자체를 자기 입맛에 따라 좌우할 수 있는 것으로 간주했다.

동유럽의 새 정권들은 노동계급을 계속 더 많이 착취하는 것에 기반을 뒀다. 따라서 노동조건과 생활수준에 대한 공격이 서방과 매우 유사하게 벌어졌다. 성과급이 권장되고 확대됐다. '생산성'이 노동계급을 대상으로 하는 훈계의 중심 주제였다. 노동자들을 희생시켜 국가 경제를 발전시키려는 시도는 성공적이었다. 스탈린이 죽은 1953년에 체코슬로바키아 산업 노동자의 실질소득은 제2차세계대전 이전 수준의 84퍼센트였으며, 동독은 89퍼센트, 폴란드는 72퍼센트였다. 한편 1950~1955년에 이 나라들의 연평균 국민소득 성장률은 체코슬로바키아 8퍼센트, 동독 11.4퍼센트, 폴란드 8.6퍼센트로 이후 시기의 어느 때보다 높았다.[67]

1953년에 동유럽 경제는 재정비가 필요했다. 이 인민민주주의 공화국들은 수립 초기에는 풍부한 노동력과 자원에 의지할 수 있었다. 이것들이 고갈되기 시작하자 경제활동의 계획·실행·평가 방식을 더 합리적으로 바꿀 필요가 생겼는데, 이는 1950년대 초의 숙청과 재판을 동반한 공포 분위기, 즉 생산 할당량의 변덕으로 부정행위와 자원 비축이 부추겨지는 분위기와는 양립할 수 없었다.

스탈린 격하는 동유럽 관료들에게 실질적으로 유용한 사회적 기능을 했지만, 그들의 위기를 악화시키기도 했다. 억압 기구가 어느 정도 약화했다. 숙청과 복권이 반복되자 경찰의 사기가 떨어졌다. 즉, '국가의 적들'을 감시할 의욕이 생기지 않은 것인데, 설사 그들을 잡아 유죄판결을 받아 내도 정치적 바람이 바뀌면 헛수고가 될 수 있었기 때문이다. 노동계급이 역사의 무대로 귀환하기에 확실히 유리한 상황이었다.

동베를린 봉기

극적인 첫 분출은 1953년 6월에 찾아왔다. 노동자를 희생시켜 생산성을 높이려는 계획에* 맞서 동베를린 건설 노동자들이 반란

---

* 동독 정부는 노동자들이 생산성을 10퍼센트 이상 향상시키지 못하면 임금을 3분의 1 이상 삭감하려고 했다.

을 일으켰다. 6월 16일 병원 건설 현장의 노동자 60명이 시위를 벌였다. 다음 날 동베를린 전역에서 총파업이 벌어졌고, 파업은 여러 주요 소도시를 포함해 동독의 70개 지역으로 번졌다. 어떤 지역에서는 파업이 봉기 수준으로 발전했는데, 예컨대 예나에서는 노동자들이 경찰서를 습격했다.

소련 군대가 투입돼 파업을 진압했다. 살해당한 사람은 19명에서 267명으로 추산된다.[*]

거의 동시에 동유럽의 다른 나라 노동자들도 행동에 들어갔다. 체코슬로바키아에서는 플젠과 오스트라바 같은 주요 산업 중심지에서 봉기가 일어났다. 헝가리와 루마니아에서도 파업이 있었다고 한다.

1956년 폴란드

그렇지만 1953년의 사건들은 냉전 히스테리가 한창 기승을 부릴 때 벌어졌기 때문에 서방에는 거의 영향을 미치지 못했다. 3년 뒤 흐루쇼프의 연설 이후 폴란드와 헝가리에서 벌어진 사건들은 훨씬 심대한 영향을 미치게 됐다. 1956년 봄의 스탈린 격하는 폴란드에서 공산당 지도부의 교체와 유화정책으로 이어졌다. 이런 분위

---

[*] 동독 정부는 19명, 서독 정부는 267명이 희생됐다고 주장했다.

기 속에 포즈난의 기관차 공장인 이오시프스탈린금속공장 노동자들이 파업에 들어갔다. 이 행동은 원래는 잔업수당 지급 같은 경제적 요구를 내걸고 시작했다. 그렇지만 몇 년간 쌓인 사회적 긴장 속에서 이런 요구는 눈덩이 효과를 낼 수밖에 없었다. 파업은 시위가 됐고, 시위는 봉기가 됐다. 경찰서가 장악됐고, 폴란드 군대가 투입됐으며, 충돌의 결과 113명이 사망했다.

파업은 고립돼 패배했지만, 고무우카가 이끄는 폴란드 지배자들은 양보할 필요가 있다는 것을 인식했다. 그렇지만 변화를 원한 것은 노동자만이 아니었다. 지식인과 하급 관리자 등도 변화를 원했다. 폴란드의 혁명적 사회주의자 야체크 쿠론과 카롤 모젤레프스키가 지적했듯, 이 시기 노동계급은 독립적 정치 세력으로서 자리 잡지 못했다.

좌파는 노동자 평의회 운동 안의 기술 관료 조류와 분립하지 않았고 (공장을 평의회가 운영해야 한다는 요구는 기술 관료의 강령을 넘어서지 않았다), 전국 수준의 정치적 대결에서는 개혁파 관료와 분립하지 않았다. 좌파는 자신을 프롤레타리아적인 운동으로서 명확히 드러내지 않고 범반스탈린주의 전선의 일원으로만 머물렀다. 상황이 이러니, 좌파가 자체의 정치 강령을 만들고 대중 사이에서 강령을 조직적으로 선전하고 당을 창출하는 것은 당연히 불가능했다. 이 모든 것 때문에 좌파는 정치적으로 독립적인 세력이 되지 못했으며, 따라서 집권한 개혁파 관료의 좌파적 부속물로 변모할 수밖에 없었다.[68]

그 결과 상황은 이도 저도 아닌 상태로 끝날 수 있었다.

헝가리

그러나 헝가리에서는 심각한 위기가 찾아왔고, 그 분명한 대립 속에서 계급 문제가 중요하게 작용했다. 헝가리에서도 관료 집단이 분열했다. 1956년 부글부글하는 분위기 속에서 중간계급의 일부가 정치 토론에 점점 더 많이 참여하게 됐다. 이 토론은 비판적 사상이 생겨나는 주요 환경이었던 부다페스트의 '페퇴피 서클'을 중심으로 이뤄졌다.

1956년 10월 말 무렵에 부다페스트 학생들이 모여 요구를 정식화했다. 이 강령은 학생들의 머릿속이 여전히 무척 혼란스러웠고 그들이 민족주의 사상의 영향을 크게 받고 있었음을 보여 줬다. 그들은 헝가리 주둔 소련 군대의 철수, [개혁파인] 너지 임레 주도의 정부 수립, 노동자 파업권 보장을 요구했지만, 또한 헝가리가 자국산 우라늄을 세계시장에 팔 권리를 보장하고 "헝가리 인민에게 낯선" 현재의 문장紋章 대신 전통적 코슈트 문장을 복원하라고도 요구했다.

10월 23일 학생들은 자신들의 요구를 공개적으로 알리기 위해 부다페스트에서 거리 시위를 벌였고, 정치경찰[인 국가보호국]은 그들에게 발포했다. 이제 진정한 쟁점은 학생들이 제기한 특정한 요구들이 아니라 권력 문제 자체임이 분명해졌다. 소련 군대가 시위대에 맞서 움직이기 시작했고, 너지는 갑작스레 총리로 발탁됐다. 그리고 헝가리 노동계급이 행동에 나서기 시작했다. 부다페스트에서는 노동자들이 거리로 나왔고, 싸움이 계속됨에 따라 교외 공업단지에서 격렬한 충돌이 벌어졌다. 다른 곳에서는 노동자들이 자체의 요구를 제기했다. 헝가리 북동부에서 광원 3만 명이 대표자를 선출해 자유선거 요구를 제기했다. 부다페스트 주변의 농민들은 거리에서 싸우는 사람들을 위해 식량 공급을 조직했다.

10월 28~30일에 노동자 평의회가 헝가리 전역에서 생겨났다. 이 평의회들의 이름은 혁명적 평의회, 혁명적 노동자 평의회, 노동자·병사 평의회, 혁명적 사회주의 위원회 등 다양했지만, 그것들이 하는 일은 어디서나 비슷했다. 식량 공급을 조직하고, 소련 군대와 협상하고, 질서를 유지하고, 일부 난폭하게 구는 참가자들을 자제시키는 것이었다. 평의회들은 사회의 생산 통제라는 중요한 문제도 제기했다.

헝가리에서 생겨난 이 노동계급 권력기관은 제2차세계대전 이후 그 어떤 나라에서보다 높은 수준에까지 도달했고, 1917년 러시아 혁명 당시의 소비에트와 동일 선상에 있는 조직이었다.

물론 헝가리 혁명은 '순수한' 노동계급 혁명이 아니었다. 그런 것은 존재한 적도 없고 앞으로도 존재하지 않을 것이다. 우파적 부류, 성직자 세력, 심지어 노골적 파시스트까지도 이 운동의 주위를 맴돌며 정권의 전복을 보고 싶어 했다. 그렇지만 노동자 평의회들 가운데 어디서도 탈국유화 요구는 나타나지 않았다. 이 운동의 중요한 점은 그 강령이 옳았는지 옳지 않았는지가 아니라, 노동자 대중이 직접 참여해서 해법을 향해 더듬더듬 나아갔다는 것이다. 그렇지만 상황은 그들에게 충분한 시간을 허락하지는 않았다.

잠시 철수했던 소련군 탱크가 11월 4일 다시 부다페스트로 들어왔다. 탄압을 정면으로 받은 것은 노동계급이었다. 부다페스트에서 가장 심하게 파괴된 지역은 노동계급 거주지였고, 병원 통계를 보면 부상자의 80퍼센트 이상이 젊은 노동자였다.

피비린내 나는 탄압에도 굴하지 않고 파업과 소극적 저항이 새해까지 계속됐다. 1957년 1월 8일이 돼서야 [부다페스트의 공장 지대] 체펠의 중앙 노동자 평의회는 어쩔 수 없는 상황 때문에 평의회가 모든 권력을 박탈당했으므로 "우리는 우리가 위임받은 권한을 노동자들에게 반납한다"고 선언했다.

이 투쟁은 혁명적 행동이 개혁을 쟁취하는 가장 확실한 방법임을 보여 줬다. 임금 인상이 승인됐고 생산 할당량 적용이 유예됐다.

헝가리 사태의 영향

노동계급 운동의 한 조류로서 스탈린주의는 패배의 산물이며 수동성을 먹고 자라났다. 그래서 헝가리에서 노동계급의 자주적 행동이 분출한 결과 국제 공산당 운동에 위기가 닥쳤다. 스탈린 격하로 이미 불안과 의구심이 자라났는데, 헝가리에서 일어난 사건은 작은 상처를 더 크게 벌려 놓았다.

헝가리 혁명은 국내적으로도 대단한 사건이었지만, 동유럽 위성국들로 전염병처럼 퍼져 나갈 수 있었다는 점에서도 상당히 중요했다. 소련 지도자들이 개입하기로 결심한 요인으로는 다른 나라 공산당들(십중팔구 중국·루마니아·동독·체코슬로바키아)의 압력도 조금은 있었다. 그리고 헝가리 관료들은 국제 공산당 운동의 위신에 힘입어 질서를 회복했다. 12월 2일 프랑스 공산당 일간지 〈뤼마니테〉의 편집장 앙드레 스틸은 부다페스트 라디오에 출연해 헝가리 주민들에게 프랑스 노동자들은 헝가리 사태의 결과에 만족한다고 말했다.

프랑스 공산당을 자세히 들여다보면 헝가리 사태에 대한 반응이 복잡했음을 알 수 있다. 당 지도부는 기꺼이 소련 정부의 공보관처럼 행동했다. 11월 3일 〈뤼마니테〉는 에티엔 파종이 중앙위원회를 대표해 쓴 성명을 실었다.

헝가리에서 지난 열흘간 벌어진 일들은 정말이지 극도로 혼란스러운 모습이다. 그렇더라도 진실은 이 일들이 오랫동안 주의 깊게 준비된 반혁명 활동의 결과물이라는 것이다. 노동자들이 (꾐에 빠졌든 심지어 정당한 불만을 품고 있었든) 가담했다는 사실로도 그 폭동의 계급적 내용은 조금도 바뀌지 않는다. 폭동이 공언한 목표와 지향, 폭동을 지지한 세력을 보면 분명하게 드러나는 그것 말이다. 외국의 지원을 받고 잘 무장됐으며 경험 많은 과거의 파시스트 군대 중핵들이 준비한 불법 반혁명 운동이 헝가리에 존재했다는 것은 이제 분명하다.

그렇지만 공산당 지지자들을 이런 입장으로 설득하는 것은 좀 더 어려웠다. 피카소와 소설가 로제 바양 등 많은 지식인이 소련의 행동에 항의했다. 더 중요한 사실은 프랑스 공산당이 노동조합총연맹에서 이 노선을 관철하지 못했다는 점이다. 노동조합총연맹은 1947년 분열 이후 프랑스 공산당의 정책을 충실하게 따라 움직인 조직인데도 말이다. 몇몇 공장에서는 노동조합총연맹 투사들이 전단 반포를 거부했고, 심지어 노동조합에서 탈퇴하는 사람도 있었다.[69] 노동조합총연맹 지도부에서도 의견이 갈렸다. 노동조합총연맹은 2명의 사무총장이 있었는데 그중 하나인 브누아 프라숑은 공산당의 주도적 당원이었으며 소련의 행동을 지지하는 개인 의견을 공공연하게 표명했다. 그렇지만 그는 동료들을 설득하지 못했으며, 11월 13일 노동조합총연맹은 다음과 같이 다소 얄팍한 성명을 발표했다.

우리의 역할과 의무는 정치적·철학적·종교적 의견과 관계없이 모든 임금노동자에게 열린 조직으로서 노동조합총연맹의 성격을 지키는 것이다. … 조합원 누구도 개인 의견을 표명하거나 노동조합 바깥에서 정치적·종교적 활동을 하는 것을 방해받지 않는 거대하고 단결된 조직으로 노동조합총연맹이 남아 있도록 보장하는 것이 모두의 의무다.

1957년 3월 프랑스여론연구소는 프랑스 공산당에 투표한 사람들을 대상으로 여론조사를 했다.[70] 여론조사라는 방법은 의식 수준을 연구하는 수단으로는 필연적으로 한계가 있지만, 그 결과는 스탈린주의적 신화가 노동자들의 마음을 얼마나 붙들고 있었는지 그리고 그 장악력이 이제 얼마나 흔들리고 있었는지 반영한다는 점에서는 흥미롭다. 이 여론조사의 대상은 헌신적 공산당원이 아니라 한 해 전에 프랑스 공산당을 원내 1당으로 만들어 준 (대부분 노동자와 농민인) 500만 명의 투표자라는 점을 유념해야 한다.

질문 1: [소련의 헝가리 혁명] 탄압을 보며 어떤 느낌이 들었습니까? (단위: 퍼센트)

놀라움: 7

결과에 대한 두려움: 17

만족스러움: 22

괴로움: 7

믿기지 않음: 3

분함: 5

안심: 28

실망스러움: 4

화남: 2

잘 모르겠음: 5

질문 2: 반란의 가장 중요한 요인은 무엇이라고 생각하십니까? (단위: 퍼센트)

외국 첩자의 선동: 56

굶주림과 가난: 10

가톨릭의 활동: 22

외국 군대에 대한 증오: 7

공산주의자들에 대한 짜증: 10

자유의 결핍: 10

파시스트의 음모: 51

프랑스 공산당 투사들의 사기는 상당히 떨어졌다. 11월 7일 우파들이 프랑스 공산당 당사에 불을 지르려 했는데, 다음 날 열린 대항 시위는 고작 3만 명을 동원했다. 바로 몇 해 전 〈뤼마니테〉 압류에 항의할 때는 수십만 명이 거리로 나왔는데 말이다. 1957년 2월 프랑스 공산당 당원 수는 28만 7000명으로, 전해보다 7만 명 줄었다. 그렇지만 1957년 한 해 동안 당 지도부는 기층 조직 곳곳에서 노선을 관철하기 위한 치열한 싸움을 벌여 당원들에 대한 통제력을 복구했다. 그리고 선거 지지율이 입은 타격은 매우 일시적이었다. 여론조사 결과를 보면, 1956년 11월에는 직전 선거에서 공산당에 투표한 사람의 68퍼센트만이 여전히 공산당을 지지한다고 답했지만, 이듬해 3월에 이 수치는 정상 수준을 회복해서 80퍼센트를 넘겼다.

이탈리아에서는 공산당 지도부 내 분열이 더 날카롭게 드러났다. 톨리아티는 나중에는 '자유주의'적이고 '반스탈린주의'적이라고 전혀 어울리지 않는 평판을 얻게 되지만, 1957년 1월 20일에는 소련의 행위를 충성스럽게 옹호하는 연설을 했다.

이탈리아의 대부르주아지와 성직자를 대변하는 신문들이 말하는 것을 보건대, [헝가리에서 일어난 일의] 목표는 혁명의 성취를 모두 파괴하고 새 파시스트 정권을 세우는 것이었음이 분명합니다. 이게 성공했다면 그 정권은 곧 모든 사회주의 국가를 상대로 일으키는 전쟁의 조종석이 됐을 것이고, 유럽 곳곳에서 전쟁의 위협이 임박하도록 만들었을 것입니다.

그렇지만 톨리아티는 주세페 디비토리오 같은 중요한 인물의 반대에 부닥쳤는데, 디비토리오는 스페인 내전에서 싸웠고 (공산당과 사회당이 여전히 함께 활동한) 이탈리아노동조합총연맹의 사무총장인 베테랑 공산주의자였다. 디비토리오는 동유럽 노동자들의 대중운동을 일축하는 것은 노동조합 지도자로서 신망을 높이는 데 도움이 되지 않으리라는 점을 잘 알았다. [폴란드] 포즈난 봉기 때도 그는 이탈리아 공산당 신문에 글을 써서, 사회주의 국가에서도 노동조합은 "사회주의 사회의 일반적 발전이라는 필요를 고려하면서도, 노동자들의 정당한 요구를 열렬히 옹호할 임무가 있다"고 주장했다.[71]

소련 군대가 헝가리에서 행동에 들어가자마자 이탈리아 사회당은 날이 서고 비판적인 태도를 보였다. 넨니는 [1951년에] 받은 스탈린평화상 상금의 절반을 헝가리인들을 지원하는 데 내놓았고, 사회당은 공산당과 관계를 끊었다. 그 결과 1956년 10월 28일 이탈리아노동조합총연맹은 1948년 이래 처음으로 공산당과 분명하게 다른 입장을 취했다. 집행부가 성명을 발표해 다음과 같이 선언했다. "한 나라가 다른 나라의 내정에 간섭하지 말아야 한다는 원칙에 충실한 이탈리아노동조합총연맹은 헝가리에서 외국 군대의 개입이 요청되고 실행된 것에 개탄을 느낀다." 디비토리오는 이탈리아노동조합총연맹의 노선에 동의하는 개인 자격 성명을 덧붙여 기고했지만, [공산당 기관지] 〈루니타〉는 실어 주지 않았다. 프랑스 공산당처럼 이탈리아 공산당도 난국을 헤쳐 나가며 노동계급에 대한 장악력을 유지할 수 있었지만, 당원 수는 타격을 받아 1956년 203만 6000명에서 1957년 179만 명으로 떨어졌다.

더 작은 공산당들의 반응은 훨씬 더 변덕스러웠다. 1956년 11월 5일 뉴욕에서 발행하는 미국 공산당 신문 〈데일리 워커〉는 소련의 행동을 비난하는 사설을 실었다. '정설' 노선이 1년 안에 복원되긴 했지만, 당원 수가 많이 줄어드는 대가를 치러야 했다. 인도 공산당과 아이슬란드 공산당도 소련의 행동에 이의를 제기했다.

영국에서 헝가리 사건의 영향은 훨씬 더 심했다. 1956년 2월 3만 3095명이던 영국 공산당의 당원 수는 1958년 2월 2만 4670명으로 떨어졌다.

영국 공산당 지도부는 [영국 공산당 신문] 〈데일리 워커〉의 부다페스트 특파원 피터 프라이어가 헝가리 노동자들에게 공감하는 기사를 보내고 있었는데도 소련의 행동에 무조건적 지지를 보냈다. 몇몇 지도적 당원들은 즉각 탈당했다. 소방관노조 사무총장 존 호너, 스코틀랜드광원노조의 앨릭스 모펏, 전기노조의 레스 캐넌(공산당 사무총장 존 골런에게 글을 써서 당 해산을 요구한 뒤 탈당했다)이 그들이었다.

다른 이들은 남아서 싸웠고, 이런 당내 불만 때문에 지도부는 1957년 부활절에 특별 당대회를 열어야 했다. 소련 공산당 20차 당대회 이후 시작된 당내 민주주의 논쟁에 헝가리 문제가 겹쳐 격렬한 투쟁이 벌어졌다. 결국 당 지도부는 물러서지 않고 당 기구를 보존했지만, 최상의 당원을 여럿 잃었다.

물론 영국 공산당을 떠난 사람들이 모두 헝가리 혁명을 보고 노동자 통제에 대한 확신을 품게 된 혁명가들은 아니었다. 많은 이들은 오래전부터 공산당 당적이 자신의 학자 경력이나 노동조합 지도자 경력에 방해가 된다고 느낀 사람들이었다. 그러나 좌경화한 이들도 있었다. 200명 정도의 탈당자(그중 절반은 노동자였다)가 〈소셜리스트 아웃룩〉 신문과 연계된 작은 트로츠키주의 단체에 가입했고, 그 결과 〈뉴스레터〉가 1957년 5월 창간됐다. 그리고 [E P 톰프슨 등 영국] 공산당 지식인 일부가 《뉴 리즈너》라는 잡지를 발행하기 시작했는데, 이 잡지는 나중에 《뉴 레프트 리뷰》로 합쳐졌다. 이 두 경향 모두 (공산당 탈당자 다수를 빠르게 잃게 되는 것에서 알 수 있듯이) 약점이 있었지만, 공산당에서 독립적인 영국 마르크스주의의 부활에 상당한 기여를 했다.

영국 공산당 지도부는 헝가리 문제로 당을 떠난 이들의 대다수는 지식인이고 산업 노동자 당원들은 당을 계속 신뢰했다고 주장했다("중간계급의 양심"을 믿는 언론인과 역사가가 흔히 이 주장을 받아들였다). 브라이언 비언(건설 노동자이자 영국 공산당 집행위원 중 헝가리 문제로 탈당한 유일한 인물)은 1957년 초에 이 주장을 강하게 비판했다. "바위 같은 노동계급과 갈대 같은 지식인이라는 신화는 완전히 폐기돼야 한다. 많은 산업 노동자 동지들이 헝가리 문제를 보며 고심한다. 매우 훌륭한 산업 노동자 동지들이 당을 떠났다."[72]

비언의 주장을 입증하는 직접적 통계자료는 없지만, 간접적으로 뒷받침하는 증거는 있다. 첫째는 많은 노동조합에서 공산당의 활동에 심각한 차질이 생겼다는 점이고, 둘째는 전국 당대회를 위한 당원 자격 보고서다.*

1956년 헝가리 사태는 국제 공산당 운동에 중요했다. 소위 '사회주의' 국가의 성격이라는 문제를 생생한 형태로 제기했을 뿐 아니라, 뒤이은 논란이 각국에서 당내 민주주의 문제를 제기했기 때문

---

* 비록 이 중 1957년의 수치는 당대회를 가득 채우려 한 시도 때문에 실제 상황을 온전히 나타내지는 못하지만, 적어도 충성파가 어디에 있었는지는 보여 준다 — 지은이.

직업	1954년	1956년	1957년	1959년
금속 노동자	23퍼센트	25퍼센트	18퍼센트	22퍼센트
건설 노동자	8퍼센트	10퍼센트	7퍼센트	10퍼센트
교사	6퍼센트	7퍼센트	11퍼센트	9퍼센트

이다. 당내 민주주의를 둘러싼 논쟁은 대체로 두 견해가 서로 핵심을 건드리지 못한 채 왕왕거리는 모습이었다. 하나는 스탈린주의의 획일적 당 개념이고, 다른 하나는 개인의 권리라는 생각을 기초로 하는 근본적으로 자유주의적인 개념이었다. 민주적 중앙집중주의라는 볼셰비키의 전통은 스탈린의 통치 30년 동안 묻혀 있었기에 논쟁 참가자들의 머릿속에 있지 않았다. 그 결과 여러 나라에서 공산당과 단절한 사람의 다수는 혁명적 전투 정당의 전통을 재발견하려 애쓰기보다는 토론 모임이나 작은 포럼 형식의 잡지를 만드는데 전념했다.

그리고 물론 순전히 형식 면에서는 공산당 관료들이 '규율'이나 '다수결 수용'을 호소한 것이 옳았다. 그렇지만 혁명운동 내 민주주의는 형식 문제가 아니다. 조직과 전술 문제에서는 투사들이 반드시 규율에 따라야 한다. 그러나 헝가리 문제처럼 계급의 눈으로 볼 때 당의 근본 정치는 무엇이어야 하는가 하는 문제가 제기될 때는 가장 철저하고 가장 개방된 논쟁만이 문제를 풀 수 있으며, 관료적 공식은 아무것도 풀 수 없다.

중국

중국의 마오쩌둥 정권은 소련이 헝가리에서 한 행동을 "헝가리 인민의 위대한 승리"라고 환영하며 앞장서서 지지했다.[73] 중국 지도자들은 스탈린 격하를 환영하지 않았고, 〈런민르바오〉(인민일보)는 소련 공산당 20차 당대회 후 몇 주 만인 1956년 4월 5일 자에 "몇몇 중대한 오류를 저질렀지만 동시에 위대한 마르크스-레닌주의자"라며 스탈린을 옹호했다.

그렇지만 이때 중국도 나름의 유화정책 시기에 있었다. 중국 공산당 중앙선전부가 1956년 5월 '백화제방 백가쟁명'이라는 구호를 내걸었고, 1957년 4월* 마오쩌둥은 "인민 내부의 모순을 올바르게 처리하는 문제에 대해"라는 주제로 연설하며, 표현의 자유 문제와 갈등의 평화로운 해소 문제까지 확장해 다뤘다. 1956년에 일어난 많은 파업과 1957년 봄에 시작된 학생 항의 운동은 양보를 얻어 냈는데, 특히 지방 관료를 공격하거나 노동조건 향상을 요구할 때 그랬다.

이런 유화와 양보의 시기는 정권의 경제적 미래가 불확실한 것의 결과이기도 했다. 당시는 제1차 5개년계획(1953~1957년)이 끝나 가면서 소농 농업에서 잉여를 빼내 중공업 발전에 쓰는 것과 관련된 어려움이 더 분명히 드러났지만, 1958년의 대약진운동 실시와 인민

---

* 2월의 오기인 듯하다.

공사 설립이라는 새 결단은 아직 표명되지 않은 때였다.[74]

헝가리 사태는 많은 정권 비판자들에게 영감을 줬다. 25년간 중국 공산당 당원이었던 작가 딩링의 집은 '폐퇴피 클럽'이라는 별칭이 붙었고, 베이징의 한 교수는 1957년 7월 "지금은 [중국에서도] 폴란드와 헝가리 같은 사건이 벌어지기 직전"이라고 선언했다.[75]

그렇지만 당 지도부는 헝가리 사태를 유화정책의 위험을 보여주는 경고로 여긴 듯하다. 대大자유의 시기(공산당과 관료에 대한 비판을 허용한 1957년 5월의 '정풍운동')가 시작된 지 고작 한 달만에 '반反우파' 운동이라는 이름으로 새 탄압이 시작됐다.[76] 정풍운동으로 터져 나온 비판 중 일부의 신랄함은 중국에서 공산당의 지배를 파괴하려는 새로운 우파의 음모가 존재한다는 주장을 입증하는 충분한 근거로 여겨졌다. 예컨대 [정풍운동 시기에] "공산당원은 밀정으로, 일제강점기 일본인 첩자보다 더 나쁘다"는 말이 공공연하게 나올 수 있었다.[77]

안정화

그러나 이 모든 일에도 불구하고 소련은 공산주의 진영에 대한 지배력을 용케 유지했고, 1950년대 말까지 그럭저럭 단결한 모양새가 유지됐다. 주된 골칫거리 지역인 두 곳, 폴란드와 헝가리에서는 양보와 탄압을 신중하게 혼합해 질서를 복원했다. 소련은 규율을 다잡을 수단으로 코민포름을 되살리려 했지만 폴란드·중국·이탈리아 공산당이 반대했다. 그러나 1958년에 국제 공산당 운동의 이론지를 만들어야 한다는 합의가 이뤄져 9월에《월드 마르크시스트 리뷰》가 등장했다. 위기는 끝났다. 당분간은 말이다.

8장
제국주의와 민족주의

1950년대 초에 저개발 국가들에서 중요한 변화가 일어나고 있었다. 무역 패턴이 변화하며 선진국이 후진국산 원자재 수입에 점점 덜 의존하게 됐다. 후진국들은 수십 년간의 제국주의 지배로 경제가 뒤틀려 있었고, 공식적으로 식민지 처지에서 벗어났지만 경제적으로 외면받는 상태여서 별 위안이 되지 못했다. 한편 미국은 저개발 국가들에 대한 경제적·군사적 장악력을 키우고 있었다. 미국이 이용한 수단은 네이팜탄 투하부터 그 나라 자유주의 정치인을 돕는 것까지 다양했지만, 목표는 언제나 같았다. 즉, 그 나라를 착취하거나 지배하는 것이었다.

트로츠키는 '연속혁명' 이론을 다듬으면서 다음과 같이 주장했다. 부르주아지가 상대적으로 늦게 등장한 나라에서 부르주아지는 부르주아 혁명을 밀고 나갈 수 없고, 그런 결정적 구실은 프롤레타리아에게 넘어가며, [정치적으로] 독립적 행동을 할 수 없는 농민은 노동자의 지도를 따를 것이다. 그 과정에서 민주주의 혁명은 사회주의 혁명으로 성장해 나아갈 것인데, 이 과정은 한 나라의 경계 안에서는 완성될 수 없다.

트로츠키는 노동계급이 혁명을 주도할 수 있다고 했지 필연적으로 그럴 것이라고 하지 않았다는 점을 기억하는 것이 중요하다. 그렇지만 제2차세계대전 이후 시기의 경험을 보면, 다양한 요인(객관적 조건과 정치적 지도력의 부재)으로 말미암아 노동계급은 혁명을 주도하지 않았다. 그 자리를 대신한 것은 도시 프티부르주아지였다. 그들은 다른 대안 세력이 없는 상황에서 민족해방운동의 주된 동력이 됐다. 그런 운동에서 인도의 자와할랄 네루, 인도네시아의 수카르노, 이집트의 가말 압델 나세르, 알제리의 아흐마드 빈 벨라, 가나의 콰메 은크루마 같은 지도자들이 떠올랐다. 이들은 각자 민족적 특성은 달랐지만, 근본에서는 같은 종류 운동의 산물이었다.[78]

1950년대부터 소련이 저개발국에 경제적으로 대거 침투하면서 그림이 더 복잡해졌다. 1953년에 소련은 신생국 중 단지 세 나라와만 무역협정을 맺고 있었다. 1964년에 이 숫자는 35개로 늘어났다. 1963년 소련과 저개발국 사이의 무역량은 약 6억 5000만 파운드로 소련 대외무역 총액의 11퍼센트 정도에 달했다. 1957~1969년에 소련은 이집트에 3억 3200만 파운드에 달하는 대출과 신용을 제공했는데, 5억 3500만 파운드를 제공한 미국 다음가는 규모였다.

이런 변화는 저개발국에 대한 소련의 정치적 관점이 급격히 바뀐 것과 발맞춰 일어났다. 1950년대 초까지는 '두 진영' 이론의 시기였고, 비공산주의 국가는 모두 서방 제국주의의 꼭두각시일 뿐이라 여겨졌다. 나세르와 은크루마 같은 인물들은 원래는 비난받았다. 1950년대 초 소련 소식통은 이집트 [나세르]의 1952년 군사 반란을 "미국과 동맹 맺은 반동적 장교 집단"이 이끄는 것으로 묘사했고, 은크루마의 정부와 정당은 "영국 제국주의 지배라는 실체를 감추는 위장막"으로 분류됐다.[79]

그렇지만 1953~1956년에 소련의 외교정책은 변했고 이는 저개발국을 대하는 방침의 근본적 전환을 뜻했다. 이것이 티토와의 화해 뒤에 숨은 한 요인이었다. 티토는 '중립국'의 지도자로서 아프리카와 아시아에서 입지가 상당했던 것이다. [소련 외무부 장관] 드미트리 셰필로프는 소련 공산당 20차 당대회 연설에서 새로운 화해 분위기를 조성했다.

원칙적으로 공산주의자들은 종파주의적 편협함을 반대합니다. 공산주의자들은 오늘날 벌어지는 다종다양한 대중운동이 반제국주의 물결로 통합돼야 한다는 것을 지지합니다. 아랍·아시아·라틴아메리카 나라들의 모든 짓밟힌 민족과 모든 노동자의 위대한 열망은 그들이 가톨릭교도든 개신교도든 불교도든 이슬람교도든 상관없이 사회적 억압에 맞선 투쟁, 평화와 민주주의를 위한 투쟁 속에서 실현될 것입니다. 단결이라는 위대한 구호가 이토록 적극적이고 포괄적인 의미를 가진 적은 단 한 번도 없었습니다.

이 제안은 사회 세력과 심지어 정부도 계급적 기준이 아니라 "반제국주의"(소련에 잠재적으로 우호적이라는 말이다)인지 아닌지를 기준으로 판단돼야 한다는 뜻으로 1930년대 민중전선 노선의 연장선 위에 있는 것이다.

이미 1955년 12월에 흐루쇼프와 [당시 소련 총리] 니콜라이 불가닌은 인도·버마·아프가니스탄을 돌며 평화와 우애 얘기가 가득하고 의기양양한 순방을 했다. 그렇지만 인도에 대한 소련의 새 정책은 인도 공산당에는 그다지 도움이 되지 않았다. 예컨대 1955년 1월 26일 〈프라우다〉는 네루 정부의 외교정책뿐 아니라 국내 정책도 칭찬하는 사설을 실었다. 이때는 안드라주州(공산당의 핵심 지역) 선거를 코앞에 둔 시점이었다. 인도국민회의는 〈프라우다〉 사설을 전단 형태로 다시 만들어 유권자들에게 뿌렸고, 상당한 표심의 동요를 야기했다.

그래도 전체로 보아 소련의 행보는 저개발국에서 공산주의에 대한 동조가 늘어나는 데 기여했다. 저개발국의 국민, 그중에서도 민족주의적 프티부르주아지가 보기에 소련 사례는 후진국이 산업화와 경제 발전을 이루는 본보기로 무척이나 중요했다. '사회주의'(실제로는 경제에 대한 국가 개입과 대중 복지)는 저개발국의 거의 모든 정치인이 채택하는 것이었다.

저개발국의 공산당들은 1950년대에 어느 정도 성장했지만 대개는 여전히 꽤 작았다. 특히 아프리카에서는 공산당이 매우 약했고, 공산당이 아예 없는 나라도 여럿이었다. 주된 원인은 소련이 아프리카에서는 신생국의 민족주의 지도자들과 직접 거래하길 선호했기 때문이다. 공산당이 존재하면 상황만 더 복잡해질 뿐이었다. 더군다나 저개발국의 공산당들은 어느 모로 봐도 프롤레타리아 정당이 아니었다. 그들의 진정한 계급 기반은 도시 프티부르주아지이고 그들의 정책(국가권력과 공직의 확장)은 이 계급의 이익을 반영했다. 예컨대 인도 공산당의 1958년 당대회에서 대의원의 72퍼센트가 대학 교육을 받은 사람들이었다.

저개발국 공산당들의 정치 노선은 본질적으로 민중전선의 지속이었다. 1960년 8월 26일 〈프라우다〉에 E 주코프가 쓴 기사를 통해 소련이 제시한 일반 지침을 볼 수 있다.

아시아와 아프리카 신생 민족국가의 수장은 다수가 민족주의의 기치 아래 있는 부르주아 정치 지도자인 것으로 알려져 있다. 그렇다고 해서 제국주의 전선에서 생기는 돌파구의 진보적인 역사적 중요성이 하찮아지는 것은 아니다. … [경제 발전이] 지체된 아시아의 많은 나라들과 특히 아프리카에서 … 중심 과제는 … 비교적 오랫동안 자본에 맞선 투쟁이 아니라 중세의 유물에 맞선 투쟁이었고 지금도 그렇다. 이로부터 노동자·농민·지식인이 … 나라의 독립적인 정치적·경제적 발전에 관심이 있고 제국주의 열강의 어떤 침략에도 맞서 독립을 방어할 태세가 돼 있는 민족 부르주아지의 일부와 … 오랜 기간 협력할 가능성이 생긴다.

이것이 공산주의인터내셔널의 초기 전통과 얼마나 큰 단절을 나타내는지는 레닌이 1920년 2차 대회에서 선언한 것과 비교해 보면 알 수 있다.

공산주의인터내셔널은 식민지와 후진국에서 부르주아 민주주의와 일시적 동맹을 맺어야 한다. 그렇지만 부르주아 민주주의와 융합해서는 안 되며 어떤 경우에도 프롤레타리아 운동의 독립성을 아무리 초보적인 형태일지라도 보존해야 한다.

이런 전망의 변화로 말미암아 계급 문제를 사실상 모호하게 만드는 용어가 전반적으로 발전했다. 그래서 1960년에 발표된 81개 공산당의 공동 선언문에는 "민족 민주주의"라는 말이 담겼다. 이는 부르주아지가 지배하지만 반제국주의적 노선을 따르는 국가를 뜻했다. 어느 분석 문서에는 "비자본주의적" 발전이라는 말이 실리기도 했다. 중요한 것은 정치적(즉, 국제적) 제휴이지, 사회·경제적 분석이 아니라는 뜻이었다.

이집트·이라크·과테말라에서 일어난 일들은 스탈린 사후 10년간 저개발국 공산당들의 처지가 어땠는지를 전형적이지만 극적인 형태로 보여 준다.

이집트

소련에게 중동은 지리적·전략적 이유로 핵심 지역이었고, 그중에서도 정치적 이유로 중요한 나라는 이집트와 이라크였다. 이집트 공산당은 1922년부터 존재했지만 항상 약했고 자주 분열했다.

1952년 쿠데타 이후 나세르가 집권했을 때, 국제 공산당 운동의 태도는 처음에는 매우 적대적이었다. 1954년 8월까지도 [나세르의 정치 자유화 제스처를 두고] "파시스트식 자문 의회"를 위한 계획이라고 주장했다.[80] 그리고 나세르가 파업 파괴와 공산주의자를 비롯한 정권 비판자 투옥을 일삼았으므로 좌파가 나세르를 비난할 소재는 차고 넘쳤다.

그렇지만 1955년에 나세르의 국제적 제휴 관계가 바뀌었는데, 이는 이념의 변화에 근거한 것이 아니라 실용주의적인 것이었다. 나세르는 중국을 승인했고 체코슬로바키아에서 무기를 구입하기 시작했으며, 그때부터 소련에 훨씬 더 친화적이게 됐다. 나세르는 1955년 반둥에서 열린 아시아·아프리카회의에서도 주역을 맡았다. 그 뒤 1956년에는 수에즈운하 국유화, 영국과 프랑스의 이집트 침공 무산이 이어졌다. 이때 소련은 헝가리 노동자들을 살해하던 와중에 짬을 내서 나세르를 강력히 지지한다고 밝혔다.

1956년 이집트 공산주의자들은 이집트통합공산당으로 재통합했다. 이집트통합공산당은 1957년 7월 1일 다음과 같은 구호로 끝나는 성명을 발표했다. "가말 압델 나세르가 이끄는 우리 민족정부 만

세." 그 성명은 다음과 같이 선언했다.

우리는 그[나세르 — 지은이]의 정책의 전반적 지향을 지지한다. 그 정책은 우리 인민의 이익과 우리 당 강령의 이익에 맞는 독립 정책을 추구하는 민족정부한테 나온 것이기 때문이다.

그렇지만 우리는 정당을 대하는 태도와 우리나라에서 합법적 공산당의 존재에 관한 문제에서는 나세르의 의견에 동의하지 않는다. 민주주의를 약화시키고 우리의 민족 전선의 발전에 제동을 거는 태도이기 때문이다.[81]

나세르는 다소 무례하게도 이 칭찬에 화답하지 않았다. 1959년 1월 1일 이집트 공산당 지도자들이 여럿 체포됐다. 1959년 3월 11일 다마스쿠스에서 연설하면서 나세르는 공산주의자들을 가리켜 "자기 땅과 자기 민족의 자유를 믿지 않고 외부인의 지령만 믿는 첩자들"이라 불렀다.

소련이 이집트 공산주의자들의 투옥을 나세르와 군사적·경제적 관계를 끊을 만큼 중요한 일이라 보지 않았기 때문에, 이집트 공산주의자들은 자신들을 박해하는 지도자를 계속 지지해야 하는 난감한 처지에 놓였다.

1964년 봄에 흐루쇼프가 이집트를 방문했을 때, 600명의 공산주의자가 친선의 표시로 석방됐다. 그 뒤 1965년 4월에 이집트 공산당은 (적어도 공식적 수준에서는) 자체 해산을 선언했고 당원들에게는 아랍사회주의연합(나세르의 정당)에 들어가 내부에서 영향력을 미치라고 촉구했다. 아랍사회주의연합은 그 후 프랑스 공산당과 소련 공산당의 당대회에 친선 대표를 보내도록 초대받았다.

이라크

이라크에서도 이야기는 비슷했지만, 결과는 더 비극적이었다. 이라크 공산당은 이집트 공산당보다 훨씬 더 강력했고 좌파적 지향의 전통이 있었으며 도시 노동계급 사이에서 상당히 많은 지지를 받았다.

1958년 7월 바그다드에서 민중 혁명이 일어나 왕정을 타도하고 민족주의 지도자인 카심 장군을 권좌에 앉혔다. 이라크 공산당은 이 시기에 힘을 얻었다. 노동조합운동에서 지도부를 장악했고 학생 조직들을 통제했으며 군대 내에 뿌리내렸다. 이듬해에 (1959년 여름까지) 이라크 공산당은 정권을 더 강하게 압박했고, 권력 장악을 시도할 위치에 있는 듯 보였다. 그러다가 1959년 여름에 확 우회전해 카심에 대한 공격을 중지했다. 몇몇 평론가들은 이런 노선 변경을 소련이 직접 지시했다고 의심하는데 입증할 도리는 없다. 분명한 것은 그 변화가 1959년 여름 흐루쇼프의 평화 행보에 착 들어맞았다는 점이다. 바로 이 시기에 이탈리아 공산당은 로마 거리에서 아이젠하워에게 환호를 보냈고, 흐루쇼프는 중동에서 미국과 대립하는 것을 극도로 꺼렸다.

곧 이라크 공산당은 카심을 지지하는 노선으로 전환했는데 이는 이집트 공산당이 나세르를 대하는 태도와 매우 비슷했다.

전에도 그랬듯이, 이라크 공산당은 민족 부르주아지를 비롯해 반제국주의·반봉건 세력을 모두 포괄하는 광범한 민족 전선을 주장한다. 이라크 공산당은 정부 정책에서 진보적인 조치를 모두 지지하고 인민의 사활적 이익을 방어하며 민주주의, 경제적 독립, 토지개혁, 이라크와 사회주의 국가들의 친선 관계, 7월 혁명의 목표 달성을 위한 인민의 투쟁을 지도한다.[82]

그렇지만 카심은 국내의 경쟁하는 사회 세력들의 힘이 균형을 유지하길 바랐고, 그래서 공산당에 너무 우호적인 태도를 취하는 것처럼 보일 수는 없었다. 카심은 이라크 공산당을 정부 내로 들이기는커녕 그들에게 합법적 지위도 주지 않았다(다우드 사이그 주도로 공산당에서 우파적으로 분열해 나온 세력이 '공식' 공산당으로 인정받았다). 그리고 1961년까지 좌파나 공산당의 영향을 받는 노동조합원, 출판물, 평화 단체에 대한 탄압을 강화했다. 이라크 공산당은 이런 조치들에 항의는 했지만, 당원들을 동원해 반정부 투쟁을 벌이는 시도는 하지 않았다.

이런 상황은 계속될 수 없었다. 1963년 2월 카심 정권은 십중팔구 미국 중앙정보국이 사주했을 쿠데타로 전복됐다. 공산주의자가 최소 5000명 살해당했고, 수많은 사람들이 직장에서 체포돼 트럭째로 감옥으로 실려 갔다. 당분간 서방의 석유 이익은 안전해졌다. 중동에서 가장 강력한 노동계급 운동 중 하나가 이 패배를 극복하는 데는 수년이 걸렸다.

과테말라

1950년대 라틴아메리카에서는 소련의 영향력이 여전히 약했지만, 몇몇 나라 공산당은 중요한 구실을 했다. 1951년 하코보 아르벤스가 과테말라 대통령으로 선출됐다. 아르벤스 정부의 주요 강령은 1952년 착수한 비교적 온건한 토지개혁이었다. 이는 일정한 수준 이상의 미경작지나 휴경지를 정부가 수용해 재분배하는 방식이었다. 집약적으로 경작되는 농장은 개혁 대상에서 제외됐고, 토지 수용 보상금도 지급됐다. 가장 도발적인 측면은 미국이 소유한 유나이티드프루트컴퍼니의 미경작지 40만 에이커를 수용한 것이었다.

과테말라 공산당은 강하지 않았다. 미국 국무부 백서에 따르면 1954년 과테말라 공산당의 당원 수는 300만 명의 인구 중에 3000~4000명 정도였다. 과테말라 공산당은 의회에서 56석 중 4석을 차지했고, 1953년 여름이 돼서야 일간지를 발행했으며, 정부에 각료도 없었다(우파를 자극하지 않도록 아르벤스는 정부에 몇몇 극단적 반공주의자들을 뒀다).

과테말라 공산당은 정권에 일절 도전하지 않았다. 오히려 아르벤스와 공산당은 각자 서로를 이용하려 했다. 과테말라 공산당은 토지개혁을 집행하는 기관에 유능한 당 일꾼을 여럿 파견해 아르벤스를 지원했고, 아르벤스는 [공산주의자를 정부 기구에서 모두 내쫓으라고 요구하는 고위 장교들에게] (페론을 인용해) "공산주의는 스트리크닌과 같아서 다량일 때는 매우 위험하지만 소량일 때는 유용합니다" 하고 말한 것으로 전해진다.[83]

미국의 눈에는 이 모든 것이 공산주의처럼 보였다. 더 정확히는 유나이티드프루트컴퍼니에 대한 위협으로 보였다. 미국 국무부 장관 존 포스터 덜레스는 유나이티드프루트컴퍼니의 법률 대리인이었고, 그의 동생이자 중앙정보국 국장인 앨런 덜레스는 전 회장이었으며, 유엔 주재 미국 대사인 헨리 캐벗 로지는 이사였다.

아르벤스 정권이 전복돼야 한다는 결정이 내려졌다. 위협 행위가 잇따라 일어난 뒤 1954년 6월 18일에 [1949년에 우파 쿠데타를 지지했다가 쫓겨난] 카스티요 아르마스 대령이 온두라스에서 과테말라를 침공했다. 이 반란은 과테말라 주재 미국 대사 존 퓨리포이(그는 이 직전에 그리스에서 우파 정권 수립을 도운 후 과테말라로 왔으며, 얼마 뒤 [1955년 12월에] 동남아시아에서 의문의 죽음을 맞았다)의 책략과 조율됐다. 퓨리포이는 다양한 정치적 대표자들을 만나 흔히 총을 들이대며 협상했다.

아르벤스는 대중을 동원할 수 없었다. 6월 17일 대학민주전선이 침략 위협에 맞서 방어를 준비하기 위해 과테말라시티의 바리오스

광장에서 대중 집회를 소집했지만, 집회는 아르벤스의 지시에 따라 취소돼야 했다.

아르벤스는 자기 군대의 사령관들에게 배신당한 뒤 사임을 알리는 방송을 짧게 했다. 노동자와 농민을 무장시키고, 과테말라 사람들에게 자신들의 독립을 위해 싸우라고 촉구하는 것이 유일한 대안이었을 것이다. 그렇지만 아르벤스의 이력을 보건대 그가 그런 경로로 나아가게 할 만한 요소는 전혀 없었다. 만약 그랬다면 대중의 힘이 발산하면서 아르벤스를 그가 활동하던 정치적 틀 너머로 멀리 데려갔을 것이다. 과테말라 공산당도 아르벤스와 맺은 긴밀한 관계에도 불구하고 이 상황에 맞는 지침을 제공할 수 없었다. 그들의 정치 역시 대중 동원이 아니라 책략을 기초로 한 것이었기 때문이다. 앞장서 나서는 이가 전혀 없었으니, 저항의 가능성도 없었다.

아르벤스는 스위스로 망명했지만, 그를 지지하던 노동자와 농민은 피신할 수 없었다. 엄청난 탄압이 뒤따라서 노동조합은 완전히 재편됐고, 토지개혁은 되돌려졌으며, 아르벤스 치하에서 억압당했다고 느낀 자들이 벌인 복수의 물결 속에 수많은 노동자·농민이 살해당했다. 이라크 공산당과 마찬가지로 과테말라 공산당은 권력 장악을 시도할 역량은 없었지만 거대한 반동을 유발할 만큼의 힘은 있는 세력이었다.

9장
서방 공산당의 다중심주의

1953년 스탈린 사망부터 1963년 중소 분쟁이 공공연히 드러날 때까지 기간에 서방 선진국의 공산당들은 뿌리 깊이 탈바꿈했다. 이미 1930년대부터 서유럽의 공산당들은 혁명적 당이기를 포기했다. 주로는 소련 관료를 위한 응원단이자 공보관으로 복무했다. 이따금 행동을 개시하라는 요청이나 더 흔하게는 소련을 난처하게 만드는 투쟁을 억제하라는 요청을 계속 받기도 했지만 말이다.

스탈린 사후 소련 지도자들의 국제 전략이 변하면서 서유럽 공산당들이 하는 이런 대단치 않은 구실[의 필요성]에도 의문이 생겼다. 소련은 이제 경제적·군사적으로 세계 양대 열강 중 하나로 확고히 자리 잡았고, 혁명의 상속인임을 들먹이는 데는 거의 관심이 없었다. 이런 상황에서 서유럽의 공산당들은 느리고 불균등하지만 전통적 사회민주주의 정당과 무척 비슷한 무언가로 진화하기 시작했다.

소련은 다양한 부문의 사람들과 사귀며 그들에게 영향력을 행사하려 했고, 각국 공산당이 교조적이거나 종파적인 행동을 벌여 소련이 난처해지는 것을 원하지 않았다. 흐루쇼프와 아이젠하워의 우호 관계가 정점에 달한 1959년 12월에 아이젠하워가 로마를 방문했을 때, 이탈리아 공산당원들은 통상적 구호인 '양키 고 홈'을 내려놓고 거리로 나와 "우리도 아이크를* 좋아해요" 하고 연호했다.[84]

서유럽에서 소련은 사회민주주의 정당들과 관계를 개선하는 데 특히 관심이 있었다. 영국과 독일의 사회민주주의 정당은 대중정당이었던 반면 공산당들은 훨씬 더 작았고 의석이 없었다. 프랑스 사회당은 정부를 이끄는 세력인 반면 공산당은 의회에서 완전히 고립돼 있었다.

1956년 7월 소련의 고위 지도자 중 한 명인 미하일 수슬로프는 프랑스 공산당 당대회에 들러 새 노선을 제시했다.

최근 각국 공산당과 사회민주주의 정당은 여러 쟁점에서 비슷한 입장을 보이고 있습니다. 핵무기 금지와 군비축소를 요구하고, 서로 다른 사회체제들의 평화공존을 추구하고, 각국 국민 간 경제적·문화적 관계의 발전을 바라며, 식민주의에 맞서 투쟁하고 있습니다. 이것은 모두 노동계급의 통일된 행동이 필요해졌고 다시금 가능해졌음을 분명히 보여 줍니다.

---

* 아이크 아이젠하워의 애칭.

소련 공산당의 입장을 말씀드리면, 우리는 형제 공산당들과의 우애를 강화하면서 동시에 프랑스 사회당을 포함한 사회민주주의 정당들과의 관계를 확립하고 발전시키려 노력하고 있습니다. 이런 접촉이 평화와 사회주의의 대의에 봉사할 것임을 확신합니다.[85]

쉽게 말하면 다음과 같은 뜻이다. '사회당한테 너무 못되게 굴어서 우리를 난처하게 만드는 일을 하지 마라. 그들이 불과 수년 전에 파업 참가자들을 사살했으며 이제는 알제리에서 악랄한 식민 전쟁을 벌이고 있을지라도 말이다.'

소련 입장의 논리는 여기서 멈추지 않았다. 서방의 사회민주주의 정당들과 인도의 네루 같은 우호적 중립국 지도자들을 안심시킬 필요가 있었다. 그 나라 공산당들이 혁명을 말하던 과거와 단절했다고, 즉 헌법의 틀 내에서 활동하리라 믿을 수 있다고 말이다. 소련 지도자들은 점진주의를 확고히 지지하는 것처럼 보였다. 이런 이유로 사회주의로 가는 의회적 길(각국 공산당 지도자들의 국내적 야심에 잘 어울린다는 이점도 있는 주제)이 강조됐다.

이는 완전히 새로운 주제는 아니었다. 영국 공산당은 이미 《사회주의로 가는 영국의 길》에서 이를 발전시켰는데, 1951년에 스탈린의 격려를 받으며 초안을 마련한 것이었다. 그렇지만 이제는 그것이 특별히 강조됐다. 흐루쇼프는 소련 공산당 20차 당대회에서, 1917년 이래 세계가 크게 변화했다고 말했다. 이제 사회주의와 민주주의의 힘이 훨씬 강력해졌으므로, 노동계급과 그 동맹들이 "의회에서 확실한 다수를 차지해서 이 부르주아 민주주의 기관을 진정한 인민의 의지를 따르는 수단으로 탈바꿈시키는 것"을 생각하는 게 가능해졌 다는 것이다. 그 직후 〈프라우다〉는 의회를 통해 사회주의로 이행하 는 것이 가능하다고 주장하는 톨리아티의 글을 실었다.

여기까지만 보면 공산당 정책의 변화가 모두 소련 지도부의 정책 [변화]에서 직접 기인했다고 여길 수 있다. 그렇지만 변화는 점점 흐 루쇼프와 그 친구들의 통제에서 벗어나는 동역학을 만들어 나갔 다. 이른바 '소련 전문가'들은 공산당들 사이의 차이로 보이는 것들 은 그저 미리 계획된 음모의 일부이며 국제 공산당 운동은 사실은 계속 획일적이라고 주장했다. 그런 주장은 노동계급 운동에 대한 완전한 무지를 드러내는 것으로, 각국 공산당 지도부들에 가해지 는 이중의 압력을 인식하지 못하는 것이다.

소련이 토레즈와 톨리아티 등에게 말한 것은 다음과 같다고 할 수 있었다. 이제 우리는 수소폭탄을 갖게 돼서 너희 도움 없이도 우리 스스로 방어할 수 있다. 물론 너희가 우리를 대신해서 하는 홍보 활동이나 너희 정부에게 우리와 국제적으로 협력하라고 압력 을 넣는 것은 환영한다. 그렇지만 우리를 난처하게 하는 짓은 무엇 이든 하지 말고, 무엇보다 권력 획득이라는 것은 잊어버려라. 우리 가 너희를 대신해서 전쟁에 끌려 들어가는 일은 없을 것이다.

이는 당원이 수십만 명이고 투표자가 수백만 명에 달하는 당을 이끄는 사람들에게는 다소 굴욕적인 메시지였다. 프랑스 공산당은 흐루쇼프의 '신노선'에 불쾌감을 거의 감추지 않았다. 토레즈는 소런 공산당 20차 당대회 참석자 중 스탈린을 언급하며 연설한 유일한 친선 대표였는데, 마르크스·엥겔스·레닌과 나란히 스탈린의 이름을 언급했다(당시는 무슨 형용사를 쓸지까지도 심사숙고하던 분위기였으므로, 이는 확실히 단순 말실수가 아니었다). 전 세계가 흐루쇼프의 비밀 연설을 완전히 알게 된 후에도, 프랑스 공산당은 대놓고 이를 "흐루쇼프가 했다고들 하는 이야기"라고 불렀다. 그리고 1956년 6월 19일 프랑스 공산당 정치국 성명은 소련 지도부가 스탈린 격하를 하는 방식을 날카롭게 비판했다.

그렇지만 정치국은 흐루쇼프 동지의 이야기가 발표되고 알려진 사정 탓에 부르주아 언론이 프랑스 공산주의자들은 알지 못하는 사실들을 [먼저] 보도할 수 있게 된 것을 유감스럽게 생각한다. 이런 상황은 당내에서 이런 문제들을 정상적으로 토론하는 데 도움이 되지 않는다. 오히려 공산주의의 적들이 어림짐작하고 책략을 부리는 것이 용이해진다.

이탈리아 공산당은 이 상황 변화로 새로운 지평이 열렸다는 것을 훨씬 더 빨리 알아차렸다. 《누오비 아르고멘티》 1956년 5·6월호에 실린 인터뷰에서 톨리아티는 스탈린 격하가 소련 지도자들이 이제껏 해 온 것보다 훨씬 더 멀리 나아갈 수 있다고 지적했다. "모든 것이 스탈린 개인의 결함 탓인 양 비판을 제한하는 한, 우리는 여전히 개인숭배의 한계 안에 남아 있는 것입니다."

다른 공산당들도 소련과의 연계라는 얼룩을 털어 낼 기회를 환영했다. 미국 공산당 전국위원회는 1956년 7월 19일 성명을 발표해 다음과 같이 선언했다. "스탈린 지도부 아래에서 일어난 중대한 오류들이 사회주의에 내재한 것이라는 사회주의의 최대 적들의 주장에 소련 공산당의 결의안은 설득력 있는 답변이 되리라 믿는다."

당연히 공산당들이 하룻밤 사이에 소련과 연계를 끊은 것은 아니었다. 그랬다면 지도자들에게 너무 큰 부담이 됐을 것이며 조직의 신뢰성에도 무리가 갔을 것이다. 공산당들은 소련과 관련된 모든 것에 대한 깊은 존경심, 소비에트 인민의 성취에 대한 애착 등을 계속해서 지겹도록 강조했다. 그렇지만 공산당들은 단지 소련 대사관의 선전 부서로 머물러서는 미래가 없다는 것을 알았다. 경쟁 세력인 사회민주주의 정당들과 마찬가지로 해당 나라의 독자적 정당이 됐다는 것을 입증해야 했다.

서유럽에서는 1950년대 내내 계속된 유럽 경제동맹 결성 움직임(그 절정은 1957년 유럽경제공동체EEC 수립이었다) 속에서 [공산당들의] 민족주의 문제가 대거 불거졌다. 서유럽 공산당들은 소련의 이익을 지지하는 데서 출발해 유럽경제공동체 창설에 반대했다. 공산당들은 이를 미국의 후원을 받는 유럽 자본주의의 창출로 봤고, 유럽 자본과 미국 자본 사이에 갈등이 벌어질 가능성을 과소평가했다. 공산당들은 [유럽경제공동체가 창설되면] 노동자들의 조건이 하향 평준화되고야 말 것이라고 숙명론적으로 예언했다. 더욱이 여러 나라 공산당들의 선전은 계급적 관점으로 주장하는 시늉조차 하지 않았다. 프랑스 공산당과 노동조합총연맹은 유럽이 서독에 지배당할 위험을 주되게 강조하며, 독일 재무장 반대 운동을 할 때와 똑같이 민족주의적 주장을 하며 기회주의적으로 행동했다. 영국 공산당도 영국의 유럽경제공동체 가입에 반대하는 운동을 할 때 계급적 분석을 하는 시늉조차 하지 않았다. 1962년《유럽경제공동체의 진실》이라는 소책자를 발행해 다음과 같이 경고했다. "의회는 자주적 통제력을 강탈당할 것이고, 로마조약* 때문에 우리의 법원은 속수무책이 될 것이다."

그렇지만 이탈리아에서는 문제가 더 복잡했다. 이탈리아는 유럽경제공동체 6개국 중에서 가장 임금수준이 낮았기에, 이탈리아 노동조합원들은 유럽경제공동체가 만들어지면 각국이 임금수준을 어느 정도 맞추는 과정 속에서 혜택을 보게 될 처지였다. 그 결과, 이탈리아 사회당원과 일부 실용주의적 공산당원의 영향력 아래 있던 이탈리아노동조합총연맹은 유럽경제공동체의 진보성을 찾는 완전히 개혁주의적인 관점을 보였다.

1957년 [공산당계 노조들이 주도하는] 세계노동조합연맹의 4차 대회에서는, 주세페 디비토리오가 이탈리아노동조합총연맹의 사무총장이자 세계노동조합연맹의 위원장이라는 사실 때문에 약간 난처한

---

* 로마조약 1957년 유럽경제공동체 설립을 위해 프랑스·서독·이탈리아·벨기에·네덜란드·룩셈부르크가 체결한 조약. 1968년까지 조인국들 간 관세 철폐를 목표로 삼았다.

상황이 벌어졌지만, 이 문제는 용케 얼버무려졌다. 1962년에 이탈리아 공산당의 입장은 이탈리아노동조합총연맹과 같아졌고, 이탈리아노동조합총연맹은 유럽경제공동체 본부에 정식 대표를 파견할 방법을 찾고 있었다.

프랑스

프랑스 공산당은 일치단결의 이미지를 유지하려 애썼지만, 1950년대 그들의 역사는 새 시기 당의 구실과 전략을 둘러싸고 벌어진 깊은 분열을 반영해 잇따라 일어난 날카로운 내부 갈등으로 얼룩졌다. 1953년 프랑스 공산당 조직국장 오귀스트 르퀘르가 날 선 비판을 받은 뒤 축출됐다. 르퀘르는 당 지도부 장악을 획책했다는 의혹을 받았는데, 그 이면에는 르퀘르의 조직 방식(당원들에게 요구되는 활동 수준을 낮추는 것 등)에 대한 거부가 있었다. 1956년에는 당의 젊은 지식인 중 가장 눈에 띄는 인물이었던 피에르 에르베가 축출됐다. 스탈린 격하 조처를 몇 달 일찍 요구했다는 이유였다. 그리고 1961년에는 주도적 당원인 세르뱅과 카사노바가 좌천됐다. 평화운동 내에서 너무 독립적인 방식으로 주도력을 발휘하려 했다는 이유였다.

1953년 프랑스 공산당은 여전히 완전히 고립돼 있었고 지배계급의 일부는 공산당을 불법화하라고 정부에 강하게 압력을 넣었다.

우파가 연달아 집권하면서 노동계급을 공격하는 경제정책을 추진했고 경찰을 동원해 공산당을 박해했다. 그렇지만 1953년 8월 아나코신디컬리스트들이 보르도에서 시작한 파업이 400만 명이 참가하는 파업으로 번졌다. 정부는 후퇴했고 공산당을 금지하라는 압력이 가라앉았다.

다른 요인도 이때 프랑스 공산당에 유리하게 작용했다. 프랑스는 인도차이나전쟁에서 [1954년 5월에] 재앙적 패배를 겪고 북아프리카에서도 저항이 늘어나면서 식민지에서 점점 어려움을 겪고 있었다. 프랑스 부르주아지의 가장 영리한 부문은 탈식민지화 정책을 원했다. 그렇지만 프랑스 공산당이 정치적 게토 안에 고립돼 갇혀 있는 동안, 정부는 의회에서 지지를 얻으려면 식민지 문제 전반에 대해 한물간 관점을 지닌 극우파에게 의존해야 했다. 그래서, 프랑스 공산당이 1947년에 그토록 굴욕적으로 쫓겨났던 정계 주류로 다시 들어갈 수 있는 상황이 무르익었다.

이미 1953년 봄 지방선거에서 프랑스 공산당은 사회당에 선거 연대를 제안했다. 사회당 중앙은 거절했지만, 중앙당의 제명 위협에도 불구하고 50개 지역구에서 선거 연대가 이뤄졌다. 같은 해 12월 프랑스 공산당과 사회당 의원들은 대통령 선거에서 협력했다. 이후 몇 년간 프랑스 공산당은 〈렉스프레스〉와 〈프랑스-옵세르바퇴르〉 같은 잡지로 대표되는 무소속 좌파를 사회당의 우파적 정책에 대해서보다 훨씬 더 가혹하게 비판할 때가 흔했다.

1954년 6월 피에르 망데스프랑스가 총리가 되며 인도차이나전쟁을 즉각 해결하는 권한을 갖게 됐고, 프랑스 공산당 의원들은 1947년 이래 처음으로 정부안에 찬성표를 던졌다. [공산당 의원] 플로리몽 봉트는 공산당이 발간하는 주간지에서 이를 다음과 같이 묘사했다.

평화를 향한 길에서 중요한 한 걸음이 내딛어졌다. … 공산당원들은 망데스프랑스의 총리 임명에 찬성 투표를 함으로써 국민의 평화 염원을 따르는 실질적 조처라면 그 무엇이라도 의회 안팎에서 지지할 태세가 항상 돼 있음을 행동으로 입증했다.[86]

유감이게도 우파에 눈길이 가 있던 망데스프랑스는 공산당의 표를 포함하지 않고 과반이 넘을 때만 총리 선출 결과를 받아들이겠다고 밝혔다.

프랑스 공산당은 1955년 총선에서 사회당과 동맹 맺기를 강하게 바랐는데, 이 기대는 사회당, 망데스프랑스의 급진당, 미테랑의 레지스탕스사회민주연합, 샤방델마스(나중에 드골파 총리가 된다)의 사회공화당이 동맹한 공화국전선이 급조되면서 좌절됐다. 공화국전선은 껍데기에 지나지 않았으며 공통의 강령이 없었다. 샤방델마스는 왜 공화국전선을 만들었는지를 꽤 솔직하게 말했다. "우리는 민중전선의 창설을 막고 사회당을 공산당으로부터 떼어 내고자 공화국전선을 만들었습니다." 프랑스 공산당의 반응은 공화국전선의 기회주의 정치를 철두철미하게 비판하는 것이 아니라 자신이 배제된 것에 대해 항의하는 것이었다. 프랑스 공산당은 민중전선을 원하는 유권자들이 공산당에 투표해서 공화국전선이 공산당과 협상할 수밖에 없게끔 만들자고 호소했다.

그렇지만 프랑스 공산당의 기회주의와 민족주의에 대한 타협이 한껏 드러난 것은 바로 1954년 11월 1일 시작된 알제리 전쟁이었다. 프랑스 공산당 정치국은 알제리에서 봉기가 시작된 이후 일주일 동안 어떤 성명도 내지 않았다. 11월 8일에야 발표된 성명은 신중히 조절된 어조로 알제리인들이 채택한 전술이 못마땅하다고 강조했다.

이런 상황에서, 레닌의 가르침에 충실한 프랑스 공산당은 최악의 식민주의자들의 목적에 봉사하기 쉬운 개별 행동에 의지하는 것을 찬성할 수 없다. 그 행동이 식민주의자들이 유발한 것이 아닐지라도 그렇다. 공산당은 프랑스 노동계급이 탄압에 맞서고 권리를 지키기 위해 벌이는 대중투쟁으로 알제리 민중에 연대할 것임을 보장한다.

1955년까지도 프랑스 공산당은 독일 재무장 반대라는 더 인기 있는 쟁점에 주된 관심을 기울였으며 알제리 문제는 경시했다. 그래서 1955년 2월 24일 에드가르 포르 [총리] 임명에 관한 의회 토론에서 프랑스 공산당 대변인 발데크 로셰는 알제리 문제를 한마디도 언급하지 않았다. 1956년에 열린 14차 당대회에서도 알제리 문제는 부차적 주제로 취급됐다.

사회당 정치인 기 몰레는 [1956년 2월 6일] 알제리를 방문했다가 유럽계 정착민들에게 토마토 세례를 맞았다. 그 정착민들은 몰레가 알제리 독립 구상에 무르게 대응할지 모른다고 여겼다. [몰레가 알제리 민족해방전선과 협상을 하겠다고 했기 때문이다. 얼마 뒤 총리가 된] 몰레는 1956년 3월 12일에 알제리 상황을 처리할 '특별 권한'을 달라고 의회에 요청했다. 프랑스 공산당 의원들은 몰레를 지지하는 표를 던졌다. 플로리몽 봉트는 '좌파 단결'이라는 전략 전체가 이를 필요하게 만들었다고 설명했다.

공산당의 최우선 임무는 반동 세력의 책략·연합·술책을 좌절시키는 것이다. … 공산당은 정부안에 찬성표를 던져서 이를 해냈다. 이 투표의 본질적 목표는 세력균형을 왼쪽으로 기울게 만들고 정부를 반동 세력의 압력에서 보호하는 것이었다.[87]

장기적으로 이 전술은 이득이 쏠쏠했다. 1965년 대통령 선거운동 기간에 프랑수아 미테랑은 다음과 같이 밝히며 공산당의 투표에 의지하는 것은 정당하다고 주장했다. "공산당이 특별 권한 문제에서 찬성표를 던지는 것을 보며 그들의 진심이 무엇인지 알았을 때, 나는 이 당이 얼마나 책임감 있고 진지한지를 깨달았습니다."

프랑스 공산당이 의회 내 책략에 전념할 때, 많은 젊은이들은 알제리 전쟁에 반대하는 직접행동으로 이끌렸다. 1955년 가을에는 징집병들이 알제리행 기차에 탑승하기를 거부하고 심지어 기차가 출발하지 못하도록 선로에 드러눕는 일이 연이어 일어났다. 공산당은 이런 행동을 지지하는 움직임을 일으키려는 노력을 그 무엇도 하지 않았고 심지어는 평화주의와 개인적 행위에 관한 추상적 공식을 들먹이며 거리를 두기까지 했다. 공산당은 알제리 문제에 관한 선동의 부담을 대체로 중간계급 환경에 국한된 활동을 하는 외피 조직인 '평화운동'에 떠넘겼다. 프랑스 공산당원들이 알제리 공산주의자들과 연락하는 것이 금지됐고, 나중에는 일부 투사들이 알제리 민족해방전선을 지지하는 네트워크에 참여했다는 이유로 징계받았다.

프랑스 공산당은 알제리 민족주의자들을 '테러리즘'과 '모험주의'라고 비판하는 데 거리낌이 없었다. 글자만 놓고 보면 그런 비판(과 마찬가지로 징집 거부자들에 대한 비판)을 정당화하고 뒷받침해 주는 듯한 말은 고전 [마르크스주의] 저작들에서 수도 없이 찾을 수 있었다. 마르크스주의자들은 대중운동을 개인적 행동으로 대체하려는 시도를 언제나 거부해 왔다. 문제는 프랑스 공산당이 알제리 전쟁에 반대하는 대중적 노동계급 행동을 개시할 위치에 있었다는 것이다. 그러나 사실 알제리 전쟁에 반대하는 행동은 1950년대 초에 벌어진 인도차이나전쟁 반대 시위 수준에 전혀 다가가지 못했다. 프랑스 공산당은 프랑스 노동계급의 일각에 실제로 존재하던 아랍인 배척적 인종차별 정서와 대결하는 것을 한사코 피하려 했고, 자신들이 부르주아적 합법성을 존중하고 그것에 헌신한다는 것을 입증하고 싶어 했다. 프랑스 공산당은 뒤이어 들어선 정부들이 [알제리 민족주의자들과 협상하라고 권유하는] "미국 제국주의"에 투항한다고 수차례 비난(이런 비난은 알제리 민중에게는 프랑스 제국주의보다 미국 제국주의가 더 위험하다고 시사하는 것이다)함으로써 자신들이 국익에 충실하다는 것을 보여 주려 애쓰기도 했다.

물론 알제리에도 공산당이 있었고 프랑스 공산당의 도움을 받아 세워진 당이었다. 국제주의를 표방하는 당이라면 두 조직 사이에 공동의 전략을 도모하고 발전시키는 것이 당연했을 것이다. 실제로는 프랑스·알제리·모로코·튀니지 공산당 대표자들의 첫 공식 만남이 [알제리 전쟁 막바지인] 1961년에야 열렸다. 알제리 공산당은 처음에는 민족 해방 투쟁을 지지하기를 주저했다가, 나중에는 자신의 군사 조직을 민족해방전선의 지휘 아래 뒀다. 알제리 공산당의 군사 조직은 민족해방전선과 구별되는 정치적 입장을 내세우려 하자마자 말 그대로 물리적으로 제거됐고, 1956년부터는 전쟁에서 거의 아무 구실도 하지 못했다. 알제리 공산당은 1944년 이후 [수도] 알제와 근처 바브엘우에드 같은 지역에 거주하는 유럽계 노동계급 정착민 사이에서도 중요한 기반이 있었다. 그렇지만 이들은 경제적 문제를 둘러싸고 입당한 사람들이었고 공산당이 제대로 된 교육도 거의 하지 않아서, 전쟁이 시작되자 대다수가 극우파로 전향했다.

유럽의 혁명적 사회주의자들은 수는 적었지만 훨씬 더 훌륭한 구실을 했다. 훨씬 더 원칙 있고 일관되게 프랑스 제국주의에 반대했을 뿐 아니라, 알제리 민족해방전선에 물질적 지원도 보냈다. 그렇지만 알제리에서는 독립적 사회주의 정당 건설이 불필요하다고

보는 알제리 민족해방전선에 무비판적인 태도를 보였는데, 특히 제
4인터내셔널 국제서기국이 그랬다는 건 유명한 일이다.

1946년 10월 수립된 프랑스 제4공화국의 삐걱거리고 비효율적인
의회 체제(한 해에 두 번꼴로 정부가 바뀌었다)는 1958년에 이르러
서는 알제리 전쟁이 가하는 부담을 더는 견딜 수 없게 됐다. 알제
리에서 프랑스 군대와 정착민이 정부의 전쟁 수행 지체에 항의하며
반란을 일으키자 프랑스 지배계급은 드골에게로 돌아섰다. 드골은
정계 복귀의 조건으로 헌법을 [자신에게 권력을 집중하는] 대통령중심
제로 바꿀 것을 요구했다.

이제 모든 일이 자업자득으로 돌아왔다. 의회에서 프랑스 공산당
의 민중전선 요구는 드골의 환심을 사려고 안달 난 정치인들의 쇄
도 속에 묻혔다. 군대에 맞설 수 있는 유일한 세력이 있는 공장에서
는 사기 저하가 팽배했고, 공산당과 노동조합총연맹의 파업 요청은
대부분 무시됐다(예컨대 파리의 르노 공장에서는 3만 5000명 중
겨우 1000여 명만이 파업했고, 파리의 대중교통은 가벼운 차질만
겪었다).

드골에 맞서 효과적으로 싸우는 데 걸림돌이 된 요인 중 큰 것
하나는 프랑스 공산당이 드골[의 재부상]이 어떤 종류의 사회현상인
지 전혀 판단하지 못했다는 것이다. 공산당에게는 분석보다 데마고
기가 더 중요했고, 만약 주된 목표가 민중전선을 재건하는 것이라
면 드골이 파시스트 같아 보일수록 더 좋았다.

프랑스 공산당은 드골을 직접적으로 파시스트라고 부른 적은 없

지만 사실상 그런 것이나 마찬가지였다. 1958년 7월 26일 정치국이 낸 성명은 드골을 프랑코, 무솔리니, 페탱에, 그리고 나폴레옹 3세에 비유했다. 뒤이어 발표된 성명은 드골이 공산당을 불법화할 작정이라고 예측했는데,[88] 드골은 더 분별력이 있었고 진정한 적이 어디 있는지를 알았다. 이때부터 공산당의 선전은 점점 더 드골 정권을 반대하는 쪽으로 향했고, 자본주의 일반에 대한 비판은 갈수록 줄어들었다. [공산당 지도자] 프랑수아 비유는 다음과 같이 썼다.

공산주의자와 그 친구들은 인민 대중의 운동이 더 크게 더 빨리 성장하도록 도울 것이다. 그리고 그렇게 함으로써 성마른 프티부르주아가 사회주의에 대해 이러쿵저러쿵 떠들면서 오늘날 프랑스에서 아직 성취하지 못한 목표, 즉 민주주의의 회복과 부활을 그런 수다로 대체하는 것을 가만 놔두지 않을 것이다.[89]

프랑스 공산당은 선거에 모든 것을 걸었다. 그렇지만 1958년 9월 [개헌] 국민투표와 11월 총선으로 선거라는 시험이 닥쳤을 때 공산당은 또다시 참패했다. 국민투표에서는 [투표자의 20퍼센트가량인] 450만 명만이 드골[의 개헌안]에 반대표를 던졌다. 2년 전에는 550만 명이 공산당에 표를 던졌으므로 그중 적어도 100만 명이 드골에 반대하지 않은 것이다. 사실 이탈 표는 상당히 더 많았을 텐데, 왜냐하면 망데스프랑스 등이 이끄는 작지만 만만찮은 비공산당계 드골 반대파가 있었기 때문이다. 공산당은 가장 선진적인 노동자들의 지지를 일부 잃었다. 공산당의 전통적 텃밭인 파리 교외의 '적색 벨트'에서도 드골에 찬성하는 표가 68퍼센트나 나왔다. 11월 총선에서 공산당은 150만 표 이상을 잃었다.

그 뒤 위기감이 가라앉으면서 프랑스 공산당은 선거의 장에서는 꽤 빠르게 만회할 수 있었다. 그러나 노동자들의 생활수준을 놓고 싸우는 진정한 전장에서는 노동자들이 잘 싸우지 못했다. 드골의 경제정책 때문에 1966년까지 프랑스의 노동비용은 유럽경제공동체 국가 가운데 가장 적게 올랐다. 프랑스 공산당이 이런 공격들에 맞서 효과적으로 싸울 수 없었던 것은 드골파가 무엇을 추구하는지를 뿌리부터 잘못 분석했기 때문이다. 드골은 프랑스 부르주아지를 위한 일, 즉 기능을 하지 못하는 제4공화국 의회 제도와 알제리 전쟁이 야기한 난장판을 정리하려고 했다. 그는 노동계급 조직을 분쇄하기를 원하기는커녕 제4공화국의 냉전 반공주의보다 '진보적'인 노선을 채택해 적용하려 했던 것이다. 드골은 취임 후 이틀 만에 노동조합총연맹 지도자들을 논의 자리에 초청했는데, 수년간 어떤 총리도 한 적이 없는 일이었다. 노동조합총연맹 지도자들은 분개하며 이 초대를 거절했지만 이듬해에는 수락했다. 그리고 그때부터 노동조합총연맹 지도자들은 이런 공식 기구에 다른 노조들과 함께 자신들도 포함시켜 달라는 요구를 점점 더 많이 하게 됐다.

1958~1962년에 드골이 알제리의 정치적 '독립'을 둘러싼 협상에 나선 것은 순전히 프랑스 제국주의를 위한 일이었다. 이 시기 프랑스 공산당의 태도는 소련 정부의 관점 때문에 훨씬 더 모호해졌다.

소련은 드골이 제4공화국 시절의 프랑스 총리들 대부분보다 미국에 덜 굴종적일 것이라고 거의 확신하며 드골에게 꽤 호감을 보였다. 흐루쇼프는 1959년 10월 31일 소련 최고 소비에트에서 연설하면서 드골의 알제리 정책을 사실상 지지했다.

최근 드골 대통령은 알제리 문제를 민족자결권에 기초해, 알제리에서 국민투표를 실시하는 방식으로 풀자고 제안했습니다. 이 방안은 알제리 문제 해결에서 중요한 구실을 할 수 있을 것입니다. … 프랑스와 알제리는 유서 깊은 끈으로 긴밀하게 연결돼 있다고 알려져 있습니다. … 알제리 문제의 평화적 해결이 열강으로서 프랑스의 국제적 위신과 역할을 드높일 것이 분명합니다.

처음에는 드골의 제안을 격하게 비난한 프랑스 공산당은 흐루쇼프의 이 연설 이후에는 지지 입장으로 바뀌었다. 소련이 알제리 [망명] 임시정부를 1960년 10월까지 인정하지 않았다는 사실을 기억할 필요가 있다.

알제리 전쟁이 서서히 멈추게 됨에 따라 드골은 군대와 [유럽계] 알제리 정착민들의 반란에 직면했고, 경찰의 충성심도 의심스러워졌다. 1961년 10월 파리 경찰은 광분해서 수많은 알제리계 시위대를 죽였다. 프랑스 공산당은 항의를 하면서도 프랑스에 거주하는 알제리계 노동자들을 물리적으로 방어할 조처를 전혀 조직하지 않았다. 드골은 어느 정도는 좌파의 지지에 기댈 수밖에 없었지만, 공산주의와 연계돼 있다는 오명에서는 완전히 벗어나 있다는 것을 보여 줘야 했다. 그래서 1962년 2월 드골 정부는 프랑스 공산당 등이 정부의 알제리 평화 정책을 지지하려고 조직한 시위를 금지했다. 시위는 정부의 불허를 무릅쓰고 열렸는데, 경찰의 잔인한 탄압을 받아 공산당원을 포함해 8명이 죽었다. 프랑스 공산당은 드골에 반대할 때보다 지지할 때 더 많은 피를 흘렸다.

이탈리아

이탈리아 공산당은 알제리 전쟁 같은 힘겨운 위기의 시험을 받지 않았다. 이탈리아에서는 오히려 지적 논쟁이 더 많이 벌어졌다. 이탈리아 공산당이 마주한 가장 큰 문제는 의회·지방자치단체·노동조합에서 공동 활동으로 연결된 정치적 동맹자인 사회당의 변화였다. 공산당과 사회당은 1948년 선거에서는 공동으로 후보를 냈는데 이미 1953년에는 따로 출마했다. 그리고 1956년 8월 사회당은 1947년에 분열해 나간 사라가트의 사회민주당과 [재통합을] 모색하는 회담을 열었다(비록 이 회담 이후에 공산당과 사회당이 [공동 행동] 협정을 연장했지만 말이다). 사회당의 지도자 넨니는 일찍이 1952년에 사회당원들이 정부에서 모종의 역할을 맡는 것으로 돌아가는 '좌파에게 문호를 개방하기'라는 구상을 발표했다. 냉전이 절정기를 지남에 따라, 기독교민주당의 일부 부문은 넨니를 다시 끌어들이자는 생각을 내놓았다. 1955년 기독교민주당 좌파인 그론키가 사회당과의 동맹을 제안했고, 1957년 사회당 당대회는 다름 아닌 론칼리 대주교(나중에 교황 요한 23세가 된다)의 축하 메시지를 받았다. 그렇지만 이는 길고 느린 과정이었다. 사회당이 여러 분파로 구성돼 있었기 때문으로, 그중에는 소련군 탱크의 헝가리 개입에 열렬한 지지를 보내 카리스티(탱크병)라는 이름이 붙은 강경 친공산당 경향도 있었다.

이탈리아 공산당은 사회당과 결별하면 다른 나라 공산당들이 빠져나오려 애쓰고 있는 정치적 황무지로 밀려나리라는 것을 잘 알았다. 이탈리아 공산당은 사회당을 압박할 수단이 몇 개 있었다. 특히 사회당이 지방정부에서 여러 자리를 차지한 것은 공산당과의 협력 덕이라는 사실이 그랬다. 그렇지만 공산당도 동맹을 유지하려면 정치적 양보를 해야 하는 처지였다. 1961년 연설에서 톨리아티는 다음과 같이 말했다.

요컨대, 우리는 사회당원들과의 단결과 긴밀한 협력을 여전히 기본 원칙으로 여깁니다. 사회당의 노선에 변화가 생겼고 우리가 그런 변화를 비판하더라도 우리는 이전과 똑같이 단결이라는 목표를 유지해야 합니다.[90]

이탈리아 공산당은 대중적 기반이 있었고 다른 정치 세력들과의 관계에서 전술적으로 계책을 부릴 필요가 있었다. 이는 '다多중심주의' 이론이 생겨날 비옥한 토양을 만들었다. 톨리아티는 1956년 6월 24일 이탈리아 공산당 중앙위원회에서 연설하며 그 이론을 밝혔다.

새로운 상황에 조응하는, 세계의 구조와 노동운동 자체 구조의 변화에 조응하는 체제, 여러분이 읽었을 그 인터뷰에서 내가 다중심 체제라고 부른 것이 나타나고 있습니다. 이 체제는 각국 공산당 사이 관계의 새 모습에도 조응합니다. 오늘날 이런 새로운 상황에 십중팔구 가장 잘 들어맞는 해결책은 개별 운동들과 공산당들이, 또한 개별 운동과 공산당 쌍방의 관계가 완전한 자율성을 누리는 것입니다. 이는 협력에 필요한 조건이자 공산주의 운동 자신과 노동계급의 진보적 운동 전체를 단결시키는 데 필요한 조건인 완전한 상호 이해와 완전한 상호 신뢰를 수립하기 위해서입니다.

이탈리아 공산당은 "수정주의"라고 공격받았다. 1957년 프랑스 공산당의 로제 가로디가 이탈리아 공산당이 부르주아 개혁주의와 사회주의 혁명을 혼동한다고 비판했다. 국제적 압력을 받고 이탈리아 공산당 안에서도 지나친 사상적 독립성을 우려하는 목소리가 나오자 톨리아티는 스스로 1961년에 '다중심주의'라는 말을 버렸다. 그렇지만 그 실체까지 사라진 것은 아니었다.

이탈리아 공산당은 내부 토론의 자유를 더 많이 보장함으로써 프랑스 공산당과 달리 되풀이되는 숙청을 피할 수 있었다. 1961년

11월 중앙위원회 회의에서는 당내 분파를 결성할 권리를 복원하자는 요구까지 나왔다.

지도부 중 가장 재능 있는 구성원 중 한 명인 잔카를로 파예타가 다음과 같이 선언했다. "레닌이 볼셰비키를 지도할 때는 아무도 투표하는 것을 두려워하지 않았습니다. 모든 문제에서 다수파와 소수파가 형성됐습니다. 단결이 만장일치와 동일시되지는 않았습니다. 다수결이 잘못된 만장일치보다 틀림없이 낫습니다. …" 아멘돌라는 꽉 짜인 당파심을 비난하며 유동적이고 역동적인 당내 생활, 즉 "내부의 민주적 변증법"을 요구했다. 세키아는 이 정식마저 급진화시켜서 "지도부를 정상적이고 변증법적인 방식으로 교체"하자고 말하는 데까지 나아갔다.[91]

비록 분파의 권리는 전혀 도입되지 않았지만, 이탈리아 공산당의 지도적 기구들에는 조직의 다양한 경향이 포함됐다. 물론 그 경향들 사이의 차이는 개혁주의로 적응해 가는 전술의 차이 정도였다. 1960년대에 당에 대한 혁명적 비판을 발전시키려 애쓴 친중국 경향들은 그런 호의를 누리지 못했다.

그렇지만 당내 토론[이 활성화된] 덕분에 더 급진적인 조류가 기층에서 등장할 수 있었다. 1961년 11월 이탈리아공산주의청년연맹이 발행하는 주간지는 레닌의 사진을 실었는데, 그 사진에는 트로츠키의 모습이 흐릿하지만 분명히 담겨 있었고 사진 설명은 트로츠키를 "10월 혁명의 가장 독창적인 인물 중 한 명"이라고 했다. 이는 폭풍 같은 논란을 일으켰다.

덴마크

덴마크 공산당은 1950년대에 작은 공산당들이 겪은 운명을 흥미롭게 보여 주는 사례다. 덴마크 공산당은 악셀 라르센이 이끌었다. 라르센은 산전수전 다 겪은 노련한 사회주의자였다. 주물 공장 노동자인 그는 덴마크 공산당의 창립 당원이었고 덴마크 노동운동에서 평판이 매우 좋았으며 나치 강제 수용소에서 3년을 견뎌 낸 인물이었다.

라르센은 소련의 헝가리 개입을 강하게 비판했고, 그때부터 점점 더 소련에 비판적이게 됐다. 1957년 5월에 라르센은 소련이 일방적으로 핵실험을 그만둬야 한다고 주장했고 유고슬라비아에 공감한다는 것을 공공연하게 드러냈다. 그래도 1958년 11월까지는 덴마크 공산당의 사무총장 직위를 유지했다. 그렇지만 소련이 압력을 넣으면서 덴마크 공산당에서는 정설 노선이 득세하고 라르센은 패배하게 됐다.

덴마크 공산당의 친소련파는 협의회에서 승리했지만, 그 과정에서 당을 거의 끝장냈다. 라르센의 새 정당인 사회주의인민당은 공산당을 제물 삼아 총선에서 득표를 급속히 늘렸다. 사회주의인민당은 1964년에 5.8퍼센트를, 1966년에 10.9퍼센트를 득표했다. 그동안 공산당의 득표율은 1957년 3.1퍼센트에서 1964년 1.2퍼센트로, 1966년 0.8퍼센트로 떨어졌다. 라르센은 공산당의 노조 투사도 여럿 데리고 떠났다.

그렇지만 라르센은 소련과 관계를 끊었지, 개혁주의 정치와 관계를 끊은 것은 아니었다. 1966년 선거 후에 사회민주당의 소수파 정부가 꾸려졌고, 사회주의인민당은 이 정부가 유지되게 할 만큼의 의석을 보유하고 있었다.* 1967년 경제 위기가 닥치자 사회민주당은 그 전에 합의해 놓은 생활임금 인상을 일부 취소하자고 제안했다. 라르센과 사회주의인민당 우파 지도부는 "노동자 정당들의 [의회 내] 다수파 지위를 지키자"라는 구호를 내놓고, 노동계급에게 경제 위기의 대가를 떠넘기려는 이 시도에 찬성표를 던지겠다고 선언했다. 사회주의인민당 의원 중 6명이 이 지침을 따르기를 거부했고, 정부는 실각했다. 한 번 더 분열이 생겨 또 다른 정당인 좌파사회당이 만들어졌다. 좌파사회당은 정치적으로 일관성 있는 조직이 아니었고 개혁주의와 초좌파주의를 망라했다. 그렇지만 몇몇 혁명적 조류들이 좌파사회당 내부에서 발전했다. 그러나 아직 덴마크의 혁명적 좌파는, 규모는 작아도 여전히 노동조합 관료들 사이에서 영향력이 있는 공산당에 도전할 만한 처지는 아니었다.

---

* 총 179석 중 사회민주당은 69석 사회주의인민당은 20석을 차지했다.

유럽의 다른 나라들

소규모 공산당들에게 스탈린 격하와 다중심주의가 불러온 위기는 훨씬 더 극심했다. 이런 곳에서는 당 기구가 그저 소련 정부의 홍보 센터가 되고 말 위험이 실제로 있었다. 동시에 당이 노동운동 내에서 존재감을 잃어 가고 있다는 증거가 점점 더 분명해졌다. 1956년 서독 공산당은 너무 고립돼 있어서 정부가 별다른 반대에 부딪히지 않고 공산당 불법화를 선언할 수 있었다. 벨기에 공산당은 1966년에 더는 일간지를 낼 수 없다고 발표했고, 같은 해 오스트리아 공산당은 선거 출마를 그만두기로 했다. 공산당이 현지 운동에서 어느 정도 기반이 있는 곳을 제외하면, 공산당들은 존재 이유 자체가 점점 더 흐릿해지고 있었다.

10장
서유럽의 공산당과 계급

9장에서 대략 설명했듯이 1950년대 국제 공산당 운동의 정치에서 일어난 변화는 우경화였다. 이때의 우경화는 1920년대 중반이나 민중전선 시기나 제2차세계대전 때보다 더 근본적인 것이었다. 단순히 전술적 선회가 아니라 당의 성격 전체의 변화였다.

그렇지만 공산당들의 우경화는 전체 그림의 절반에 불과하다. 좌파들 사이에는, 노동계급은 끊임없이 자발적으로 혁명을 향해 나아가지만 결국 사회민주주의자나 스탈린주의자 같은 노동계급 지도자에 의해 억제되고 배신당한다고 보는 관점이 흔하다. 이는 계급의식에 대한 피상적이고 일관성 없는 이론에 바탕을 둔 것으로, 한편으로는 노동계급이 본능적으로 혁명적이라고 크게 과장하며, 동시에 노동계급이 잘 속고 꾐에 빠지기 쉽다고 과장한다.

제2차세계대전이 끝났을 때 거의 모든 경향의 마르크스주의자들은 수년 내에 거대한 경제 위기가 찾아올 것이라 예상했다. 그들은 틀렸고, 장기간의 완전고용과 경제 확장이 시작됐다. 근본적 원인은 한국전쟁과 이를 뒤따른 군비경쟁으로 말미암은 군비 지출이었다.

장기 호황의 결과 노동자들은 생활수준과 노동조건의 실질적 개선을 얻어 내는 등 이득을 볼 수 있었다. 바로 이 때문에 개혁주의 정치인들은 노동계급의 적어도 수동적인 지지를 계속 받을 수 있었고 혁명적 좌파는 1940년대 말부터 1960년대 말까지 노동자들 사이에서 실질적 기반을 마련하기가 어려웠다.

이 시기 계급의식의 발전은 모순적이었다. 한편으로는 노동자들이 전통적 노동계급 조직에 활발히 참여하는 데 점점 흥미를 덜 느꼈다. 그렇지만 이런 '냉담함'과 나란히 새 세대 노동자들의 자신감이 훨씬 더 커졌다(그들은 1930년대의 실업과 거대한 패배로 인한 사기 저하를 겪지 않았다). 노동자 투쟁은 점점 더 변덕스럽고 예측할 수 없게 됐다.

바로 이런 상황을 배경으로 놓고 서유럽 공산당들의 회복력을 이해해야 한다. 프랑스 공산당과 이탈리아 공산당은 스탈린 격하와 다중심주의로 갈등을 겪고 당원이 줄고 고령화됐지만, 대중정당으로서 노동계급에 대한 영향력을 만만찮게 유지했다. 국회·지방자치단체·노동조합에서 활동하며 자신들의 기반을 보존할 수 있었기 때문이다.

프랑스

언뜻 보기에 프랑스 공산당의 선거 기록은 인상적이다. 프랑스 공산당은 1958년을 제외하고 전후 모든 선거에서 20퍼센트 이상 득표했다. 프랑스 공산당은 확실히 의회 활동을 가장 중요시했는데, 십중팔구 선거 비용을 가장 많이 쓴 정당일 것이다.

그렇지만 사실 의회 활동에서 얻는 이익은 상당히 제한적이었다. 우선, 부르주아지의 게임에서 그들과 겨룰 때는 부르주아지의 규칙에 따라야 하는데, 부르주아지는 패배할 위험이 있으면 규칙을 바꿀 수 있는 위치에 있다. [예를 들어 프랑스] 제4공화국에서 선거법이 공산당에 불리하게 바뀌었다. 1956년 선거에서 공산당은 대략 3만 7000표에 1석 꼴로 의석을 차지했지만, 보수파는 3만 3000표, 사회당은 3만 2000표, 민중공화국운동은 2만 8000표에 1석 꼴이었다. 제5공화국 때는 이런 조작이 더 공공연하고 노골적이었다. 1958년 공산당은 39만 표에 의원 1명씩을 배출해 10석을 얻었는데, 드골파는 2만 표에 1명씩 배출해 206석을 얻었다. 1962년 공산당은 9만 8000표에 의원 1명씩을 배출해 41석을 얻었지만, 드골파는 2만 8000표에 1명씩 배출해 233석을 얻었다.

프랑스 제5공화국의 선거제도는 다른 방식으로도 공산당에 불리했다. 투표가 1주 간격으로 두 차례 시행됐다. 후보자들은 1차 투표 이후 사퇴할 수 있었고, 원한다면 유권자들에게 다른 후보를 지지하라고 권할 수 있었다. 이는 당연히 중도정당들에 크게 유리했다. 예컨대 [1차 투표 때] 공산당에 투표한 유권자는 [결선투표에서] 사회당이냐 드골파냐 하는 선택지가 주어지면 거의 틀림없이 사회당을 찍을 테지만, [1차 투표 때] 사회당에 투표한 유권자는 [결선투표에서] 공산당이냐 드골파냐 하는 선택지가 주어질 때 모두 공산당을 찍지는 않을 것이었다. 그러므로 만약 공산당이 합당한 몫의 의석을 가지려고만 해도 정치적 양보라는 대가를 치르면서까지 다른 정당들과 후보 단일화 합의를 해야 하는 것이다.

프랑스 공산당의 득표 중 얼마큼이 모종의 계급의식을 대표하는 것이고 얼마큼이 그저 [정부에 대한] 반감이나 항의를 표시하는 것인지도 의문이다. 공산당의 성적이 최악이었던 두 번의 선거가 [프랑스 자본주의의] 위기 시기(1958년과 1968년)에 열린 것이라는 사실은 공산당이 누리는 지지가 그리 견고하지 못하다는 것을 증명한다. 1951년 여론조사 결과를 봐도 마찬가지인데, 공산당에 투표한 사람 중 50퍼센트는 개혁에 의한 진보를 선호했고 41퍼센트만이 혁명에 의한 진보를 선호했다. 공산당은 농촌 지역에서 강했는데, 이는 레지스탕스 경험뿐 아니라 농촌의 더 오래된 급진적·반교권주의적 전통에서 유래했을 것이다. 예컨대 프랑스 남부 가르 지역의 개신교계 농민이 공산당에 투표하는 비율이 높은데, 공산당에 대한 투표가 반反가톨릭적 행위라는 이유밖에 없다. 그리고 1956년 공산당은 또 다른 급진적 경향이지만 극우파인 푸자드 운동에* 농촌 표

---

* 푸자드 운동 피에르 푸자드가 이끈 극우 포퓰리즘 운동.

를 많이 잃은 듯하다. 수치를 보면, 공산당의 득표는 푸자드 운동이 강한 곳에서 줄었고 푸자드 운동이 출마하지 않은 곳에서 늘었다는 것을 분명히 알 수 있다.

프랑스 공산당은 의회 체제에 완전히 용해되지는 않으려고, 혁명적 당이었던 과거의 조처들을 어느 정도 유지했다. 프랑스 공산당은 여타 정당들의 관행, 즉 해당 지역의 유지를 후보로 세우는 방식을 채택하지 않았는데, 이는 지역 의식이 매우 강한 곳에서는 확실히 표를 잃는 일이었다. 프랑스 공산당 의원들은 세비를 당비로 넣고 원칙상으로는 숙련노동자 임금만 받게 돼 있었다. 프랑스 공산당은 의회를 자기 주장을 펼치는 연단으로 어느 정도 이용했다. 예컨대 의회 통계를 보면 1951년 선거 이후 6개월 동안 공산당 의원들은 다른 의원들에 견줘 평균 1.5배 연설했고 발언을 가장 많이 한 의원 6명 중 4명이 공산당 의원이었다. 그러나 의사 진행 규칙은 프랑스 공산당에 불리하도록 끊임없이 개정됐다. 더 중요한 것은, 의회라는 환경이 공산당한테 고립 속에 무기력하게 있을지 매우 제한된 목표를 이루기 위해 정치적 타협을 할지 선택지를 들이밀었다는 것이다. 프랑스 공산당은 선거 정치를 실천의 중심에 둠으로써, 지지자들을 정치적으로 발전시키고 동원하려 하기보다는 투표자 구실만 하도록 제약했다.

그래도 프랑스 공산당은 계속해서 노동계급 당원을 확고하게 유지했다. 1966년에 시행된 조사 결과를 보면, 프랑스 공산당원의 43.4퍼센트는 민간 기업 노동자, 13.5퍼센트는 국유 기업 노동자,

18.6퍼센트는 화이트칼라 노동자였다. 이런 힘은 선거 활동이 아니라 노동조합총연맹에 대한 장악력에서 비롯했다. 노동조합총연맹은 1950년대에 조합원 수가 줄긴 했지만, 중공업의 핵심 부문(금속, 건설, 화학, 광업, 철도, 전력 공급)에서 계속해서 가장 유력한 노조였다.

그리고 프랑스 공산당은 노동조합총연맹에 대한 정치적 장악력이 굳건했다. 노동조합총연맹의 규칙에 따르면 최고 기구(전국연맹위원회)와 실질적 집행 기구(사무총국) 둘 다 연 2회 열리는 대회에서 선출되지 않는다(전자는 다양한 노조의 사무총장들로 구성되고, 후자는 전자가 선출한다). 이런 형식은 노동조합총연맹이 연방 조직이라는 점에서 인정되지만, 사실 노동조합총연맹 지도부에 반기를 드는 것을 거의 불가능하게 만든다. 그 결과 사무총국은 충성스러운 공산당원과 간판 구실을 할 믿을 만한 비공산당원으로 구성됐다(1950년대에 피에르 르브룅이 이끄는 개혁주의적 반대파가 발전했지만 말이다). 헝가리 사태 때를 제외하면 노동조합총연맹은 프랑스 공산당의 정치 노선을 따랐고,* 국제 문제에 관한 시위를 자주 소집했다. 이는 프랑스 공산당이 프랑스 정계의 주류에 재진입하려고 애쓸 때면 노동조합총연맹도 국가 계획과 자문 기구 등에 참여함으로써 더 '책임감 있는' 모습을 보였다는 뜻이다.

프랑스 공산당이 공장에서 발휘하는 영향력이 하락세라는 것은

---

* 7장을 참조 — 지은이.

어떤 의미에서는 사실이다. 1962년 프랑스 공산당의 세포 조직 중 4분의 1 남짓만이 공장 내 조직이었다. 그렇지만 이 같은 공장 세포 조직 수의 감소는 역설이게도 프랑스 공산당의 힘이 강하다는 것을 보여 주는 것이기도 하다. 노조 지부들 자체가 프랑스 공산당의 부속 조직으로 변모했기 때문에, 별도로 당 조직이 존재할 필요가 줄어든 것이기 때문이다.

프랑스 공산당과 노동조합총연맹이 공장에서 영향력을 발휘할 수 있는 본질적 요인은 노동자 대표자의 존재와, 공산당이 정부에 들어간 전후 시기에 합법적으로 도입된 공장위원회의 존재다. 노동자 대표자의 선출 방식은 영국에서 현장위원을* 선출하는 방식과 상당히 다르다. 노동자 대표자는 모든 노동자(노조원과 비노조원 상관없이)의 투표로 선출되지만, 후보자들은 노동조합이 제출하는 지명자 명단에 반드시 올라 있어야 한다. 즉, 노동자 대표자는 동료 노동자의 이익을 방어하는 개인 역량이 아니라 노조 소속에 근거해서, 노동자들은 그가 누구인지 대체로 모르는 상황에서 선출된다는 뜻이다. 게다가 노동자 대표자는 사실상 공장 밖 세력의 통제를 받는 일이 흔했다.

공장 생활에서 노조 대표자의 중요성과 프랑스 공산당이 [공장

---

* 현장위원(shop steward) 직장위원, 작업장위원으로도 번역되는 영국 노동조합의 현장 대표자. 한국 금속노조의 비선출직 현장위원과 달리 보통 조합원 50명당 1명꼴로 직접 선출되며 자기 작업장의 교섭에 참여하는 경우도 많다.

에] 정치적으로 뿌리내리는 방식에 대해서는 프랑스 공산당에 대한 [노동자투쟁의] 혁명적 비판이 잘 요약하고 있다.

그렇더라도 대다수 공장의 노동조합 투사들을 특권층으로 여겨서는 안 된다. 부르주아지는 노조 기구와 거래하지 개별 투사와 거래하지는 않는다. 그리고 노동자 대표자가 되면 흔히 승진 희망을 버려야 하고, 법적 안전장치에도 불구하고 탄압에 노출되는 일도 흔하다.

그럼에도, 노동자 대표자에 관한 법률은 다른 노조 관련 법률과 마찬가지로 노조 기구, 특히 노동조합총연맹의 손안에 있는 무기라는 것은 사실이고, 이 사실은 우리[혁명적 좌파]와 관련이 있다. 노동조합총연맹은 사실상 프랑스 공산당의 기구이기 때문이다.

물론 우리가 비판하는 대상은 노동자 대표자라는 제도 자체가 아니라 노동조합총연맹이 투사들을 가려내고 그들에게 압력을 가하는 데 그 제도를 이용한다는 사실이다.

누군가가 한 달에 15~20시간씩 노조 일을 한다고 해도 특권층은 아니며 계급의 배반자는 더더욱 아니다.

그렇지만 노조 지도부는 누가 그 시간의 혜택을 누릴지 못 누릴지를 결정할 재량권이 있기 때문에, 자신들의 비위를 거스르는 투사들을 마찬가지로 손쉽게 모든 활동에서 사실상 제거할 수 있다. 그리고 대부분의 경우 노조 대표자로서 유임시켜 주겠다거나 필요하다면 빼 버리겠다고 위협해서 투사들을 유순하게 만들 수 있다.

그리고 이런 위협은 당사자들에게 가벼이 여길 수 있는 것이 아니라는 점을 알아야 한다. 한 달에 15~20시간의 노조 활동 시간, 자본주의적 착취와 소외에서 벗어나고 동시에 자기 계급을 위한 투쟁에 에너지를 바칠 수 있는 그 시간은 노동조합 투사에게 대단히 소중한 것이기 때문이다.

바로 이런 방법으로 프랑스 공산당은 노동조합총연맹이라는 중개자를 거쳐 투사들을 통제하고 억누른다. 그래서 프랑스 공산당의 공장 내 활동이 거의 모두 노조 기구를 통해 이뤄진다는 점, 공산당 투사들의 조직이 노동자 대표자, 공장위원회 대표자, 노조 대표자라는 기구와 상당히 겹친다는 점은 놀라운 일이 아니다.

최근에 노동조합총연맹은 한 출판물에서 전국에 2만 명의 대표자가 있다고 주장했다. 이 수치는 프랑스 공산당이 공장에서 기반을 둘 수 있는 투사 세력이 무엇인지를 꽤 분명히 보여 준다.[92]

이런 장악력 덕분에 노동조합총연맹은 공장 내의 의사소통과 토론 수단을 통제할 수 있다. 한 르노 자동차 노동자는 다음과 같이 묘사했다.

노동조합총연맹은 2주일마다 30분이나 15분씩 [돌아가며] 순환 파업을 벌이는 것이 경영진에 맞서 싸울 최상의 방식이라 결정할 수 있다. 그 결정은 노동자들의 투표에 부쳐지지 않지만, 몇몇 투철한 노동자들이 작업장이나 부서에 파견돼 순환 파업을 조직하는 문제에 관해 광범한 민주적 토론을 조직한다. 그래서 날짜와 시간 선택은 이런 현장

조합원 집회의 결정에 맡겨진다. 여기에 끼어들어 [순환 파업이라는] 원칙에 동의하지 않는다고 말하는 사람은 누구든 곧 그것은 토론 주제가 아니라는 말을 듣게 될 것이다.[93]

더욱이 공장위원회는 힘이 상당하다. 물론 생산에 대해서는 아니고 구내식당이나 휴게실 등의 관리에 대해서 그렇다. 예컨대 르노 비양쿠르 자동차 공장의 공장위원회는 200명이 넘는 유급 직원을 고용하고 있고, 노동조합총연맹이 공장위원회를 통제할 때는 그 일자리들을 자신들의 정치적 친구들에게 준다.

이처럼 공산당을 지지하는 데 이해관계가 걸린 그 많은 당원과 동조자의 존재 덕분에 프랑스 공산당은 (적어도 1968년 5월까지) 노동계급과 혁명적 사회주의자들 사이에 물리적 장벽을 세울 수 있었다. 공장 내에서 공산당원이 아닌 투사는 노동조합 활동에서 사실상 배제될 수 있었고, 때에 따라서는 경영진에 밀고당할 수도 있었다. 공장 바깥에서 전단을 배포하거나 포스터를 붙이는 사람들은 두들겨 맞을 수 있었고, 좌파 선전가가 혼자서 활동하다 쇠파이프를 든 20명 이상의 공산당원들에게 공격당하는 일도 있었다.[94] 이 모든 것을 뒷받침하기 위해 그 좌파 활동가에게는 정부한테 돈을 받는다거나 파시스트와 연계돼 있다는 혐의를 씌웠다.

1914년 이전 프랑스와 독일에서는 사회주의자들의 지방정부 참여가 운동 내 개혁주의의 발전을 강화하는 강력한 힘이었다. 나날이 세세한 일들을 처리하는 행정 업무에 관여하는 것은 더 장기적인 목표를 위해 싸우는 데 집중할 수 없게 하는 어마어마한 방해 요인이었다. 같은 현상이 오늘날 프랑스에서도 반복되고 있다. 프랑스 공산당은 지방자치단체에서 집권하는 데 많은 시간과 노력을 쏟는다. 프랑스 지방정부는 결정을 내리거나 주민의 필요에 대응할 권한이 영국에서보다 훨씬 적은데도 말이다. 프랑스 지방의회는 6년에 한 번씩 선출되는 데다가 나폴레옹 시대로 거슬러 올라가는 강력한 중앙집권의 전통 때문에, 중앙정부가 승인한 경비를 얻지 않고는 아무것도 할 수 없을 정도로 권력이 거의 없다. 1968년 이전에는 교육을 전적으로 중앙정부가 관리했고 지방 당국은 형식이나 내용을 바꿀 재량권이 없었다. 최근의 개혁에도 불구하고 지역 수준에는 실질적 권력이 거의 없다. 프랑스 공산당 소속 지방자치단체장들은 중심가 거리 이름을 '스탈린대로'라고 붙이는 것으로 권력이 있다는 느낌을 받을지도 모르지만, 그것은 환상일 뿐이다.

그렇지만 지방자치단체가 재량으로 할 수 있는 게 있는데, 바로 일자리다. 프랑스 공산당이 집권한 지방자치단체에는 많은 당원과 동조자가 고용되는데, 물론 임금이 높지는 않지만 적어도 사장을 위해서가 아니라 동지들끼리 괜찮은 분위기에서 일할 수 있다. 이는 공산당에 대한 충성심을 만들어 내는 커다란 저수지다.

지방자치단체에서 일한 경력은 의회로 진출할 야심이 있는 사람들에게 크게 도움이 된다. 1962년 선출된 41명의 프랑스 공산당 의원 중에서 시장 경력이 있는 사람은 15명, 지방의원 경력이 있는 사람은 30명이었다. 공산당이 집권한 지방자치단체와 노동조합총연맹이 통제하는 공장위원회에 고용된 사람에다가 공산당 출판물과 공산당이 통제하거나 영향을 미치는 문화·스포츠·복지 단체의 직원까지 더해 보라. 프랑스 공산당에 충성하는 데 물질적 기반이 있고 동시에 체제 전체에 도전하기보다는 자본주의 내에서 일종의 대항 사회를 운영하는 데 더 관심이 있는 사람이 수천 명이라는 사실을 알게 될 것이다.

이탈리아

이탈리아 공산당은 표면적으로는 프랑스 공산당보다 의회 관련 이력이 훨씬 더 인상적이다. 전후에 치러진 모든 선거에서 이탈리아 공산당의 득표수와 득표율은 계속 늘었다. 이탈리아 공산당은 소속 의원들에게 세비의 상당한 몫을 당비로 납부하게 해서 그들을 규율한다. 그래도 의원들에게는 꽤 많은 돈이 남는다(1971년 이탈리아 의원의 한 달 세비는 세후 635파운드[2024년 가치로 약 1600만 원]였다). 더군다나 우파 의원들은 선거비용을 직접 감당하지만, 공산당 의원들은 당이 내 준다. 이탈리아 의원은 무료로 교통, 미용, 극장, 스포츠 관람을 이용하는 등 여러 특혜도 누린다.

그렇지만 이탈리아 공산당도 프랑스 공산당처럼 계급의식적 노동자들의 지지만큼이나 전통적 급진주의의 지지도 받는다. 이탈리아 공산당의 가장 강력한 선거 기반은 공업화한 북부 도시들이 아니다. 이 지역에서는 노동계급의 단지 3분의 1가량만이 공산당에 투표한다. 이탈리아 공산당의 가장 강력한 선거 기반은 중부의 소작농(메차드리아)과 농업 노동자로, 그들의 3분의 2가 공산당에 투표한다.

이탈리아 공산당 의원들은 의회 활동에 활발하게 참여한다(보통의 의원들보다 더 많이 질의하고 더 많이 연설한다). 그렇지만 평론가들은 이탈리아 공산당 의원들이 '건설적' 태도로 의회를 대한다는 점에도 주목한다(공산당 의원들의 제안 중 상당수가 그대로나 부분적으로 의회에서 채택되고, 그들은 법안에 대해 그저 반대하기보다는 건설적 수정안을 제안할 준비가 항상 돼 있다).[95]

이탈리아노동조합총연맹에서 이탈리아 공산당의 처지는 프랑스 노동조합총연맹에서 프랑스 공산당의 처지와 매우 달랐다. 이탈리아 공산당은 이탈리아노동조합총연맹에 대한 정치적 지배력을 사회당과 공유했기 때문이다. 그럼에도 이탈리아 공산당의 통제력은 단단했고 이탈리아노동조합총연맹 사무총국, 공산당 지도부, 공산당 의원단은 매우 긴밀하게 서로 맞물려 있었다. 이탈리아노동조합총연맹 지도부 선거는 경선이 되는 경우가 매우 드물고, 사회당은 이탈리아노동조합총연맹 지도부 내에서 실제 세력보다 더 많은 몫을 보장받았다. 이탈리아 공산당과 사회당의 정책이 사실상 구분되지 않은 1950년대 중반까지는 이탈리아노동조합총연맹을 정치적 쟁점들에 동원하는 것이 가능했다. 예컨대 1953년 이탈리아노동조합총연맹은 하원에서 이탈리아 공산당을 과소 대표되게 만드는 선거법 개정에 맞서 파업을 조직했다. 10년 뒤에도 이탈리아노동조합총연맹은 '구조적 개혁' 지지 운동을 벌이면서 이탈리아 공산당의 훨씬 더 점잔 빼는 정책들을 반영했다. 그렇지만 이탈리아노동조합총연맹은 점점 더 독립적인 입장을 발전시키고도 있었다. 1961년 12월 모스크바에서 열린 세계노동조합연맹 대회에서 이탈리아노동조합총연맹은 각국 사정에 더 유연하게 적응할 필요성과 노조가 [공산당들의] 정치적 통제에서 독립적일 필요성을 강조한 대안적 강령을 내놓았다.

1950년대에 이탈리아노동조합총연맹의 힘은 상당히 약해졌다. 노동자들이 사기 저하되고 노조 지도자들의 전술에 환멸을 느낀 것이 가장 큰 요인이었지만 노조에 대한 전례 없는 파상공격도 한몫했다. 피아트 경영진은 이탈리아노동조합총연맹과의 협상을 거부했으며, 심지어 경쟁 노조인 이탈리아노동조합연맹과 이탈리아노동조합연합에 재정 지원까지 했다고 한다. 그리고 1955년 미국 정부는 내부위원회* 선거에서 이탈리아노동조합총연맹이 50퍼센트 이상 득표하는 이탈리아 기업과는 군사 장비 계약을 맺지 않을 것이라고 발표했다. 이렇게 힘이 빠졌는데도 불구하고 이탈리아노동조합총연맹은 전국 수준에서 여전히 가장 강력한 노조였고, 육체노

---

* 내부위원회 20세기 초 이탈리아 공장들에서 발전한 일종의 현장 조합원 조직으로 노조 가입 여부에 상관없이 모든 노동자를 포괄한다. 1919~1920년 '붉은 2년'에 벌어진 공장점거 운동에서 중요한 구실을 했다.

동자 사이에서는 그 우위가 훨씬 더 분명했다. 경쟁 노총인 이탈리아노동조합연맹은 주로 화이트칼라 노동자를 조직했기 때문이다.

그러나 1950년대 말과 1960년대에 산업 투쟁 물결이 일어난 덕분에 노조 조직률이 전반적으로 상승하고, 그와 함께 냉전이 서서히 시들해지고 더 실용주의적인 정책이 발전하면서, 이탈리아노동조합총연맹은 경쟁 노총들에 견준 입지를 강화할 수 있었다. 이탈리아노동조합총연맹은 프랑스의 공장위원회와 비슷한 내부위원회를 통해 기층을 통제했지만, 그 장악력은 프랑스에서만큼 단단하지는 않았다. 그리고 이 모든 것에도 불구하고 이탈리아 공산당의 공장 세포 조직은 장기적으로 줄어들었는데, 그 수는 다음과 같았다.

1954년	11,500개
1959년	7,115개
1963년	4,700개

출처: 이탈리아 공산당 공식 통계

지방정부는 프랑스 공산당보다 이탈리아 공산당에 훨씬 더 중요한 기반이다. 1948년에 중앙정부 참여 전망을 포기해야 했던 이탈리아 공산당은 그 후로 줄곧 지방정부에 더 많은 권력을 줘야 한다고 선동했고, 사회당과의 동맹에서도 의회 전략보다 지방선거에 더 큰 의미를 뒀다.

이탈리아 공산당의 영향력을 특히 잘 보여 주는 사례는 이탈리아 중북부 도시 볼로냐다. 이탈리아 공산당은 제2차세계대전 종전

후 줄곧 볼로냐 지방정부를 지배했다.[96] 이탈리아 공산당이 이곳에 얼마나 깊이 뿌리내리고 있는지는 공산당의 이 지역 지방선거 득표율이 약 45퍼센트라는 사실로 알 수 있다(전국 선거 때 같은 선거구에서 얻는 표보다 5퍼센트 이상 많다).

훌륭하게도, 볼로냐 지방정부는 대부분의 이탈리아 다른 도시들보다 앞서서 저렴한 주택을 공급하고 학교를 짓는 등 몇몇 알찬 성과를 거뒀다. 그렇지만 재정적 제한을 엄격히 두고 있고, 공산당원들은 균형예산을 유지하는 것을 자랑스러워한다. 1964년 볼로냐 지방정부는 700만 파운드 이상을 서독 금융시장에서 대출받기로 협상했지만, 이탈리아 중앙정부가 가로막았다.

이탈리아 공산당은 볼로냐에서 영향력을 유지하기 위해 중간계급에 많은 양보를 해야 했다. 톨리아티가 중간계급과의 동맹을 거듭해서 강조해 말한 것은 이 도시의 많은 상점 주인과 장인에게 표와 공감을 얻어 내려는 노력이었다. 가톨릭계 유권자의 표를 얻기 위한 행보도 있었다(1966년 볼로냐 지방정부는 볼로냐의 대주교인 레르카로 추기경에게 명예시민 상을 줬다).

이탈리아 공산당은 이 지역 생활의 모든 측면에 침투하려고 그 밖의 아주 많은 수단을 이용한다. 볼로냐에는 80개가 넘는 민중의 집(공산당 사무실뿐 아니라 음식점과 도서관 등 여러 사회 시설이 포함된 건물)이 있다. 지식인들을 위한 '안토니오 그람시 문화 동아리'부터 '빨치산 열사 어머니회'까지 다양한 외피 조직이 있다. 이탈리아 공산당 지도자들은 개인 지지 모임을 둔다. 그중 가장 중요한 것은 협동조합(농업·생산자·소비자 협동조합)으로, 1956년에는 조합원이 거의 10만 명이었다.

그러므로 이탈리아 공산당은 직간접적으로 중요한 고용의 원천이다. 시청은 6000명 이상을 유급으로 고용하고 그 밖의 많은 일자리에 접근하는 경로가 적어도 일부는 공산당의 통제 아래 있다. 협동조합은 지방정부와의 계약에서 유리한 경우가 많다. 한 가지 사례로 볼로냐 지방정부는 지하 도로를 건설하는 계약을 입찰에 부치면서 [공사 때문에 생기는] 교통 방해에 매일 600파운드 이상의 과태료를 부과한다는 조항을 포함시켰다. 협동조합만이 그 조항이 [실제로는] 적용되지 않을 것을 알았기에 홀로 입찰에 참여할 수 있었다.

이 모든 것 덕분에 이탈리아 공산당은 위세가 대단하다. 1963년에는 볼로냐 인구 47만 5000명 중에 5만 명이 공산당원이었다. 볼로냐주州로 넓혀 보면, 공산당원은 12만 6000명, 당세포는 5000개, 이탈리아노동조합총연맹 조합원은 24만 6000명이다. 그렇지만 이 기반이 정치적으로 안정적인 것만은 아니어서, 이 모든 당원과 조합원 사이에서 이탈리아 공산당의 일간지 〈루니타〉는 하루에 1만 5000부만 판매된다. 남부에서는 이런 정치적 연계가 훨씬 더 취약하다. 1968년 선거운동 중에 나폴리에서는 50명의 활동적 공산당원들이 당을 나와 '여호와의 증인'에 들어갔는데, '여호와의 증인'이 돈을 더 주고 경험 많은 선전가인 공산당 출신 활동가들을 모집하고 싶어 했기 때문이다.[97]

영국

영국 공산당은 점점 의회 선거를 강조했지만, 선거 득표는 떨어졌다. 그렇지만 영국 공산당은 다른 수준에서는 중요한 조직이었다. 완전고용이 이뤄지고 성과급제(개수임금제)가 확대되는 상황에서,* 영국만의 독특한 현상인 현장위원 운동의 힘과 중요성이 커졌다.

영국 공산당원들이 현장위원에 선출됐지만, 조율된 전략의 일환으로 그런 것만은 아니었고 그들이 공장에서 가장 전투적이고 의견을 또렷하게 밝히는 사람들인 경우가 많았기 때문이다. 노동자들이 공산당원들에게 협상을 맡긴 것은 (총선과 지방자치제 선거가 보여 주듯) 그들과 정치적 관점을 공유해서는 결코 아니었다.

영국 공산당은 산업 현장에서 잘 조직된 유일한 정치적 네트워크였는데, 실은 비공산당원 노동자들이 이끄는 파업에는 흔히 연대를 확대하지 않으려 하는 종파주의적 네트워크였다. 1951년 런던 북부의 ENV 금속 공장에서 벌어진 파업을 예로 들면, "당시 영국 공산당원인 현장위원 한 명은 롱브리지의 오스틴 공장을 방문했을 때 당원증을 꺼내 보이고 나서야 그곳 현장위원회 의장에게 ENV 노동자들을 도와 달라고 설득할 수 있었다고 설명했다."[98]

---

* 개수임금제 생산량에 따른 임금체계로서 사용자들이 착취율을 높이기 위해 오랫동안 이용한 방식이었으며, 19세기 영국 노동자들은 개수임금제 도입에 반대해 싸웠다. 그러나 완전고용으로 노동자들이 협상에서 우위를 점하고 노동조합 기층 조직이 강력해지자, 개수임금제는 오히려 임금수준을 대폭 올리는 효과를 냈다.

영국 공산당의 기관지는 공산당의 정치적 영향력이 풀뿌리 수준에서 발휘될 수 있었고 심지어 공산당이 선택한 주제가 주의를 딴 데로 돌리는 것이었을 때조차 그랬음을 보여 주는 보도로 가득했다. 이를테면 다음과 같은 식이었다. "론다에서 정리 해고 문제를 논의하기 위해 금속 노동자 500명이 참가한 회의가 열려, 동방과 서방의 무역을 촉구하는 강력한 결의안이 통과됐다." "요크셔 허더즈필드의 데이비드브라운 공장 현장위원들은 의원들을 만나 무역 규제를 풀라고 요구했다."[99]

그렇지만 영국 공산당이 현장위원 운동에 뿌리를 내리면서 모순이 생겨났는데, 공산당은 노조에서 공식 지위를 얻는 정책과 노조 지도부 선거에 좌파 후보를 내보내는 정책도 폈기 때문이다. 게다가 당 전체가 선거를 최우선시하는 노선으로 다가감에 따라, 선거 승리는 단지 노조를 변화시키는 수단이 아니라 목표 자체가 돼 버렸다. 그 전형적 예가 전기노조다. 영국 공산당은 제2차세계대전 직후부터 1961년까지 전기노조를 지배했는데, 그 시기 내내 비민주적인 노조 규약, 즉 대의원 대회가 집행부에 권고만 할 수 있도록 규정한 규약을 개정하지 않았다. 세력균형이 바뀌었을 때 이 규약은 공산당을 마녀사냥 하기 훨씬 더 쉽게 만들었다.

현장 조합원 투사인 공산당원과 노조 간부인 공산당원 사이에는 이해관계 충돌이 잦았고, 이는 정책이 기이하게 비틀리는 결과를 낳았다. 영국 공산당이 이끄는 전기노조는 영국에서 생산성 향상 협정을 선도한 에소 폴리 협정을 지지했는데, 생산성 향상 협정들은 1960년대에 현장 조합원 조직에 맞선 주요 무기로 사용됐다. 또, 1960년에 전기노조의 공산당 지도부는 [발전 산업 현장위원들의] 비공인 [전국 조직인] 발전노동자연합을 비난[하고 금지해야 한다고 주장] 했는데, 발전노동자연합의 의장도 공산당 활동가였다.

이런 장기간의 모순 때문에 영국 공산당은 산업부문에서 천천히 쇠퇴했고, 이는 헝가리 혁명의 영향으로 더 빨라졌다. 1962년이 되면 영국 공산당 당원의 8분의 1만이 작업장 지회로 조직돼 있는 것으로 추산됐다. 그래서 영국 공산당이 산업에서 규율 있고 일관된 전략을 추구하는 능력은 사실상 사라졌다. 전기노조 사건, 즉 법원이 일부 전기노조 지도자들의 투표 조작 혐의를 입증한 [1961년의] 사건은 이 쇠퇴에서 핵심적 사건이었다. 영국 공산당이 산업에서 발휘하는 영향력에서 그런 관행은 핵심적인 것이 결코 아니었지만, 그런 수단을 사용했다는 것은 주요 노조에서 공산당이 쇠퇴하고 있음을 보여 주는 징후였다. 영국 공산당은 한 번도 당원들을 교육하거나 정치적으로 동원한 적이 없었기에 책략에 의지해야 했고, 이런 실패는 뒤이은 전기노조 지도부 선거에서 우파에게 완패를 당하면서 분명해졌다.

벨기에 총파업

그렇지만 쟁점들이 가장 날카로운 형태로 제기된 곳은 벨기에였다. 벨기에에서는 어떤 점에서는 프랑스에서 1968년 5월에 벌어진 사건들을 미리 보여 주는 듯한 총파업이 일어났다. [1960년] 12월 벨기에 정부(자유당과 기독교사회당의 연립정부)는 '통합법'이라는 이름 아래 일련의 경제정책들을 발의했는데, 사회복지를 축소하고 간접세를 늘려 노동계급의 생활수준에 심각한 타격을 입히는 내용이었다. 지방자치단체 노동자들의 파업이 12월 20일에 시작돼 며칠 만에 나라 전역으로 번졌다. 파업 위원회가 세워졌지만 대안적 지도력을 발휘하지는 못했고 사회당 조직이 기층 수준에서 여전히 강했기 때문에, 파업의 통제권은 사회당과 노조 관료의 손에 남아 있었다. 이 파업은 특히 브뤼셀로 가는 행진을 조직해서 수위를 끌어올렸어야 하는데 파업 지도부는 그럴 태세가 돼 있지 않았다. 그래서 파업은 추진력을 잃었고 1월 중순에 무너졌다.

벨기에 공산당은 작은 조직이었다. 제2차세계대전이 끝날 무렵 15만 명에 이르렀던 당원 수가 1만 명으로 줄어 있었다. 그렇지만 벨기에 공산당은 많은 노조에 단단한 기반이 있었는데, 특히 안트베르펜 항만 노동자와 벨기에 중부의 금속 노동자 사이에서 그랬다. 1960년 파업의 패배를 벨기에 공산당의 배신 탓으로 설명할 수는 없겠지만, 만약 공산당이 결단력 있게 지도했다면 상황은 상당히 달라졌을 것이다.

그러기는커녕 벨기에 공산당은 사회당과 노조 지도부의 꽁무니를 좇았다. 벨기에 공산당은 브뤼셀로 행진하자는 [일부 좌파의] 호소를 지지하지 않았고, 정부에 조언하는 구실만 하려 했다. "벨기에에 손대지 마시라, 에이스컨스* 씨. 벨기에의 민주주의에도, 행복을 위해 분투하는 벨기에의 민주적 전통에도 말이다. 이것이 우리가 당신에게 주는 조언이다."[100] 이런 주장이 실린 벨기에 공산당의 신문 같은 호에는 철도 수송을 방해하는 행위를 "노동계급의 대중행동에는 이질적인 일"이라는 비난도 실렸다.

12월 27일 벨기에 공산당은 다음과 같은 행동을 제안했다.

파업 참가자들과 노동자 대표단이 자유당 의원들과 기독교사회당 의원들을 방문해 의원의 의무는 유권자들의 염원에 따르는 것이지 은행과 정부의 명령에 따르는 것이 아님을 설명해야 한다.

총파업의 정점에서 내놓은 유일한 구호가 '의원에게 로비하라'인 것이다!

1월 15일쯤에 벨기에 공산당은 "노동자 의회"가 일터에 복귀할지 말지를 결정하게 하라는 요구를 내세웠다. 좀 더 타당한 요구였지만, 며칠 뒤늦은 것이었다.

벨기에가 다른 언어를 쓰는 두 지역으로 나뉘어 있다는 사실 때문에 파업은 복잡했다. 프랑스어를 쓰는 왈롱 지역은 더 오래된 산업들이 있는 지역이며 사회당의 기반이고, [네덜란드어를 쓰는] 플랑드르 지역은 새로 산업화하고 가톨릭계 노동조합운동이 확고하게

---

* 가스통 에이스컨스 당시 벨기에의 총리.

뿌리내린 곳이다. 자연스럽게 파업의 주된 동력은 왈롱 지역에서 나왔다. 그렇지만 (앙드레 르나르 같은) 가장 투쟁적인 지도자 일부가 왈롱 민족주의에 심각한 양보를 했고 이는 파업의 발전에 도움이 되지 않았다. 벨기에 공산당의 기반은 거의 전적으로 왈롱이었기 때문에 이 경향에 도전할 수 없었다.

이 파업의 또 다른 중요한 측면은 1947년 르노 파업 이후 서유럽에서 처음으로 작지만 유망한 세력이 공산당의 왼쪽에서 나타났다는 사실이다. 대표적인 것이 (트로츠키주의자 에르네스트 만델이 주도적 구실을 한) 신문 〈라 고슈〉(좌파)를 중심으로 모인 사회당 좌파와 사회당 청년 조직인 사회주의청년단이었다. 사회주의청년단은 파업의 잠재력을 인식했고, 공식 조직들에 대한 조직적 대안을 제시하려 애썼다. 불행히도 사회주의청년단은 이를 실질적으로 하기에는 너무 작았고, 〈라 고슈〉는 앙드레 르나르의 꽁무니를 좇는 경향이 있어 브뤼셀 행진 요구를 지지하지 않았다.

그렇지만 사회당 지도부와는 독립적으로 현장 조합원들을 움직이는 분명한 지도력이 있었다면 사건들의 향방은 매우 달랐을 것이다. 당시 투쟁에 참가한 어느 혁명가의 평가를 인용하자면 다음과 같다.

당연히 브뤼셀로의 행진이 틀림없이 성공했을 것이라고 장담할 수는 없다. 그러나 누구도 반박할 수 없다고 자신 있게 말할 수 있는 것은, 전국 집중 시위라는 수단으로 운동의 강대한 에너지를 모아 이용하지 않고서는, 즉 정부가 전복되고 통합법이 철회되고야 말 것이라는 위험과 운동의 힘을 부르주아지에게 보이지 않고서는 어떤 승리도 불가능했을 것이라는 점이다. … 파업 참가자들의 에너지를 전국 집중 시위에 집중하는 것, 힘을 집중하는 것이 노동자 조직들의 전략에 포함됐어야 한다. 또한 운동을 조직적 수준에서 표현하는 것, 다시 말해 현장 조합원들한테서 비롯하며 파업 운동을 노동 관료의 영향력에서 자유롭게 할 수 있는 지도력을 모으는 것이 필요했다. 그런 조직은 운동의 방향을 결정하기 위한 자주적 기관이 될 '파업 위원회들의 임시 의회'였을 것이다.[101]

청년

공산당들은 청년 사이에서 활동하는 것을 언제나 상당히 중요하게 여겼다. 공산당 운동은 각국 공산당의 청년 조직뿐 아니라 세계민주청년연맹과 국제학생연맹 같은 단체도 이용했는데, 이 단체들은 명목상으로는 정치적으로 독립적이었지만 동유럽에 기반이 있었고 [스탈린주의] 정설 노선을 따랐다(그래서 스탈린과 티토의 분열이후 유고슬라비아 학생들이 배제됐다). 이 단체들이 여는 다양한국제 축전은 청년들이 각국 공산당 청년 조직으로 향하는 징검다리가 됐고, 저개발국에서 공산당의 영향력을 확산시키는 데도 도움이 됐다.

그렇지만 공산당 청년운동은 1950년대부터는 번성하지 못했다. 1965년 이탈리아 노동자의 50퍼센트 이상이 30세 미만이었지만 이탈리아 공산당원은 10퍼센트만이 30세 미만이었다. 프랑스 공산당에서 25세 미만 비율은 1954년 10.2퍼센트에서 1966년 9.4퍼센트로 떨어졌고, 알제리 전쟁 때는 훨씬 더 낮아서 1959년에는 5.5퍼센트였다.

  제2차세계대전이 끝날 무렵 프랑스 공산당 청년 조직의 당원 수는 30만 명이었지만, 1956년에는 3만 명으로 떨어졌다. 이런 감소의 한 가지 요인은 프랑스 공산당이 1950년대와 1960년대에 청년들의 문화적·사회적 양식에 적응하지 못한 것인데, 당 모임에서 금욕주의와 교조주의가 만연했다. 또 다른 중요한 측면은 학생운동이 정치적으로 급진적인 세력으로 출현하기 시작했고 그에 따라 이처럼 잠재적으로 체제 전복적인 부류들을 고립시킬 필요가 [공산당 지도부에] 생겼다는 것이다. 이런 경향은 프랑스에서 이미 1956년에 나타났다. 프랑스 공산당의 학생 세포 조직들이 헝가리 문제에 관한 당 노선에 반대하는 세력을 이끌었다. 그래서 프랑스 공산당은 청년 조직을 4개의 분리된 부문(학생부·남성부·여성부·농촌부)으로 재조직했다. 남성과 여성이 분리되게 돼 있었기 때문에, 부모들은 공산당 청년 조직이 자녀를 도덕적 위험에 노출시키기 쉬울 것이라 불평할 수 없었다.

여성

마찬가지로 공산당의 외피 조직인 여성 단체는 아주 많았지만, 여성은 순전히 '여성스러운' 활동에 국한되는 경향이 있었고 정치적 지도력을 발휘하는 위치에 이르지 못했다.

1964년 프랑스 노동조합총연맹이 일하는 여성을 위한 월간지인 《앙투아네트》를 내놓기는 했지만, 여성이 산업으로 대거 밀려드는 새로운 상황에서 노동조합총연맹의 대응은 기계적으로 동일 임금을 요구하는 것에 그쳤다.

여성의 권리를 포함하는 성性 문제에서 공산당들은 매우 반동적인 태도를 보이는 경향이 있었는데, 흔히 소련의 도그마에서 비롯한 태도였다. 이 때문에 공산당들은 1960년대 말 페미니스트들의 투쟁이 분출하는 상황에서 완전히 고립됐다. 예컨대 1950년대에 프랑스 공산당은 피임을 "맬서스주의적" 행위라고 묘사하며 실제로 피임 반대 운동을 펼쳤다(이는 인구 통제로 경제문제를 해결할 수 있다고 보는 반동적 관점과 개인이 부모가 될지 말지 선택할 권리를 구분하지 못한 것이다). 이는 당원들 사이에서 의견 충돌을 낳았는데, 이를테면 공산당 소속 의사들의 회의에서는 204명 중 200명이 당의 입장에 반대표를 던졌다(그리고 이 모든 일들은 알제리 전쟁 초기에 널리 알려졌다). 한동안 프랑스 공산당은 무통 분만에도 적대적이었다.[102] 심지어 1970년대에도 프랑스 공산당은 임신 중단이 의료적 이유로만 허용돼야 하고 보편적 권리가 돼선 안 된다고 주장했으며,[103] 이탈리아 공산당 여성위원회는 [자연피임을 통한] "책임감 있는 출산"과 "가족 수호"를 내세워 임신 중단 합법화를 반대했다.[104]

농민

프랑스 공산당과 이탈리아 공산당은 둘 다 농민 사이에서 상당한 기반을 발전시켰다. 이탈리아 공산당은 농민이 많은 남부에서, 1946년 11.63퍼센트에서 1958년 22.6퍼센트로 득표를 늘렸다. 프랑스 공산당은 농촌 지역에서 많이 득표하고, 프랑스 공산당의 주간신문 〈라 테르〉(대지)는 17만 5000부가 판매되며 영향력이 대단하다. 그렇지만 당원 수는 이야기가 다르다. 프랑스 공산당 당원 중 농민과 농업 노동자 비중은 1959년 13.2퍼센트에서 1966년 9.8퍼센트로 떨어졌다.

이런 지지의 정치적 기초는 훨씬 더 모호하다. 이탈리아 공산당원인 한 노조 간부는 다음과 같이 설명했다.

이탈리아 남부에서 공산당은 고객님들의 정당이다. 이는 공산당이 지방 수준에서는 기존 제도 내에서 지지자들의 이익을 증진함으로써 권력을 잡으려 한다는 점에서 사실이다. 남부에서 공산당은 그 사회의 후진성을 나타낸다.[105]

다시 말해, 공산당은 농민을 노동계급의 투쟁 동맹으로 설득하려 하기보다는 농민의 의식과 이익에 적응한다. 이는 프랑스에서 훨씬 더 분명하다. 프랑스는 농민의 투쟁성 수준이 매우 높았고 1960년대에 농민과 산업 노동조합원들의 공동 위원회가 수립된 곳이다. 프랑스 공산당은 농민이 직접 파리 거리에 나와 농산물을 판매하는 것 같은 행동의 표출에 등을 돌렸다. [공산당의 영향력이 강한] 노동조합총연맹이 많은 공장 구내식당을 통제하고 있으니 농민과 동맹을 맺는다면 상업적 폭리를 취하는 자들에게 의미 있는 타격을 입힐 수 있었을 텐데 말이다.

이주 노동자

제2차세계대전 이후 유럽에서는 이주 노동이 어마어마하게 확산됐고 이 문제는 모든 사회주의 조직의 국제주의가 구체적 쟁점으로 시험을 받는 계기가 됐다. 이주 노동자들은 형편없는 조건에 시달리고, 정치적 권리를 박탈당하며, 노동자들을 분열시키는 데 의식적으로 이용된다.

프랑스 노동조합총연맹은 1950년대에 이민에 반대했다. 이주 노동이 노동자들의 생활수준을 공격하는 데 이용된다고 묘사한 것은 옳았지만 그럼에도 이민 반대 입장은 프랑스인 노동자들이 이주민을 적대하는 상황이 생겨나는 데 일조했다. 노동조합총연맹은 이

주민 사이에서 몇몇 활동(예컨대 여러 외국어로 신문 발행)을 했고 1968년 이후에는 더 강화했다. 이 분야에서 좌파들에게 선수를 빼앗길 위험이 있었기 때문이다.

그렇지만 프랑스 공산당이 근본에서 민족주의적이라는 것은 1971년 강령의 이주에 관한 언급에서 드러난다. 이 강령은 매년 이주민의 수를 "민주적 계획"에 따라 고정할 것이라 선언하며 다음과 같이 설명한다. "사용자들은 이주 노동에 대한 수요를 국가 고용부에 제출한다. 오로지 이 기관만이 근로계약에 근거한 [이주] 노동자 채용의 권한을 갖는다." 요컨대 노동자들이 일터를 선택할 권리를 완전히 부정하고, 값싼 노동에 대한 프랑스 자본주의의 필요에 봉사하겠다는 것이다.

영국 상황도 비슷했다. 잇따른 정부들이 이민 통제를 강화하자, 극우파는 더 강화하라면서 이주 완전 금지와 본국 송환까지 요구했다. 영국 공산당은 꿋꿋이 [국제주의] 원칙을 지키는 대신 이민 통제라는 원칙을 인정할 준비가 돼 있었다. "이주를 확실하게 통제하되, 공산당이 제안했듯이 피부색·인종·종교를 이유로 차별하지 말아야 한다."[106]

결론

서유럽 공산당들 사이에서 발전한 다중심주의는 결국 이 당들이 소련에 묶여 있던 연계 일부를 끊을 수 있게 하는 지점에 도달했는데, 이는 공산당들이 의회·노조·지방자치단체에서 선거 정치를 펼치며 자국 정치 생활의 제도 내에서 할 자체의 역할을 만들어 내는 데 성공했다는 사실을 인식해야만 이해할 수 있다.

이는 적어도 프랑스와 이탈리아에서는 공산당이 노동계급 내에 (그리고 다른 곳에서는 특정한 부문 내에) 실질적 영향력이 있었음을 뜻한다. 그렇지만 이는 부정적 영향력이었다. 공산당들은 투쟁을 억제할 수는 있었지만, 어떤 투쟁을 이끌어 전진시킬 수 있었을지는 의심스럽다(설사 그러기를 원했더라도). 사실 일반적으로 공산당들은 어떤 투쟁이 벌어지고 있는지, 그것이 노동자들이 참가하는 것이든 다른 차별받는 집단이 참가하는 것이든 별로 관심을 기울이지 않았다. 1950년대와 1960년대 공산당들의 기반을 연구해 보면 공산당들의 회복력을 이해하는 데 도움이 되지만 거기에는 깊게 깔린 모순이 있다는 것도 알게 된다.

3부
1963~1973년

11장
동쪽에서 떠오른 붉은 희망?

1962년 쿠바 미사일 위기는 1950년대에 간간이 벌어진 핵무기 대치에 종지부를 찍었다. 이제부터 양측은 상대방을 밀어붙일 수 있는 한계를 받아들였다. 그렇지만 군비경쟁은 중단되기는커녕 갈수록 더 치열해졌다. 그리고 군비 지출이 안정장치 구실을 하는 정도는 나라마다 달랐기 때문에, 이런 경쟁 격화는 1940년대 말 만들어진 군사동맹들을 해체하기 시작하는 긴장 증가로 이어졌다. 서방에서는 1965년 프랑스가 나토를 탈퇴하는 것으로 표현됐고, 이는 미국과 서유럽의 더 넓은 이해관계가 서로 충돌한다는 것을 보여 주는 한 징후였을 뿐이다. 동방에서도 비슷한 추세가 있었는데, 루마니아가 어떤 면에서는 프랑스와 비슷한 구실을 했다. 더욱이 군비 지출 부담은 소련이 농업 투자 부족이라는 만성적 문제를 풀지 못하는 주된 이유였다.

1960년대 소련은 스멀스멀 위기에 맞닥뜨렸는데, 이 때문에 소련은 서방을 너무 공격적으로 대할 수 없었다. 소련이 위기를 겪고 있음을 보여 주는 사실 하나는 1964년 가을에 흐루쇼프가 권좌에서 제거된 것이었다. 그렇지만 후임자들도 군비 지출의 직격탄을 맞는 경제성장률 하락과 농업 침체 문제를 풀 공식이 없었다. 1960년대 중엽에는 이른바 리베르만 계획이 도입돼 기업 경영인들이 이윤을 극대화하도록 만들 유인책을 전보다 더 많이 내놨고, 다른 개혁과 분권화 조처도 뒤따랐다. 그렇지만 1972년 곡물 위기는 이것이 성공하지 못했음을 보여 주는 증거였다. 그러는 동안에도 지식인과 유대인 등 어떤 식으로든 정권에 반대하는 이들에 대한 박해는 계속됐다.

소련의 외교정책은 흐루쇼프 시절부터 계속 '평화공존'이었는데 그 뒤로도 이어졌다. 게다가 소련은 '세계 질서'의 수호자로 보이려는 의지를 갈수록 키웠다. 물론 소련은 베트남에 군사적 지원을 보냈다. 그러나 그 군사원조의 규모가 작았다는 사실, 미국이 베트남에서 극악한 만행을 저지르는데도 소련이 시종일관 서방과 좋은 관계를 유지했다는 사실은 주목할 만하다.

1930년대부터 1950년대까지 소련의 스탈린주의 체제는 엄청난 범죄를 저지르는 동시에 상당한 경제적 성취도 이뤄 냈다. 그리고 그렇게 함으로써 소련은 국제 노동운동에서 열광과 증오라는 [상반되면서도] 격앙된 열정을 크게 불러일으킬 수 있었다. 1960년대의 소련은 경제성장률이 하락하고 보수적 외교정책을 폈고 그런 열정들을 불러일으키지 못했다. 새 세대 혁명가들이 해외의 영웅을 찾는

다면 그것은 중국, 베트남, 쿠바였다. 이를 배경으로 국제 노동운동에 엄청난 영향을 준 중소 분쟁을 봐야 한다.

중소 분쟁

중국 공산당이 지배한 지 10년이 지났는데도 중국은 여전히 공업화를 해내려고 애쓰는 상태였다. 중국에게는 불행히도, 소련이 중국의 성장을 돕는 필수적 지원을 해 주리라 기대할 수가 없었다. 사실 소련이 중국에 제공한 원조는 '중립국'들에 준 것보다 훨씬 적었다. 또 소련은 무역 관계에서는 중국을 동유럽 위성국들과 똑같은 방식으로 착취했다.[107]

중국 지도자들은 흐루쇼프식 '평화공존' 전략 전체에 별로 공감할 수 없었다. 첫째로 중국은 노동자와 농민의 피땀을 쥐어짜 계속 생산성을 끌어올릴 필요가 있었고 그러려면 끊임없이 포위당해 있는 정서를 유지해야 했다. 둘째로 '평화공존'이 소련의 원조가 더 줄어드는 것으로 이어질까 봐 걱정했다.

소련과 중국의 사이가 깔끄러워졌음을 보여 주는 일은 1956년 [소련 공산당] 20차 당대회로까지 거슬러 올라가 찾을 수 있는데, 당시 중국은 흐루쇼프의 스탈린 격하를 마뜩잖아하며 뾰족하게 반응했다. 1957년 중국은 핵전쟁이 일어나면 [동서 양쪽 모두] 큰 피해를 입으리라는 흐루쇼프의 계산에 동의하지 않는다고 분명히 밝혔다. 1960년이 되자 갈등은 공공연히 드러났다. 6월에 흐루쇼프는 핵전쟁에 관한 중국의 [호전적] 노선을 날 세워 비판했고, 8월에는 소련 기술자들이 중국에서 철수했으며 원조에 관한 여러 협의가 파기됐다.

그래도 이 단계에서는 양측 모두 분쟁을 상당히 감추려는 심산이었다. 흐루쇼프는 틀림없이 티토와의 분쟁을 정리할 때 겪은 곤란을 떠올렸을 것이고, 중국은 소련의 국제적 헤게모니에 도전할 실질적 대안을 제시할 수 있다는 자신감이 아직 없었다. 1960년 11월 모스크바에서 81개 공산당들의 회의가 열린 것은 소련과 중국의 균열을 가리려는 시도였다. 그렇지만 견해 차이가 너무 컸다. 마지막 결정타는 두 가지였다. 첫째, 쿠바 미사일 위기가 일어났을 때 중국은 흐루쇼프가 모험주의와 [서방에 대한] 굴복이라는 두 가지 잘못을 저질렀다고 봤고 이는 일리가 있었다. 둘째, 1962년 가을에 인도와 중국 사이에 무의미한 전쟁이 벌어졌을 때 소련은 어정쩡한 중립을 지키다 인도에 무기를 공급했다.

1963년 큰 언쟁이 벌어졌다. 소련 공산당과 중국 공산당은 [공개] 서한을 주고받으며 논쟁했고 논조가 서서히 험악해지더니 15년 전 스탈린과 티토의 분열 때 수준으로까지 격해졌다.

어떤 사람들은 중국의 노선이 어떤 면에서는 트로츠키주의·좌익반대파 전통의 부활에 맞먹는 일이라고 주장했다. 그러나 전혀 그렇지 않다. 사실 중국 [관영] 언론들이 쏟아 낸 많은 양의 격렬한 비판과 순전한 독설에서 일관된 입장을 뽑아내기는 어렵다. 거기에는 말뿐인 전투성, 추상적이고 실체 없는 대중을 향한 호소가 담겼을 뿐이다.

우리는 대중의 위대한 힘을 신뢰한다. 우리는 제국주의에 맞서고 세계 평화를 지키는 투쟁에서 만국 인민의 단결과 투쟁, 사회주의 진영, 국제 노동계급, 민족해방운동, 평화를 사랑하는 모든 세력의 일치된 투쟁에 주로 기대야 한다고 여긴다.[108]

"평화를 사랑하는 모든 세력"과 같은 초계급적 주체에 대해 말하는 것은 완전히 비마르크스주의적인 것으로 정확히 민중전선의 정치적 전통에 선 것이다.

민족해방운동이 그토록 중요하다는 말은 있었지만 그것을 진지하게 계급적 관점에서 분석하는 일은 없었다. 중국은 아프리카나 아시아의 모든 우호적 강국과 동맹을 맺는 선택지를 계속 열어 두고 있었다. 사실 더 구체적으로 계급적 태도를 취할 때는 노동계급을 명시적으로 거부하고 농민을 선택했다. "농촌은, 아니 오직 농촌만이, 혁명가들이 최후의 승리를 향해 나아갈 혁명적 근거지를 제공할 수 있다."[109]

논쟁이 일단 시작되자 무서운 속도로 고조됐다. 1963년 9월 3일 중국은 다음과 같이 주장했다. "소련 공산당 지도부는 스스로 미국 제국주의, 인도의 반동 세력, 변절자 티토 패거리와 동맹을 맺고는 사회주의 중국과 모든 마르크스-레닌주의 정당들에 맞서며 마르크스-레닌주의와 프롤레타리아 국제주의를 공공연하게 배신했다."
그 후 중국은 누군가를 시켜 [과거 티토를 비난하던 시절에 발행된] 〈영속적 평화를 위해, 인민민주주의를 위해〉를 읽어 보면서 [소련을 비난할] 멋진 표제를 찾게 한 듯하다. 그렇게 해서 나온 가장 박력 있는 표제는 십중팔구 〈런민르바오〉 1967년 1월 27일 자에 실린 "추잡한 소련 수정주의 돼지 놈들의 광적인 도발에 힘차게 반격하자"일 것이다.

그러다가 갈등은 말다툼 수준을 넘어서 발전했다. 특정 계절에는 우수리강의 수면 아래로 사라지는 전바오라는 무인도를 놓고 1969년 봄에 소련군과 중국군 사이에 무력 충돌이 벌어졌다. 1970년대 초에 소련은 유럽 쪽보다 중국 쪽 국경에 훨씬 더 많은 군대를 배치했다.

문화혁명

중국에서는 소련의 원조 중단과 기술자 철수의 경제적 악영향 때문에, 1950년대부터 시작되고 1958년 대약진운동의 실패로 격화한 중국 공산당 내부 갈등이 더 심각해졌다.[110] 노동 집약적 방식과 완전한 농업 집산화를* 통한 강력한 공업화 추진 노선(마오쩌둥

---

* 중국 공산당은 농업 합작화라고 부른다.

의 노선으로 여겨지게 되는 노선)과 "주자파"의' "흑색 노선"(류사오치가 이끈 노선)이 대립했다. 농업을 기계화하고, 주로 농민 시장에 공급할 경공업 [제품 생산]을 강조하며, [노동 집약적 방식보다는] 기술과 경영 기법에 더 의존하자면서 더 신중한 발전 정책을 주장한 이들은 문화혁명 때 "흑색 노선 주창자"로 몰려 공격당했다.

문화혁명의 주요 표적인 구습과 '관료주의'가 이 갈등의 중심에 있었다. 마오쩌둥주의적 선전에서 도덕주의가 엄청나게 강조되는 것은 경제적 낙후함이라는 객관적 장애물을 노력과 헌신으로 극복하려 애쓰자는 뜻이었다. 당 안팎의 기존 관료 집단은 공업화를 다시 추진하는 데 필요한 중앙집권적 사회통제에 상당히 방해가 됐고, 마오쩌둥은 노동 집약적 방식을 선호했으므로 관료의 수·특권·급여를 삭감하는 것이 유용할 수 있었다. 동시에 문맹 퇴치 캠페인과 기초과학 교육을 "마오쩌둥의 사상"인 양 치장하는 것이 필요했다. 노동자들을 충분히 교육하면서도 고분고분하게 만들어야 했기 때문이다.

마오쩌둥의 아내[장칭]가 1964년에 시작한 '문예 정풍 운동'은 어떤 인간 문제나 인간 조건의 비극은 정치적 요인을 초월한다고 말하는 문학작품에 대한 광범한 공격이었다. 외국 문학이 공격받았을

---

* 주자파(走資派) 주자본주의도로적당권파(走資本主義道路的當權派)의 준말이고 자본주의로 나아가는 집권파라는 뜻이다. 1958~1960년의 대약진운동이 실패하며 마오쩌둥은 실권을 잃고 류사오치가 당권을 잡았다. 주자파는 이때 마오쩌둥이 경쟁 세력을 가리켜 쓴 말이다.

뿐 아니라 현대 중국 문학에서도 특정한 역사적 주제와 해석은 공격받았다. 베이징의 부시장이 옛 명나라 관리의 [백성의 불만을 대변하고 부패한 황제를 비판한] 개인적 '선행'을 옹호하는 듯 보이는 경극 극본을 썼다는 이유로 공격받은* 1965년 11월부터 이 운동은 관료 집단 내 마오쩌둥의 정적들을 겨냥하는 공격으로 발전했다. 1966년 봄에 중국 공산당의 많은 지도적 인물들이 자리에서 쫓겨났고, 중국 전역의 대학생들은 이미 참여하고 있던 문예 논쟁을 지방정부 관료에 대한 공격으로 전환하라는 요청을 받았다.[111]

뒤이어 1966년 8월 수많은 중·고등학생과 대학생이 '홍위병'으로 동원됐다. 홍위병은 중국 전역에서 무료 음식·숙박·교통편을 제공받았다. [홍위병이 되는] 유일한 정치적 자격은 마오쩌둥에 대한 지지였다. 2000만 명에 달하는 당원도, 수천만 명에 달하는 공산주의 청년단과 소년선봉대도 동원되지 않았다. 마오쩌둥은 우호 세력을 당 기구 바깥에서 창출해야 했다. 대개는 노동자들도 공장 밖으로 동원되지 않았다. 학교와 대학이 문을 닫는다고 해서 경제에 차질이 생기지 않겠지만 산업 생산의 유지는 사활적으로 중요했으므로 노동자들에게는 이를 끊임없이 상기시켰다.

중국 노동자들은 '무산계급 문화대혁명'의 창시자가 아니라 희생

---

* 이 극본이 마오쩌둥과 대약진운동에 대한 비판으로 여겨졌기 때문이다. 예를 들어 극 속 주인공이 농민들에게 밭을 돌려줬다는 묘사가 농업 집산화를 비판하는 그릇된 경향을 표현했다는 것이다.

자의 일부였음이 분명하다. 임금 동결뿐 아니라 삭감이 (상여금 박탈을 통해) 강요됐다. 1966년 말과 1967년 초에 중국 주요 도시들에서 벌어진 파업 물결은 "한 줌의 주자파"가 "혁명적 노동자들의 투쟁 의지를 약화시키려고" 임금 인상을 명분으로 내걸고 벌인 일이라고 비난받았다. 이 파업들에 대해서는 그에 반대하는 마오쩌둥주의 문헌을 통해서만 알 수 있지만, 홍위병이 파업을 파괴하는 데 쓰여야 했다는 것은 명백하다.[112] 노동자들의 마오쩌둥 찬반 대중 시위가 모두 벌어진 상하이 같은 도시에서는 양측 모두 분명히 속임수를 사용했고, 노동계급이 문화혁명에서 독립적으로 정치적 구실을 했다고는 말할 수 없다.[113]

'대중 동원'의 한계는 1967년의 파업 파괴 말고도 더 있었다. 중국 곳곳에서 학생 등 여러 집단이 "혁명을 일으키라"는 마오쩌둥의 요청에 호응했지만, 그들의 해석 일부는 마오쩌둥이 보기에 너무 급진적이었다. 몇몇 단체는 "거대한 반혁명적 잡탕"이라거나[114] "극좌파"로 위장한 사악한 우파적 음모의 부속물이라고 비난받았다. (1963년부터 마오쩌둥주의적 선전 운동으로 신중하게 태세를 갖췄고 마침내 1967년 1월 반대파 지도자를 숙청한) 인민해방군이 1967년 초부터 질서 회복에 사용되는 일이 점점 많아졌다.

1968년 말이 되면 중국의 모든 성과 시에는 당·군·대중의 소위 삼결합=結合 동맹(실은 당과 군이 지배하는 동맹)을 토대로 한 '혁명위원회'의 통치가 수립됐다. 관료 집단은 가지치기됐지만 파괴되지는 않았다. 중국 공산당의 상무위원 7명 중 4명과 정치국원 17명

중 13명이 제거됐다. 지방 수준에서는 아무 탈 없이 살아남은 핵심 인물들이 있었다.[115]

이때 실각한 많은 지도자들이 1972년과 1973년에 당 고위층으로 복권된 반면, 군 지도자이자 문화혁명의 영웅이었으며 1969년 9차 당대회에서 당 규약에 [후계자로] 이름이 오르기도 한 린뱌오는 1971년 실종됐고 그 후에는 "초좌파적" 음모를 선동했다는 비난을 받았다. 린뱌오의 실종과 죽음에 관한 진실이 무엇이든, 이는 지방 정부를 통제하고 소련의 군사적 위협을 처리하는 데 필요한 군대의 중요성을 반영한다.* 그리고 [이제는] 믿을 만한 당 기구가 재건되고 있다. 그러면서도 경제 전략을 둘러싼 논쟁은 계속되고 있다. 자원이 계속해서 공업에서 농업으로 돌려지고 있고 중국 지도자들 일각에서 해외 기술과 전문 지식 도입에 대한 관심이 되살아나고 있다는 것을 제외하면 뚜렷한 해결책이 보이지 않기 때문이다.[116]

중국의 외교정책

중국은 [소련의] 평화공존 전략에 적대적이었고 게릴라전에 크게 공감했지만, 자국의 상업·외교 관계에서는 그런 정책에 얽매이지

---

* 문화혁명을 거치면서 인민해방군의 세력이 커지고 그에 따라 군 지도자인 린뱌오가 마오쩌둥의 잠재적 경쟁자가 됐고, 마오쩌둥은 이를 가만둘 수는 없었다.

않았다. 1963년 6월 소련에 보낸 서한에서 중국은 저개발 대륙에서
는 상황이 다음과 같다고 말했다.

그곳 인구의 극히 광범한 부문이 제국주의의 노예가 되길 거부합니
다. 노동자, 농민, 지식인, 프티부르주아지뿐 아니라 애국적 민족부르
주아지도 심지어는 애국적인 왕, 왕자, 귀족도 그렇습니다.

이렇게 계급적 분석이 아니라 '애국심'을 강조함으로써 중국은 저
개발국 정권들과 두루 좋은 관계를 쌓아 나갈 수 있었다. 중국은
그 정권들이 무슨 정책을 펴더라도, 심지어 게릴라 부대를 탄압하
더라도 개의치 않았다. 중국에게서 우호적 인사말과 지원을 받은
지배자들에는 에티오피아의 황제 하일레 셀라시에, 예멘의 이맘[왕]
과 이란의 샤[왕]가 있었는데, 모두 자국 내에서 게릴라 저항에 부
딪힌 자들이다.

심지어 베트남을 대할 때도 중국은 베트남인들이 "영웅적"이고
"천하무적"이라고 반복해서 환호를 보내면서도 실천에서는 매우 신
중했다. 이해할 만하게도 중국은 또 다른 한반도를 보고 싶지 않았
다. 마오쩌둥은 1965년에 에드거 스노와 인터뷰하면서 미국이 북
베트남을 침공해도 군대를 보내지 않을 것이며 오로지 자국 영토
가 침공받을 때만 싸울 것이라 말했다. 1966년 5월 3일[117] 중국은
소련의 고발에 답변을 발표했는데, 소련의 주장인즉 자국은 베트남
과 국경을 맞대고 있지 않아서 중국을 거쳐서만 베트남에 물자를

보낼 수 있는데 중국이 가로막고 있다는 것이었다. 중국은 분개하며 소련은 최선의 지원을 보내고 있지 않으며, 흐루쇼프 정부 때는 베트남을 지원하길 거부했고, 지원 물자를 바닷길로 보낼 수도 있다고 답변했다. 모두 의심할 여지 없이 사실이었지만 소련의 고발을 실질적으로 부인한 것은 아니었다. 1968년 중국에서 나온 추가 보도는 문화혁명 탓에 베트남으로 가는 철로 물자 수송이 방해받고 있다고 주장했다.[118]

이 모든 주장을 어찌어찌 사실로 받아들인 중국의 많은 친구들조차 1971년 중국의 행동에는 깜짝 놀랐다. 그해 봄에 파키스탄에서 방글라데시 독립운동이 분출했다. 3월에 '동파키스탄' 전역에서 총파업이 호소됐다. [경쟁국 인도를 견제하려면 파키스탄과 동맹해야 한다고 본] 중국은 서파키스탄에 신문 인쇄용지를 공급해 파업 파괴를 도왔다. 그리고 파키스탄 군대가 동원돼 방글라데시 독립운동을 아주 잔혹한 방식으로 분쇄할 때, 파키스탄은 중국산 무기와 항공 연료를 이용했을 뿐 아니라 중국한테서 800만 파운드에 달하는 특별 지원금을 받았다. 1971년 4월 13일 자 〈파키스탄 타임스〉는 [중국 총리] 저우언라이가 파키스탄 지도자 야히아 칸에게 보낸 편지를 실었는데, 내용은 다음과 같았다.

우리가 보기에 파키스탄의 통일과 동·서파키스탄 인민의 단결은 파키스탄이 번영하고 강성해지려면 필수적입니다. 여기서 가장 중요한 것은 파키스탄의 통일을 방해하려는 한 줌의 사람들과 광범한 인민 대중의 차이를 아는 것입니다.

중국은 1971년 4월에 실론[지금의 스리랑카]에서 인민해방전선이
이끄는 무장봉기가 수감자의 즉결 처형을 포함한 극심한 탄압에
부딪혔을 때도 비슷한 태도를 보였다. 실론 정부가 저우언라이한테
서 받은 편지가 "질서 회복"을 하는 데 도움이 됐는데, 1971년 5월
27일 자 〈실론 데일리 뉴스〉에 실린 이 편지는 실론 정부를 칭찬하
며 "'게바라주의자'를 자처하는 한 줌의 사람들"을 비난했다.

이 모든 일이 있고 나서 1972년 봄, 베트남에는 여전히 폭탄이
떨어지고 있는 와중에 미국 대통령 리처드 닉슨이 환영을 받으며
중국을 방문했다. 미국 제국주의가 "주적"이라는 중국의 말을 전술
적으로 잠깐씩 쓰는 표현 이상으로 여기는 사람들 외에는 아무도
놀라지 않았다.

아무리 순수한 혁명정부라도 반동적 정부들과 동맹을 맺을 수밖
에 없는 경우가 있다. 볼셰비키가 1920년대 초 독일과 맺은 관계가
그런 사례다.* 그렇지만 이런 관계 때문에 그 반동적 정부하의 나라

---

* 1922년 볼셰비키 정부와 독일의 바이마르공화국 정부가 맺은 라팔로조약을 가
리킨다. 러시아는 이 덕분에 고립에서 조금이나마 벗어날 수 있었다. 그러나 트
로츠키가 《배반당한 혁명》에 썼듯이 "만약 독일 공산당이 이것을 구실로 삼아
독일 정부의 외교정책에 신임을 표시했다면 이 당은 즉시 코민테른에서 축출됐
을 것이다. 불가피한 상황에서 러시아 혁명정부가 제국주의 정부와 상업적·외교
적·군사적 협상을 한다 하더라도 이 때문에 해당 자본주의 국가 노동계급의 투
쟁이 제한되거나 약화돼서는 안 된다는 것이 볼셰비키 국제 정책의 원칙이었다."

들 안에서 혁명가들의 행동이 영향을 받는다면, 문제는 사뭇 달라지는 것이다.

국제 수준에서 마오쩌둥주의

중국은 새로운 인터내셔널을 만들려는 의도가 없었다. 첫째, 소련과의 정치적 차이는 새 인터내셔널의 강령을 내놓을 수 있을 만큼 일관된 것이 아니었다. 둘째, 중국은 중국 공산당의 내부 사정과 중국 국가의 외교정책을 국제 운동(아무리 마오쩌둥주의 친화적 아첨꾼들로 이뤄진 것일지라도)이 토론하고 평가할 대상으로 노출시킬 준비가 돼 있지 않았다. 중국은 멀리 떨어진 나라의 작은 단체들을 정치적으로 책임지는 것도 원치 않았다. 새 인터내셔널이 생겨났다면 그것이 아무리 관료적이고 획일적이더라도 중국의 운신의 폭을 좁혔을 것이다. 중국에게는 프랑스 정부와 좋은 관계를 맺는 것이 프랑스 공산당에서 쫓겨난 한 줌의 마오쩌둥주의 학생들보다 더 중요했다.

그렇지만 중소 분쟁은 세계 곳곳에서 공산당들의 분열을 낳았으며, 중국은 새로 생겨난 단체들(대개 "마르크스-레닌주의자"라고 불렸다)을 사실상 승인해 줬다. 분열 행위를 하지 말라는 소련의 비난에 다음과 같이 답하면서 말이다. "우리는 마르크스-레닌주의를 고수하는 모든 혁명가 동지들을 지지한다. 국제 공산주의 운동에서 우리는 수정주의자들과도 접촉하는데, 마르크스-레닌주의자들과 접촉해선 안 될 이유는 뭔가?"[119] 중국에게 마오쩌둥주의 친화적 공산당들은 소수는 실질적 가치가 있었고 나머지도 홍보 기구로는 유용했다.

중국에게 가장 중요한 정당들은 일본·인도·인도네시아* 공산당으로, 모두 중국과 지리적으로 가까운 나라에서 대중적 지지를 받는 공산당이었다. 일본 공산당은 당원이 25만 명이 넘었고, 발행하는 일간신문의 일요판은 100만 부 이상 판매됐으며, 선거에서는 300만 표 이상을 득표했다. 일본 공산당은 처음에는 분명하게 중국에 동조했다. 1964년 일본 공산당 의원들은 마오쩌둥의 입장에 따라 일본의 핵실험 금지 조약 비준에 반대표를 던졌다. 그 후에 '일본의 소리'라고 불리는 작은 경향이 일본 공산당에서 분열해 나왔고 소련의 지지를 받았다. 그렇지만 일본 공산당은 중국의 노선을 오랫동안 따르지는 않았고, 일찍이 1966년에는 소련을 비난하는 선언문에 서명하기를 거부했다. 일본 공산당은 소련과 중국 둘다에 독립적이었다. 비록 1967년 11월 16일 〈런민르바오〉가 일본 공산당 지도자 노사카 산조와 미야모토 겐지를 "소련 수정주의자들의 발을 핥는 자들"이라고 묘사했지만 말이다. 1971년 일본 공산당 지도자들은 소련 공산당의 24차 당대회에 참석해 두 당의 관계를 증진하기로 합의했다고 발표했다.

---

* 인도네시아 공산당의 정책과 운명에 대해서는 12장을 보라 — 지은이.

인도 상황은 훨씬 더 복잡했다. [1962년] 인도와 중국의 국경분쟁이 일어났을 때 인도 공산당이 자국을 전적으로 지지하면서 인도 공산당의 분열은 예정된 것이나 다름없었다. 예컨대 인도 공산당은 다음과 같이 말하는 전단을 발행했다.

어느 사회주의 나라가 우리나라를 공격할 때 조국을 방어할 우리의 도덕적 책임은 우리 동포들보다 크면 컸지 작지 않다. … 우리는 이 중차대한 순간에 모든 차이를 제쳐 놓고 공통의 국기 아래 단결해야 한다.

인도 공산당의 분열은 1964년 11월에 찾아왔다. 친소련 입장의 당내 우파는 인도 공산당이라는 당명을 유지했고, 집권당인 인도 국민회의와 선거에서 협력하며 점점 더 가까워졌다. 친마오쩌둥주의 입장의 분당파인 인도 공산당(마르크스주의파)는 당원의 다수를 획득해 나갔지만, 정치적으로는 좌파 개혁주의자부터 게릴라전 옹호자까지 온갖 경향을 포괄했고 이런 정치적 일관성 결여[의 문제]는 곧 분명하게 드러났다. 1967년부터 인도 공산당(마르크스주의파)는 점점 더 의회 지향성을 키우며 서벵골주와 케랄라주의 주정부에 들어갔다. 그러나 제 할 일을 전혀 하지 못하면서 결국 1972년 선거에서 참담하게 패배했다. 그 뒤 인도 공산당(마르크스주의파)는 중국한테 절연을 당했고 그 후에는 소련 지지로 돌아섰다(특히 1968년 소련의 체코슬로바키아 침공을 두고 그랬다). 그러다가 소련과 중국 사이에서 줄타기하는 입장을 채택했다.

인도 공산당(마르크스주의파)의 정치적 비일관성은 결국 분열로 이어졌다. 중국한테 절연당하고 의회적 활동에 관여하는 일이 점점 많아지는 상황에서, 즉각적 무장투쟁을 강조하는 중국의 노선을 따르는 다양한 집단이 떨어져 나갔다. 1969년 이 집단들 일부가 인도 공산당(마르크스-레닌주의파)를 만들었다. 이들은 흔히 낙살라이트라고 불렸는데 초기 기반이 서벵골주의 낙살바리 농민들이었기 때문이다. 인도 공산당(마르크스-레닌주의파)에 입당하는 사람들은 주로 [서벵골주의 주도] 캘커타[지금의 콜카타]의 지식인층이었다. 인도 공산당(마르크스-레닌주의파)의 전략은 처음에는 농촌 게릴라전이었다가 나중에는 캘커타 거리에서 벌이는 '적색 테러'로 바뀌었다. 그 결과는 무지막지한 탄압과 사기 저하였다.

다른 곳을 보면, 중국은 전략적으로 중요하지 않은 나라들의 소규모 분파(흔히 한 나라에서 여러 분파)나 소규모 공산당만을 획득했는데, 예컨대 당원이 400명밖에 안 되는 뉴질랜드 공산당이 있었다. 선진 자본주의 나라에서 마오쩌둥주의가 조금이라도 실질적으로 전진한 곳은 이탈리아가 유일했다. 이탈리아에서 마오쩌둥주의는 학생들과 공산당 내 여러 부문에 넓게 퍼졌다.

다른 나라들에서 마오쩌둥주의의 역사는 비극적이기보다는 기괴했다. 마오쩌둥주의 친화적 경향은 1956년 이전의 순혈 스탈린주의와 단절한 적이 결코 없는 이들, 말뿐인 혁명주의에 열광하는 이들, 국제 공산당 운동이 1950년대부터 혁명적이지 않게 변모한 것을 혼란스럽게 이해하는 이들로 이뤄진 잡다한 무리를 끌어당겼다.

마오쩌둥주의는 국제 공산당 운동에서 혁명적 대안을 보여 주지 못했다. 그렇지만 그 운동의 지도권은 오로지 소련에만 있다는 주장을 완전히 산산조각 내기는 했다. 그래서 진정한 혁명적 경향들이 천천히 모습을 드러낼 수 있는 좀 더 개방적인 환경이 조성됐다.

동유럽의 위기

소련에 골칫거리를 안겨 준 '사회주의' 국가는 중국만이 아니었다. 소련은 1956년에 헝가리 노동자들을 분쇄해서 동유럽 국가들에 대한 헤게모니를 재확립했다. 그렇지만 이런 관계의 바탕에 깔린 긴장과 갈등은 해소되지 않았고, 1960년대 초 문제가 다시 심각해지고 있었다.

소련은 상품을 수출할 때는 서방보다 위성국들에 비싸게 팔았고 수입할 때는 서방보다 위성국들에서 싸게 구입하는 행태를 지속했다. 각 위성국들에서 자체의 경제가 발전하고 자체의 관료 집단이 단단히 자리 잡게 됨에 따라, 진정한 경제적 통합의 가능성은 점점 더 요원해졌다. 체코슬로바키아 관료들은 자국보다 산업화 수준이 낮은 다른 인민민주주의 국가들을 위한 자본재 공급처 구실을 하는 것에 갈수록 넌더리를 냈다. 루마니아는 1960년대 중반부터 나머지 동구권 나라들과 점점 더 거리를 뒀고, [1969년] 미국 대통령 닉슨의 방문뿐 아니라 폭스바겐의 공장 설립도 환영했다.

이와 함께, 동유럽 국가들은 모두 소련과 같은 종류의 경제문제들에 맞닥뜨렸다. 가장 명백한 징후는 성장률의 급격하고 지속적인 하락이었다. 그렇지만 경제 상황을 개선하려면 어쨌든 노동계급을 희생시켜야 했다. 그리고 체제가 곤경에서 벗어나도록 대가를 치르라는 요구를 받을 때 노동자들이 대응하는 방식은 동방이나 서방이나 놀라울 만큼 비슷하다.

그 결과 동유럽 정치에서는 유화정책과 탄압이 번갈아 나타나는 패턴이 특징으로 자리 잡았다. 공산당 지배의 첫 단계에 확립된 획일적이고 위계적인 관료 구조는 점점 효과가 떨어진다는 게 입증됐다. 그 체제가 밑에서 올라오는 정보의 피드백을 모두 막아 버렸기 때문이다. 그렇지만 경제 '개혁가'들은 꽉 짜인 관료 집단에 도전하길 원한다면 조직화해야 했고, 그러려면 관료 집단의 경계 너머에 있는 다른 부문, 특히 학생과 지식인 같은 중간계급의 일부는 물론이고 노동계급 일부의 지지도 얻어야 했다. 이를 위해서는 자유나 심지어는 사회주의(이때의 사회주의는 "인간의 얼굴을 한 사회주의" 따위의 듣기 좋은 말뿐인 위선이다)를 열정적으로 옹호하는 종류의 거짓 선동을 어느 정도 섞어 주장할 필요가 있었다.

그런 선동에는 위험이 따른다. 어떤 사람들은 그 약속과 주장을 액면 그대로 받아들이며 통제를 벗어나기 때문이다. 이 지점에 이르면 개혁파 관료들은 보통 자신의 진정한 계급적 이익이 어디에 있는지 깨닫고는 나머지 관료들과 어깨를 나란히 하고 노동자들과

학생들에게 분수를 지키라고 하기 마련이었다.

체코슬로바키아

지금까지 동유럽 사회의 동학을 매우 도식화해서 묘사했는데, 그 그림은 체코슬로바키아에서 일어난 사건의 배경을 이해하는 데 도움이 될 것이다. 체코슬로바키아 사건은 국제 노동운동에 엄청난 영향을 끼쳤다.

체코슬로바키아 경제는 1960년대 초에 심각한 위기에 빠졌다. 소련이 경기후퇴에 빠지고 [자본재를] 체코슬로바키아가 아닌 서방에서 수입하기 시작하면서 체코슬로바키아에는 급격한 경기후퇴가 찾아왔고 그 결과 5개년계획이 폐기됐다. 체코슬로바키아의 안토닌 노보트니 정권은 축적을 줄여 소비를 늘림으로써 단기적으로는 문제를 해결했지만, 장기적 해결책을 놓고는 체코슬로바키아 공산당 안에서 심각한 의견 대립이 일어났다. 이 대립은 원칙에 관한 것은 아니었다. 모두들 생산성과 기술 발전 속도의 향상 필요성에는 동의했다. 그러나 노보트니파는 당이 경제를 단단히 통제함으로써 그것을 달성할 수 있다고 여기는 반면, 경제학자 오타 시크가 이끄는 반대파는 분권화 조처('시장 원리')를 경제에 도입해야 한다고 여겼다.

1968년 1월 알렉산데르 둡체크가 노보트니를 대체해 체코슬로바키아 공산당 제1서기가 된 것은 개혁파의 승리였다. 둡체크는 스탈린주의에 반대한 기록이 없는 무색무취 실용주의자였다. 둡체크 지지자들의 정책은 사회주의나 노동계급의 이익과 아무런 관련이 없었다. 그들을 관통하는 요소는 효율성과 생산성이었다. 노동자들의 처지에서 볼 때 이는 관리자에게 생산성을 높일 새로운 동기가 생긴다는 뜻이었고, 실업의 위협이 커진다는 뜻이기도 했다.

체코슬로바키아 공산당은 1968년 4월 [실행]강령을 채택하며 효율성 향상을 위해 경제에 시장의 힘을 도입하자고 촉구했다. 그렇지만 사람들은 이 강령을 설명하는 다양한 문서에 담긴 계급적 내용보다 자유 이야기에 눈길을 사로잡혔다. 체코슬로바키아의 지식인과 학생은 로마·파리·베를린의 학생들을 휩쓸고 있던 것과 같은 비판 정신에 감염됐다. 더 중요한 것은 노동자들도 그토록 호언장담되는 자유가 자신들에게 적용될지를 궁금해하기 시작했다는 사실이다. 파업이 벌어졌다.

체코슬로바키아의 사태 전개는 분명 소련에 심각한 골칫거리가 되고 있었다. 둡체크는 또 다른 티토가 되는 길을 걷고 있고, 이 새로운 티토는 그렇게 쉽게 고립시킬 수 없을 터였기 때문이다. 게다가 모든 공산당들의 지도자로서 정통성이 통째로 흔들리는 참이었다. 그래서 1968년 8월 20일 밤, 네 위성국의 도움을 받은 소련군 병력과 비행기가 체코슬로바키아를 침공해, 느리지만 확실하게 질서를 회복하고 친소련 지도부를 재건하기 시작했다.

체코슬로바키아에 주둔한 소련군에 정면으로 맞선 것은 노동계급이었다. 노동자들의 규율과 조직 수준이 대단해서, 체코슬로바키아 공산당의 14차 당대회는 소련이 점령한 프라하 중심부의 한 공장에서 열렸다.

노동자들은 이제 둡체크와 한편이 돼 소련에 맞서고 있었다는 점에서 계급적 노선이 아니라 민족적 노선으로 싸우고 있었지만, 하나의 계급으로서 민족자결권을 일관되게 옹호할 수 있었던 것은 노동자들뿐이었다.

체코슬로바키아 사태의 국제적 영향

체코슬로바키아 사태가 국제 공산당 운동에 가한 충격의 수준은 1956년 헝가리 혁명과는 매우 달랐다. 그 차이는 공산당 운동이 그 12년 동안 얼마나 변모했는지를 보여 준다.

첫째이자 가장 중요한 변화는 서방 공산당들의 처지가 뿌리부터 달라졌다는 것이다. 1956년에 서방의 공산당들은 여전히 냉전으로 인한 고립에 시달렸고 국민 생활에 전혀 참여하지 못한 채 배제돼 있었다. 인기가 떨어지는 것은 큰 문제가 아니었다. 전쟁열과 언론의 비난으로 인기가 떨어지는 것은 당 밖의 요인으로 일어나는 일이었기 때문이다. 증오로 포위된 게토 안에 갇힌 공산당의 기층 투사들은 부르주아 언론이 체계적으로 거짓말을 한다는 상당히 그럴듯한 정당화 논리를 받아들였고 그래서 헝가리 사태에 대한 소련 측 설명에 꽤 쉽게 설득됐다.

1968년에는 여러 공산당이 게토를 벗어난 상태였다. 공산당들은 다양한 사회민주주의 정당과 정치적 동맹을 맺을 각을 재고 있었고 그래서 국익을 우선시하고 '소련 첩자' 노릇을 하지 않는다고 믿을 수 있는 존중할 만하고 신뢰할 만한 조직으로 보이려 애쓰고 있었다. 어떤 공산당들은 시선이 아예 정부 참여에 꽂혀 있었다. 소련을 지지하면 이런 기회가 날아가 또 언제 찾아올지 모를 일이었다.

둘째, 핵 외교의 시대에 접어든 소련은 형제 공산당들이 보내는 지지가 절실하지는 않은 처지가 됐다. 물론 그런 의리가 지켜진다면 유용하겠지만 서방 공산당들을 방어선으로 삼아 의존해야 할 처지는 전혀 아니었다. 게다가 소련이 프랑스 공산당과 이탈리아 공산당이 각국의 정치권 주류로 복귀한 것을 환영한 사실을 보면, 소련이 각국 공산당들의 독자적 행보를 그렇게 불쾌하게 여기는 것은 아닌 듯도 했다.

셋째, 체코슬로바키아 사태의 계급적 성격은 분명했다. 부르주아지는 자기 계급을 기가 막히게 알아보는데, 둡체크와 시크의 뺀질한 상투어는 얼굴이 거칠고 이름이 없는 부다페스트의 프롤레타리아와는 전혀 딴판이었다. 둡체크가 내세우는 "인간의 얼굴을 한 사회주의" 이미지는 중간계급의 지지를 얻는 데 안성맞춤이었다.

소련은 공산권 내에서는 아주 큰 어려움을 겪지 않았다. 소련 내의 몇몇 개인이 시위를 하고 전단을 뿌렸지만, 쉽게 처리됐다. 북베트남은 (2주 정도 뒤에) 소련의 행위를 긍정하는 짧은 성명을 발표했다. 분명히 북베트남은 무기 수급이 위태로워지는 것을 원치 않았고, 어쨌든 그들의 입장에서는 "미국 제국주의자와 서독 보복주의자"를 비난하는 것이 꽤 그럴듯해 보였음이 틀림없다. 피델 카스트로는 다소 모호하지만 소련을 편든다는 것은 확고한 내용의 긴 연설을 했다. 카스트로 역시 소련 친구들의 기분을 상하게 할 여력이 없었다. 쿠바와 베트남의 행보는 쿠바와 베트남이 제국주의에 맞선 최전선에서 싸울 수밖에 없으므로 어쨌든 사실상 스탈린주의와 단절했다고 여기는 이들에게 깊은 실망을 안겨 줬다.

중국은 예상대로 소련에 반대하고 나섰지만, 체코슬로바키아인들에 공감한다는 말은 전혀 하지 않았다.

비공산권 세계의 공산당들에게 체코슬로바키아 사태는 깊은 상처를 남겼다. 체코슬로바키아 사태는 그저 멀리 떨어진 어느 동유럽 나라의 일만은 아니었다. 공산당의 구실 자체와 관계 있는 것이었다. 즉, 소련의 스탈린주의 대변인이 될 것인지 아니면 자국 부르주아지의 식탁에서 떨어지는 부스러기를 받아먹으려는 사회민주주의 정당이 될 것인지를 결정하는 문제였다. 이 점을 이해해야만 왜 체코슬로바키아 사태가 베네수엘라처럼 참으로 엉뚱한 곳의 공산당이 전면적 위기에 빠지는 일을 일으켰는지 이해할 수 있다.

일반적으로 말해, 이때 소련 노선을 지지하는 공산당은 (망명 정당의 경우처럼) 소련의 원조에 특별히 의존하거나 자국에서 실질적 기반이 없는 당, 그래서 소련과 연결된 탯줄을 잘랐다가는 존재 근거가 통째로 사라질지 모를 처지의 조직이었다.

이탈리아 공산당이 [소련의 행위에] 날카롭게 반감을 표한 것은 그저 이전 정책의 연장 정도로 볼 수 있지만, 프랑스 공산당이 약간 머뭇거리면서도 소련을 비판한 것은 전례 없는 행보였다. 프랑스 공산당은 자타 공인 심복 중 심복이었기 때문이다. 프랑스 공산당의 선언이 마지못해 발표한 것이라는 인상을 주고 비판에 단서가 많이 달린 것은 맞다. 그럼에도 프랑스 공산당은 양극단 사이에서 줄타기해야 했고 그 와중에 희생자가 생긴 것도 사실이다. 한편으로는 프랑스 공산당 지도자 모리스 토레즈의 아내 자네트 베르메르슈가 소련과 관계를 끊는 것을 못마땅해하며 중앙위원회에서 사임했다. 다른 한편으로는 둡체크에 끝 간 데 없이 열광하며 중간계급에 구애하는 전략을 제기한 로제 가로디는 당에서 쫓겨났다.

영국 공산당은 전에도 흔히 프랑스 공산당을 따라 정설 입장을 택했듯이 이번에도 프랑스 공산당을 따라 이설 입장을 택했다. 비록 평당원과 여러 노동조합 투사들은 소련에 충성하던 시절과 정력적인 공장 내 활동을 동일시하는 친소련 소수파를 이루고 있었지만 말이다.

소련은 이런 비판에 염려하면서도 심하게 불안해지는 않았다. 소련은 기본으로 공산당들을 달래려 애썼고 1969년 여름에 열릴 세계 공산당 대회에서 공산당 운동을 재정비할 수 있기를 바랐다. 그런데 서유럽의 공산당 하나가 실질적 위험으로 나타났다. 바로 오스트리아 공산당이었다. 체코슬로바키아와 국경을 맞대고 있고 체코슬로바키아 정치권과 꾸준히 접촉하는 오스트리아에서 반소련 공산당이 등장한다면 상처가 진짜로 썩어 들어갈 수도 있었다. 소련은 오스트리아 공산당이 결정을 뒤집도록 하기 위해 돈을 쏟아부었다. 친소련 성향의 잡지 2종이 등장해 노선 변경 캠페인을 벌였다(그중 하나는 반소련 경향의 지도자들을 공격하는 특별호를 두 번 발행한 후 발행을 중단했다). 1969년 10월 오스트리아 공산당은 결정을 뒤집었고, 매우 저명한 지식인이자 베테랑 당원인 에른스트 피셔가 쫓겨났다.

1969년 6월 모스크바에서 열린 세계 공산당 대회에서 소련은 공산당 운동을 재정비하는 데 제한적으로 성공했는데 오로지 합의 수준을 매우 낮게 떨어뜨린 덕분이었다. 이 대회에는 전 세계 공산당 92개 중 75개가 참가했다. 그중 12개 공산당은 대회가 채택한 꽤 모호한 내용의 성명을 완전히 지지하지는 않았고, 체코슬로바키아 공산당은 반제국주의 투쟁을 다룬 주요 문서에 이름을 올리지 않았다.

1970년 폴란드

체코슬로바키아에서 친소련 관료들은 재건됐고 둡체크 지지자들은 천천히 그러나 확실히 제거됐다(그보다 더 급진적인 사람들은 말할 것도 없다). 그렇지만 동유럽 경제에 내재한 위기는 사라지지 않았고, 위기가 계속 되풀이해 터졌다. 1970년 폴란드에서는 경제계획을 뒷받침할 투자가 부족했고, 그래서 늘 그렇듯 노동자들이 대가를 치러야 했다. 그러기 위해 채택된 방안은 가격 개혁으로, 노골적으로 노동자들의 생활수준을 떨어뜨리기 위해 고안된 것이었다. 기초 생필품 가격은 급격히 오른 반면 사치품은 싸졌다. 그 결과 노동계급의 분노가 폭발했다(보도에 따르면 파업과 시위뿐 아니라 공장점거까지 일어났다). 1956년 권좌에 올랐던 고무우카는 등 떠밀려 사임했고, 후임자 기에레크는 직접 슈체친 조선소를 방문해 파업 노동자들과 협상해야 했다. 노동자들은 가격 인상 철회 같은 순전한 경제적 요구를 넘어서서 노동조합과 당 조직에서 자유선거 실시, 경제 상황에 대한 투명한 정보 공개까지 요구했다. 유고슬라비아에서도 학생과 노동자의 불만이 커졌다.

결론

동유럽에서 위기가 거듭 터질 때마다, 폴란드의 반대파 쿠론과 모젤레프스키가 1965년 《혁명적 사회주의 선언》에 쓴 다음과 같은 진술이 옳다는 것이 훨씬 더 분명해졌다.

경제 위기가 현재의 생산관계 틀 내에서 극복되지 못함에 따라, 사회 위기 일반도 지배적 사회관계가 부과하는 한계 내에서 극복되지 못하게 된다. 유일한 해결책은 지배적 생산관계와 사회관계를 전복하는 것이다. 발전하려면 혁명이 필요하다.[120]

이렇듯 1970년대 초 공산주의 진영의 모습은 1950년대 초와 매우 달랐다(사실 하나의 진영이라고 말하는 것조차 거의 불가능했다). 1950년에는 공산당들이 모두 한목소리를 냈고 티토 같은 이단자는 교황청이 이단자를 파문하듯이 소련에게 파문당했다. 그러나 1970년대에는 소련 공산당과 경쟁하는 공산당이 6개나 됐고, 모두 자신이 정설이며 '마르크스-레닌주의'를 물려받았다고 주장했다. 공산당들은 이데올로기가 아니라 전술적 필요에 따라 이합집산을 했고, 그래서 예컨대 1971년에는 중국과 루마니아가 다소 뜻밖으로 동맹을 맺기도 했다.

이제 다중심주의가 걷잡을 수 없이 전개되고 있었다. 이것이 서방과 저개발국에 끼친 영향은 엄청났다. 중소 분쟁과 체코슬로바키아 침공은 거대한 변화를 일으켰다. 그렇지만 장기적으로 훨씬 더 중요한 것은 공산당들이 동일시할 곳, 조언을 구할 확고한 지도부가 완전히 사라졌다는 것이었다. 구식 스탈린주의는 빠르게 성가시고 곤란한 것이 되고 있었다. 사회민주주의로의 이행은 거의 완성됐다.

12장
아시아와 라틴아메리카

1960년대 저개발국들의 처지는 그 전과 달라진 것이 없었다. 경제 발전이나 생활수준 향상이 실질적으로 이뤄지리라는 전망이 보이지 않았다. 아프리카·아시아·라틴아메리카의 많은 나라 혁명가들이 쿠바와 알제리에서의 승리를 [자국에서] 재현하기를 바라며 게릴라전을 시작했다. 그러나 성공 사례는 극히 적었다. 게릴라전의 지도 세력은 보통 프티부르주아, 그중에서도 지식인이었다. 그들은 농민을 기반으로 삼으려 했으나 흔히 허사로 돌아갔다. 소수 나라 (남서아프리카[현재의 나미비아]와 볼리비아)에서 잠시 동안만 노동계급이 일정한 구실을 했다.

소련의 [저개발국] 전략은 계속 민족주의 지도자들과 직접 동맹을 맺는 것이었고, [현지] 공산당에게는 기껏해야 부차적 구실이나 하라는 것이었다. 그렇지만 1960년대에 저개발국들에서 소련의 이익에 많은 차질이 생겼다. 가나의 은크루마와 알제리의 빈 벨라 등 소런이 "혁명적 민주주의자"로 분류한 여러 지도자가 소련에 덜 친화적인 세력에 의해 전복됐다. [이집트의] 나세르는 자기편한테 효과적 도움을 전혀 받지 못한 채 이스라엘과의 전쟁에서 크게 패배했다. 북베트남조차 소련이 미국의 북베트남 폭격을 세력권에 관한 현상 유지의 침해로 인정하기를 꺼리는 상황에서 수년간 재앙 같은 폭격을 견뎌야 했다.

그 결과 소련은 저개발국들에서 신뢰를 많이 잃었다. 이는 중국 노선이나 쿠바 노선의 지지자들에게 얼마간 유익했다. 실제로 미국의 네이팜탄과 총알을 마주하고 있는 것은 그들이었지 친소련 공산주의자들이 아니었기 때문이다.

베트남

베트남에서 1960년대 중엽에 터진 전쟁을 이해하려면 1954년으로 되돌아가야 한다. 그해에 동서 화해 움직임이 시작된 데다가, 프랑스는 [디엔비엔푸 전투에서 패배해] 베트남을 더는 지배할 수 없게 됐다. 이는 제네바 회담의 개최로 이어졌고 7월에는 제네바 합의가 체결됐다.

이 합의는 북위 17도를 따라 꽤 임의로 선을 그어 베트남을 넓이가 비슷한 두 지역으로 임시로 나누기로 결정했다. 나라를 재통일할 선거는 2년 안에 치르기로 했다. 그사이에 두 임시 체제(공산당이 지도하는 북베트남과 사실상 미국의 꼭두각시인 응오딘지엠 치하의 남베트남)는 군사력을 증강하거나 타국과 군사동맹을 맺지 않기로 했다.

비록 베트남 공산주의자들은 프랑스를 상대로 위대한 군사적 승리를 거뒀지만, 정치적으로 중대한 양보를 하기도 했다. 타협하라는 압력을 넣은 것은 주로 중국이었다. 〈타임스〉가 여러 해 뒤(1972년 7월 13일)에 보도한 바에 따르면 "저우언라이는 1954년 베트남한테 제네바 합의의 체결을 위해 양보하라고 설득한 자신의 행위는 잘못이었고 지금은 그때보다 현명하다고 말했다." 제네바 회담 당시 베트민은 거의 나라 전체를 통제했다. 베트민은 확실히 베트남인 압도 다수의 정치적 지지를 받았다. 누구나 인정하는 반공주의자인 미국 대통령 아이젠하워는 회고록에 다음과 같이 썼다.

나와 이야기하거나 편지를 주고받은 인도차이나 전문가들은 하나같이 만약 교전 행위가 계속되던 와중에 선거가 실시됐다면 아마 인구의 80퍼센트가 호찌민에게 투표했을 것이라고 입을 모았다.[121]

만약 다른 일이 없었다면 남베트남 공산주의자들은 십중팔구 다른 나라 공산주의자들처럼 평화공존 정책을 고분고분 따랐을 것이다. 남베트남 공산주의자들이 응오딘지엠의 독재 정권에 맞서 투쟁을 재개할 수밖에 없었던 쟁점은 토지문제였다. 응오딘지엠이 토지개혁이랍시고 내놓은 것의 실상은 베트민이 농민에게 나눠 줬던

땅을 지주에게 되돌려 주는 것이었다. 이 지주들의 다수는 제네바 합의 이후 북베트남을 떠나 남베트남으로 온 [과거 프랑스의 지배를 지지한] 가톨릭계였다. 응오딘지엠의 토지'개혁'은 크게 성공해서 인구의 3퍼센트도 안 되는 지주들이 토지의 거의 절반을 소유하게 됐다. 농민의 저항은 강경한 탄압에 부딪혔고, 약속된 선거는 결코 열리지 않았다.

남베트남 공산주의자들은 1950년대 내내 명확한 전략이 없는 듯했다. 베트남 공산당 자체가 쪼개져 있었고* 북베트남에서 통일성 있는 노선이 내려오지도 않았다. 북베트남 지도자들은 남베트남의 해방보다 북베트남 경제의 안정과 강화에 더 관심이 있었다. [남베트남 공산당은] 사회적·정치적 정책과 긴밀히 연결된 무장투쟁도, 토지개혁을 위한 일관된 노력도 하지 않았다. 1960년 9월이 돼서야 북베트남 공산당은 무장투쟁과 남베트남 해방을 공식 요구로 채택했다. 북베트남 지도자들은 남베트남 민중의 투쟁을 선동하기는커녕 수치스럽게도 그들의 투쟁을 지지하기를 망설이는 잘못을 저질렀다.

1965년 직전까지도 북베트남의 기여는 매우 제한적이었다. 미국이 북베트남을 폭격하기 시작한 1965년 2월 미국의 추산에 따르면 남베트남에서 싸우고 있던 남베트남민족해방전선 병력의 5분의 1

---

* 제네바 합의 이후 베트남 공산당은 당대회를 열어 북베트남 공산당과 남베트남 공산당으로 분립하기로 결정했다.

만이 북베트남에서 왔고, 그나마도 그들의 다수는 1954년에 북으로 갔던 남베트남인(대개 탄압을 피해 탈출한 베트민)이었다. 마찬가지로 사이공에서 근무한 미국 고위 공무원이 1965년에 추정하기를, 북베트남의 군사적 지원이 중단된다면 "베트콩은 약화되겠지만, 미국 국방부 건물의 에어컨이 고장 나 생기는 업무 효율의 하락 정도일 것"이었다.[122] 심지어 북베트남에 폭격이 시작된 후에도 남베트남민족해방전선과 북베트남은 정치적 입장이 달랐는데, 남베트남민족해방전선은 미국이 완전히 철수해야 협상할 수 있다고 주장했지만 북베트남은 미국이 언젠가 철수한다는 약속을 하면 족하다고 봤다.

북베트남 사람들은 인명과 생계수단에 대한 공포스러운 폭격이 계속되면서 거대한 고통을 겪었지만 [제2차세계대전 때] 독일의 공습이 처칠과 영국 연립정부를 강화한 것처럼 베트남전쟁도 북베트남 정권을 강화했다.

남베트남민족해방전선은 노동계급 조직이라는 시늉조차 하지 않았다. 오히려 남베트남민족해방전선은 순전히 민족주의적인 요구들과 모든 사회 계급의 단결을 항상 강조했는데, 1961년 강령의 주요 항목을 보면 알 수 있다.

Ⅰ. 미국 제국주의자들의 위장한 식민 정권과 미국의 하수인 응오딘지엠의 독재 권력을 타도하고 민족·민주 연합 정부를 수립한다.
Ⅱ. 대체로 자유주의적이고 민주적인 정권을 수립한다.

III. 자주·자립 경제를 수립하고 인민의 생활 조건을 개선한다.

IV. 지대를 낮추고, 경작자에게 토지를 넘겨주는 것을 목표로 농지개혁을 시행한다.

V. 민족·민주 문화와 교육을 발전시킨다.

VI. 조국과 인민을 방어하는 데 전념하는 국군을 창설한다.

1967년 8월 남베트남민족해방전선의 임시 대회에서 채택된 새 강령에도 의미 있는 변화는 없었다. 새로운 강령은 다음과 같이 선언했다.

남베트남민족해방전선은 미국 제국주의자들과 그 하수인들에 맞서 함께 투쟁하고 신성한 국권을 되찾고 우리 자신의 국가를 건설하기 위해 모든 사회계층이, 모든 계급·민족·정당·조직·종교가, 모든 애국자와 진보주의자가 정치적 견해에 상관없이 단결할 것을 일관되게 옹호한다.

그리고 남베트남민족해방전선은 "국법에 따라 시민의 생산수단 소유권과 그 밖의 재산권을 보호하는 것"을 최우선으로 삼겠다고 맹세했다.

남베트남민족해방전선은 민족주의 강령, 용기와 투지, 남베트남 농민에 내린 실질적 뿌리 덕분에 미국 제국주의의 무력에 맞서는 보루로 설 수 있었다. 미국 공식 조사에 따르면 남베트남민족해방전선은 이미 1963년에 40개 성省 중 37개 성에서 적절한 세금 징수 체계를 유지하고 있었다. 게다가 남베트남민족해방전선은 미군 병사들에게 국제주의적 태도를 취해, 미군의 사기에 생긴 균열에서 득을 볼 수 있었다. 1971년 발표된 남베트남민족해방전선의 훈령은 산하 군대에 다음과 같이 지시했다.

개별적으로든 집단적으로든 본국 귀환을 요구하는 미군 병사, 상관의 명령에 불복하는 미군 병사, 인민해방군에 대한 적대 행위를 꺼리는 미군 병사, 사이공 군대를 돕거나 도우러 가는 것을 거부하는 미군 병사, 남베트남 인민의 재산과 생명에 해를 입히는 행위나 남베트남 인민의 내정에 간섭하는 행위나 티에우-끼-키엠* 도당에 맞서는 남베트남 인민의 투쟁을 방해하는 행위와 거리를 두는 미군 병사를 공격하지 마라.

그렇지만 남베트남민족해방전선은 민족주의 강령과 농민 기반 탓에, 남베트남 노동계급의 지지를 얻으려 애쓰지는 않았다. 미국의 전쟁 노력은 남베트남의 도시들로 사람들이 대거 유입되고 산업이 발전하는 것으로 이어졌다. 남베트남 노동계급은 전쟁 상황에서도 수동성에 빠져들지 않았다. 오히려 거대한 파업이 전쟁 내내 계속 벌어져 미군의 군사시설 건설이 지체되기 일쑤였다. 그러나 파업

* 남베트남 지배자 3명의 이름.

은 대체로 경제적 요구를 둘러싸고 벌어졌고, 남베트남민족해방전선은 파업과 연관 맺지 못했다. 1968년 2월 남베트남민족해방전선의 대공세 기간에만 도시 주민을 움직이려는 노력이 있었는데, 그마저도 일시적인 것이었다.

남베트남민족해방전선은 미국을 군사적으로 패퇴시킬 수는 없었다. 그러나 미국을 전쟁으로 얻는 것보다 잃는 것이 더 많은 처지로 빠뜨릴 수는 있었고, 그래서 미국은 전쟁에서 벗어날 방도를 찾을 수밖에 없었다. 이는 그 자체로는 미국 제국주의에 중대한 패배가 아니었다. 미국은 베트남에 걸린 특별한 이익이 없었고, 베트남 땅에서 얻으려 한 경제적 이득보다 더 많은 돈을 전쟁에 쓴 것은 확실했다.

그러나 정치적·심리적 측면에서 이는 해방 세력의 거대한 승리였고, 전 세계에 전율을 안겨 줬다. 서방에서 베트남은 신생 학생운동의 상상력을 사로잡았고, 학생운동의 발전에 거대한 부양력을 제공했다. 겉보기로는 베트남이라는 '먼 나라'의 문제가 경찰 폭력과 대학 규율 같은 [서방 학생들의] 더 즉각적인 쟁점을 둘러싼 충돌로 이어지며 학생운동의 정치화를 돕는 경우가 흔했다. [베트남전쟁이 서방의] 노동계급에 미친 영향은 더 약했지만, 노동자들의 정치의식 수준도 높아졌다. 일본에서는 1966년 가을에 400만 명의 노동자가 전쟁 반대 파업을 벌였고, 1967년 호주선원노조는 베트남으로 폭탄을 싣고 가는 두 상선 부나루호와 저패릿호에 인원을 배치하지 않기로 결정했다. 1920년대 이래 대체로 잊혀 있던 국제주의 전통이 서서히 부활하고 있었다.

그렇지만 가장 심대한 영향을 받은 곳은 제국주의의 중심지 미국이었다. 정치체제 전반에 대한 거대한 불만이 학생들(그중에는 차세대 지배자·관리자가 될 수련생도 있다)에게 영향을 미쳤다. 그리고 베트남은 무엇보다 당시 성장하고 있던 미국 흑인들의 투쟁에 중요한 영향을 끼쳤다. 흑인들은 무의미하고 해로운 전쟁으로 큰 고통을 겪었다. 흑인은 미군 병력의 13퍼센트를 차지했지만, 사상자의 18퍼센트가 흑인이었고, 장교의 3.4퍼센트만이 흑인이었다. 1971년 설문 조사에서 흑인 병사의 거의 50퍼센트는 미국으로 돌아가면 흑인 평등권을 위해 무기를 들고 싸우겠다고 답했다.[123]

역설이게도, 베트남 해방운동은 공산당이 이끌었지만 다른 나라 공산당들은 연대 운동에서 지도적 구실을 하지 못했다. 공산당들은 "광범한 단결"이라는 평소 전략을 가지고 평화, 협상, 유엔 지지를 주장했다. '남베트남민족해방전선에 승리를'이라는 구호를 반대했고 심지어는 미군 즉각 철수 요구도 반대했다. 어떤 곳에서는 시위대가 든 남베트남민족해방전선 깃발을 공산당원들이 완력을 써서 빼앗아 찢어 버리는 일도 있었다. 유럽 등지의 공산당들이 처음으로 다른 좌파들에 밀린 것이 바로 베트남 쟁점이었고(다만 노동자가 아니라 학생과 청년 사이에서), 이에 따라 혁명가들이 20년 만에 처음으로 대중적 기반을 얻게 됐다.

인도네시아

국제 공산당 운동이 1930년대 이래 최악의 재앙적 패배를 겪은 곳도 아시아였다. 인도네시아에서 1955년 열린 첫 총선 결과 수카르노가 정권을 잡았는데, 그는 1930년대부터 활동한 급진적 민족주의자였고 일본의 후원을 받는 전시 행정부의 수반을 지낸 적이 있었다. 수카르노는 5가지 원칙인 판차실라를 내세워 통치했는데, 이는 다음과 같았다. 유일신에 대한 믿음, 인도주의와 국제주의, 민족주의와 애국주의, 민주주의, 사회정의.

수카르노는 인도네시아 공산당의 지지를 받았다. 수카르노는 1965년 여름에 열린 인도네시아 공산당의 창당 45주년 기념식에 참석해, 공산당이 "인도네시아 [독립] 혁명의 완수에서 엄청 중요한 요인"이었다고 연설했다.

인도네시아 공산당이 따른 전략은 중국 공산당이 1927년 학살 이전에 장제스에 대해 추구한 전략과 본질적으로 같았다. 인도네시아 공산당과 수카르노의 동맹은 중국에서보다 훨씬 더 오래 지속됐으나 최종 결과는 비극적이게도 매우 비슷했다.

인도네시아 공산당의 수카르노 지지는 그저 전술이 아니었다. 그들은 마르크스주의를 통째로 수정하면서까지 그것을 정당화했다. 인도네시아 공산당 지도자 D N 아이디트는 1965년에 다음과 같이 썼다.

현재 인도네시아공화국의 국가권력은 적대적인 두 세력으로 이뤄져 있다. 하나는 인민의 이익을 대표(하며 인민을 지지)하고 다른 하나는 인민의 적의 이익을 대표(하며 인민을 반대)한다. 인민을 지지하는 편은 나날이 더 강력해지고 있으며, 인도네시아공화국 정부는 혁명적 반제국주의 조치까지 받아들였다.[124]

국가가 억압자와 피억압자 둘 다의 이익을 담을 수 있다는 이런 견해는 다소 기이한 판단으로 이어졌다. 인도네시아 공산당의 최고 지도자 중 한 명인 루크만 뇨토는 [1965년에 군부 쿠데타로 체포돼] 죽기 단 며칠 전에 어느 기자에게 다음과 같이 말했다.

인도네시아 공산당은 인도네시아 군대가 제국주의 국가의 군대나 지금 인도의 군대와는 다르다고 항상 생각했습니다. 창군의 역사 면에서도, 제국주의와 봉건제에 맞선다는 임무 면에서도, 병사가 대부분 농민과 노동계급이라는 구성 면에서도 다릅니다.[125]

(군대의 성격을 병사들의 출신 계급을 기준으로 규정할 수 있다는 생각은 또 다른 환각적 관점들이 들어설 문을 열어 준다.)

인도네시아 공산당은 수카르노가 선거를 폐지하고 '교도[敎導: 가르쳐서 이끄는] 민주주의'로 대체하면서 만든 임명제 의회에서 의석(261석 중 60석 정도)을 받아들였고, 당원들은 군사 안보를 제외한 모든 국가기관에 임명됐다. 아이디트는 은행가협회에서 "경제 건설에 참여하는 민족 자본가 세력"을 지지한다고 선언하는 연설까지 했다.

물론 인도네시아 공산당은 투쟁적 면모도 있었다. 그렇지 않았다면 별 구실을 못 하는 무가치한 세력이었을 것이다. 그렇지만 인도네시아 공산당의 투쟁성은 외국의 대상으로 향하는 것이었다. 예컨대 1964년 인도네시아 공산당의 영향을 받는 노동조합들은 인도네시아 내 영국 기업들을 몰수하라는 운동을 크게 벌여 꽤 성공을 거뒀고, 미국 영화·음악 등을 금지하라고 요구하며 반미 데마고기 노선을 발전시켰다.

인도네시아 공산당은 반제국주의적 미사여구를 쓰고 국가기구와 연계된 덕분에 커다란 인기를 누렸고 당원 수가 대폭 증가했다. 1952년 당원 수는 1만 명에 불과했지만, 그해 열린 당대회는 6개월 안에 당원 수를 10만 명으로 늘리자고 결정했다. 인도네시아 공산당은 1955년 선거에서 600만 표(전체의 16.4퍼센트) 이상을 득표했고 1965년에는 당원이 300만 명이라고 주장했다. 인도네시아 공산당과 연계된 노동조합은 조합원이 350만 명, 농민회는 300만 명, 여성 조직은 150만 명, 청년 조직은 200만 명이라고 밝혔다. 이 수치들은 과장된 것일 테지만, 인도네시아 공산당이 전 세계의 집권하지 않은 공산당 가운데 가장 컸다는 주장은 거의 틀림없이 사실이었다.

인도네시아 공산당의 강령은 공산당이 대중정당이자 동시에 간부정당이라고 주장했다. 그렇지만 인도네시아 공산당이 당원들에게 제공한 마르크스주의 교육이라는 것은 D N 아이디트가 1959년에 말한 것을 볼 때 과연 마르크스주의적인 것인지 대단히 의심스럽다.

진정한 혁명가가 되려면 여러 나라 저술가들의 글을 공부해야 합니다. 인도네시아 혁명의 지도적 인물들이 쓴 저작, 특히 수카르노의 《독립 인도네시아를 위해》와 《인도네시아는 고발한다》를 공부하고 이해하지 않은 사람은 오늘날의 조건에서 의식적 혁명가가 될 수 없습니다.[126]

인도네시아 공산당은 정부의 파업 금지 조처에 항의하지 않았다. 정부 지지 노선과 충돌하는 것이었기 때문이다. 한번은 사회당원들이 조직한 파업을 고의로 파괴하는 일도 있었다. 인도네시아 공산당은 1959년 농민 총회를 소집한 후에 6 대 4 슬로건을 당 농민 강령의 주요 항목(인도네시아 인구의 80퍼센트가 농민이었다)에 집어넣었다. 이는 소작인과 지주의 몫을 6 대 4로 정하는 운동을 벌이겠다는 뜻이었다.[127] 그리고 수카르노의 토지개혁이 제대로 시행되지 못하고 농민들이 스스로 토지를 나눠 가지려 했을 때 인도네시아 공산당은 농민들의 움직임을 모두 반대했다.

중소 분쟁이 공공연해지자 인도네시아 공산당은 중국 편에 섰다. 단지 지리적으로 중국과 가깝기 때문은 아니었다. 수카르노의 외교 정책이 중국의 이익과 잘 맞았고 인도네시아 공산당은 그 상황이 유지되길 간절히 바랐다는 사실 때문이었다. 중국은 인도네시아 공산당의 국내 정책에는 십중팔구 신경 쓰지 않았는데, 이는 중국이 소련과 논쟁하며 한 많은 주장들과 명백히 충돌하는 것이었다. 한편 소련은 인도네시아 군대에 현대식 장비를 공급했는데, 이는 곧 인도네시아 공산당을 향해 사용될 운명이었다.

결정적 순간은 1965년 '9월 30일 운동'이 이끈 쿠데타(실제로는 10월 1일 새벽에 일어난 쿠데타)와 함께 찾아왔다. 이는 소수의 급진적 장교들이 상급 군 지휘부를 파괴하려 한 운동이었다. 인도네시아 공산당 지도부는 이 반란을 명시적으로 승인하지는 않았으며, 인도네시아 공산당 신문의 논평은 모호했다(적대적이지도 않았다). 그렇지만 기층 당원의 상당수가, 특히 청년 당원들이 그 운동을 지지했다. 이는 군부가 공산당을, 즉 오랫동안 증오했지만 제거할 수 없었던 세력을 공격할 구실과 기회가 됐다. 군부는 수카르노를 방어하기 위해 나선 것이라고 주장했고, 나중에야 그를 제거할 수 있었다.

그 결과 제2차세계대전 이후 가장 큰 학살 중 하나가 벌어졌다. 인도네시아 공산당의 고위 지도자들이 전부 처형됐다(건강 문제로 베이징에 있던 정치국원 1명만 살아남았다). 군부는 여기에 그치지 않고 농촌 마을에서 인도네시아 공산당의 기반을 파괴하려 나섰다. 살해당한 사람이 10만 명은 족히 넘었고 어쩌면 50만 명에 이르렀을 수도 있다. 군부는 다음과 같은 수법을 사용했다. 마을에 들어가서 촌장을 위협해 공산당원과 동조자의 이름을 모두 불게 만든다. 그 명단에 오른 사람들을 체포했다가 풀어 주면서 지독히 반공주의적인 기독교도와 무슬림 무리에게 정보를 흘린다. 감옥에서 풀려난 사람들은 곧바로 칼과 도끼로 난도질당했다.

학살이 지속되는 동안 전 세계 좌파는 거의 항의하지 않았다. 소련은 논평도 거의 내지 않았다. 자카르타에서 열린 '해외 군사기지 반대 세계 회의'에 참가한 중국 대표단은 인도네시아 동지들이 회의장에서 체포될 때 항의 한 번 없이 가만히 있었다. 영국 노동당 좌파는 [1968년에] 윌슨 정부가 '수에즈 동쪽'에서* 영국군을 철수시키겠다고 발표한 것에 갈채를 보냈는데, 그것을 가능케 한 유일한 요인이 무엇이었는지는 간편하게 잊어버렸다. 즉, 인도네시아 학살 덕분에, 말레이시아에 걸린 영국의 이익을 위협하는 중요한 반제국주의 세력이 제거됐다는 것을 말이다.

라틴아메리카

많은 유럽인들의 눈에 라틴아메리카는 1960년대의 혁명적 폭풍에서 중심이었다. 당시 일어난 투쟁들을 이해하려면 라틴아메리카의 사회구조가 아시아와 상당히 다르다는 점을 명심해야 한다. 값싼 노동력을 찾는 다국적기업들이 라틴아메리카에 광범한 산업화

---

* 수에즈 동쪽 영국의 주요 전략적 거점이었던 페르시아만부터 믈라카해협에 이르는 지역을 일컫는 말.

를 도입했고, 그래서 이 대륙의 많은 지역이 고도로 도시화돼 있으며 몇몇 나라는 인구의 60퍼센트 이상이 도시에 산다. 라틴아메리카 노동계급은 주도적 구실을 할 잠재력이 있다. 아직은 1969년 5월 아르헨티나 총파업처럼 짧게만 그 능력을 보여 줬지만 말이다.

라틴아메리카의 공산당들은 적어도 이론에서는 언제나 노동계급을 가장 중시한다고 강조했다. 비록 세계노동조합연맹의 라틴아메리카 지부인 라틴아메리카노동총동맹이 1964년 붕괴했지만, 공산당들은 노동운동 내에서 어느 정도 힘을 유지했다. 라틴아메리카에서는 브라질·칠레·아르헨티나·멕시코·쿠바의 공산당들이 가장 강했다.

라틴아메리카 공산당들은 두 측면에서 압력을 받아 왔다. 한편으로는 소련과의 연계가 더 중요해졌다. 소련이 1960년대 중반부터 라틴아메리카와 교역을 늘렸기 때문이다. 라틴아메리카 공산당들은 어떤 정권의 특징을 규정할 때 그 정권이 소련과 교역하고 싶어 하는지를 매우 중요하게 여겼고, 때에 따라서는 공산당이 스스로 무역협정을 주선하는 중개인으로 행동했다.

동시에 라틴아메리카 공산당들은 라틴아메리카 정치 내의 다양한 민족주의 조직과 관계를 맺어야 했다. 그에 따라 다양한 민중전선식 연합에 참여했다. 예를 들어 1971년 우루과이에서 결성된 광역전선FA은 기독교민주당까지 포괄할 정도로 폭이 넓었다. 베네수엘라 공산당은 처음에는 친미적이고 반공주의적인 로물로 베탕쿠르를 지지하다가, 베탕쿠르가 공산당에 폭력을 휘두르기 시작하고 나서야 방향을 바꿨다. 과테말라 공산당은 1966년 대통령 선거에서 악랄한 독재자 멘데스 몬테네그로를 지지하기까지 하면서, "지배계급 내의 모순을 첨예하게 만들고 독재의 정치적·사회적 기반을 약화시키기 위해서"였다고 변명했다. 이런 사례들이 보여 주는 바는 라틴아메리카 공산당들의 전략이 권력을 잡으려 투쟁하는 것이 아니라 기존 정권에 대한 압력단체로 활동하는 것이었다는 점이다. 몇몇 공산당은 무장투쟁도 벌였지만 그조차 대개는 협상의 토대를 놓기 위한 것이었다. 이런저런 독재자를 지지하는 정책 때문에 라틴아메리카 공산당들은 여러 차례 분열을 겪었다. 콜롬비아·베네수엘라·브라질·아르헨티나·볼리비아·페루 공산당은 모두 한번쯤 2개로 분열했고 멕시코 공산당은 한때 3개로 분열했다.

브라질

브라질 공산당은 1947년부터는 불법화됐지만 그래도 라틴아메리카에서 가장 강력한 공산당 중 하나였다. 1945년 선거에서는 70만 표(전체의 15퍼센트)를 득표했고, 1947년에는 당원이 20만 명이라고 밝혔다.

1961년 주앙 굴라르가 브라질 대통령이 됐다. 라틴아메리카의 기준에서 보더라도 굴라르는 딱히 좌파적인 인물이 아니었다. 그는 미국 대통령 케네디와 함께 1962년에 브라질 경제에서 민간 자본의 구실을 보호하기로 합의하는 공동선언에 서명했다. 그리고 브라질 농지의 겨우 9퍼센트에만 영향을 미치는 아주 온건한 토지개혁을 제안했다.

브라질 공산당은 이론 수준의 얘기를 할 때는 단서를 달기는 했지만, 전체로 보아 굴라르의 꽁무니를 좇는 입장이었다. 굴라르가 [1964년 쿠데타로] 실각한 이후 브라질 공산당 지도부는 다음과 같이 자기비판을 했다. "우리가 굴라르의 군사 기구를 신뢰한 것은 잘못이었음이 입증됐다. 당시 우리가 당과 대중에게 제시한 전망, 즉 손쉽게 즉각 승리하리라는 전망 또한 잘못됐다."[128]

비록 브라질 공산당이 1964년에 집권을 눈앞에 두고 있었다는 미국의 주장은 분명 근거 없고 과장된 것이지만, 공산당이 굴라르와 [우호] 관계를 맺어 얻은 게 상당히 많은 것은 사실이다. 노동조합 내에서 입지가 강화됐고, 많은 공산주의자들이 굴라르의 다양한 개혁 계획을 수행하는 정부 기구에서 한자리를 차지하게 됐다. 뉴욕에서 발간되는 [미국 공산당의 주간신문] 〈워커〉의 아트 실즈는 브라질 공산당의 베테랑 지도자 L C 프레스치스를 인터뷰해 1963년에 다음과 같이 보도했다.

거대한 변화가 브라질에 찾아오고 있으며 브라질 공산당은 그 변화의 그림 속에서 많은 몫을 차지한다. 브라질 공산당의 힘은 1960년에 견줘 2배로 강해졌다고 브라질 공산당 루이스 카를루스 프레스치스 사무총장은 말한다.

진보적 농민 조합의 조합원은 2년 전 5만 명에서 현재 60만 명으로 팽창했다. 브라질 공산당의 주력 사업인 평화운동은 대단한 전진을 이뤄 내고 있다. …

"브라질 군대의 병사들 사이에서 공산당과 그 밖의 민주적 세력의 영향력이 커지고 있습니다" 하고 그 자신이 한때 육군 대령이었던 프레스치스는 말한다.

이런 영향력은 반동적 군사 쿠데타의 위험으로부터 인민을 보호한다.[129]

1964년 4월 1일 미국이 조직한 군사 쿠데타가 굴라르 정부를 전복했다. 그렇지만 그저 외세의 개입만 비난할 수는 없는 것이 브라질 공산당은 쿠데타에 맞서 대중을 동원할 능력도 의지도 없었기 때문이다. 민족부르주아지든 노동자들이든 굴라르를 방어하기 위해 목숨을 걸고 거리로 나설 태세는 돼 있지 않았다.

새 군사정부는 반공 운동을 개시했고, 심지어 축구 대표팀조차 빨간색 유니폼을 입지 못하도록 금지했다. 쿠데타는 노동계급의 생활수준도 어마어마하게 공격했다. 국가임금정책위원회가 세워져 임금 인상을 통제했고 임금이 생활비보다 더 천천히 오르도록 만들었다. 미국 자본이 새롭게 '안정화된' 브라질에서 두 팔 벌린 환영을 받았다.

쿠바

　공산당의 정설 전략이 브라질에서 패배를 낳자 라틴아메리카의 여러 좌파가 대안을 찾으려 했다. 1960년대 동안 점점 이목을 끈 모델 하나가 쿠바였는데, 쿠바는 피델 카스트로가 이끈 게릴라 군대가 1959년 권력을 잡은 곳이다.

　쿠바 혁명의 지도자들은 공산주의자가 아니었다. 1959년 5월 21일 카스트로는 공개적으로 다음과 같이 선언했다. "세계가 직면한 엄청난 문제는 세계가 인민을 굶주리게 하는 자본주의냐 아니면 경제문제는 해결하지만 인간에게 매우 소중한 자유를 억누르는 공산주의냐 사이에서 선택해야 하는 딜레마에 빠져 있다는 점입니다."[130]

　그리고 쿠바 혁명은 농민에 기반을 뒀지만, 중국과 베트남에서 벌어진 대중적 농촌 투쟁과는 사뭇 달랐다. 쿠바 정권을 열렬히 지지하는 사람[로빈 블랙번]은 다음과 같이 썼다.

　이처럼 두 가지 점에서 [카스트로] 반란군의 성격을 규정하는 요소는 농민이었다. 반란군의 인적 구성과 그것을 지지한 사회적 환경이 모두 그랬다. 그렇지만 이렇게 말한다고 해서 반란군이 "쿠바 농민을 대표했다"는 뜻은 아니다. 반란군의 규모만 봐도 그리 말할 수는 없다. 반란군에는 모두 합쳐 1200명 정도의 농민이 있었는데, 쿠바의 농촌인구는 300만 명이다. 게다가 반란은 매우 특정한 지리적 영역, 즉 오리

엔테주의 낙후한 산악 지역에서 일어났다. … 이 산악 지역 농민은 쿠바 평지의 사탕수수 플랜테이션 농촌 프롤레타리아와는 경제·문화적으로 완전히 달랐다.[131]

쿠바의 도시 노동계급은 혁명 내내 상당히 수동적인 상태에 머물렀다. 1958년 4월에 게릴라 운동을 지지하는 총파업이 계획됐지만 실패했고 이는 도시에 거주하는 카스트로 지지자에 대한 극심한 탄압으로 이어졌다. 쿠바 공산당, 정식 명칭으로 인민사회당PSP은 파업의 성공을 위한 객관적 조건이 존재하지 않는다고 주장하며 당원들에게 파업을 지지하지 말라고 했다.[132]

그리고 카스트로가 권력을 잡기 전에 노동자들에게 한 약속 하나, 즉 실업 완화 조처로 설탕 공장에서 3교대 8시간 근무제 대신 4교대 6시간 근무제를 도입하겠다는 약속은 생산 증대를 위해 곧 흐지부지됐다.

쿠바 공산당은 혁명에서 의미 있는 구실을 전혀 하지 않았다. 쿠바 공산당은 오랫동안 독재자 바티스타를 지지했고, 제2차세계대전이 끝날 때는 공산당원 2명이 바티스타 정부에 들어가 일했다. 바티스타와의 이런 연계 덕분에 쿠바 공산당은 성장할 수 있었고 영향력을 얻을 수 있었으며, 1만 8000명 정도의 당원과 그럭저럭 탄탄한 노동조합 기반을 유지할 수 있었다.

비록 바티스타가 [1952년에] 배신하며 쿠바 공산당을 불법화했지만, 쿠바 공산당은 카스트로의 반란 운동과는 관계 맺지 않았다. 카스트로가 1953년 몬카다 병영 공격을 이끌었을 때, 쿠바 공산당은 다음과 같은 성명을 발표했다. "산티아고데쿠바와 바야모에서 두 군사령부를 장악하려 한 모험주의적 시도는 부르주아 정치 분파 특유의 쿠데타 노선이며 우리는 이를 거부한다."[133] 카스트로 세력이 최종 승리를 거두기 몇 달 전에야 쿠바 공산당은 카스트로와 만나 대화하기 시작했다. 쿠바 공산당이 혁명에서 별 구실을 하지 못한 것은 쿠바 공산당이 혁명 후 쿠바를 '사회주의'로 규정하는 것을 극도로 꺼리는 모습을 보이는 것으로 나타났다. 그랬다가는 사회주의가 공산당의 선도적 구실 없이도 수립될 수 있음을 인정하는 셈이라는 것을 분명하게 느꼈기 때문일 것이다.

혁명 후 쿠바 지도자들은 처음에는 명확하게 정리된 국제 전략이 없었다. 혁명의 주요 성공 요인 하나는 미국이 바티스타 정부를 떠받치는 개입을 하지 않았다는 사실이었다. 카스트로가 국내 경제정책을 발전시키기 시작하며 국가 개입을 사용해 기존의 경제적 이해관계에 도전하자, 쿠바에 자산이 있는 미국인들과 갈등이 생기기 시작했다. 그 후 쿠바 외교정책의 전개에 큰 영향을 미친 것은 바로 미국의 반응이었다.

1961년까지 쿠바의 외교정책은 순전히 전술적 고려에 기초한 것이었다. 체 게바라는 1961년 1월 6일에 연설을 하면서 도미니카공화국의 포악한 독재자 트루히요를 "이제 우리의 친구"라고 묘사했고, 1961년 8월 열린 미주기구 회의에서도 다음과 같이 말했다.

우리는 미국의 바람과 달리 우리의 사례가 수출되는 것을 막을 수 없는데, 왜냐하면 사례라는 것이 모든 국경을 뚫고 전해지는 뭔가 정신적인 것이기 때문입니다. 우리가 분명히 보장하는 것은 혁명을 수출하지 않는 것입니다. 소총 한 자루도 쿠바를 벗어나지 않을 것이며 단 하나의 무기도 다른 나라로 가지 않을 것이라 보장합니다.[134]

그러나 1960년 여름 미국 정부는 쿠바산 설탕을 구입하기로 한 협정을 파기했다. 한 달도 안 돼서 소련과 중국 둘 다 쿠바산 설탕을 구입하기로 협정을 맺었고, 그 둘은 다른 우방과 거래할 때처럼 미국보다 저렴하게 구입했다. 1961년 봄 미국 정부는 [쿠바인] 우파 망명자들이 쿠바를 침공하는 것[피그스만 침공]을 후원했다. 이는 커다란 계산 착오였는데, 미국은 카스트로가 쿠바에서 누린 대중적 인기를 제대로 알지 못한 것이다. 이는 쿠바를 소련의 품으로 더 밀어 넣었고, 쿠바에 소련 미사일 기지가 세워지는 것으로 이어졌다.

이데올로기가 경제적·군사적 고려에 딸려 왔다. 1961년 12월 2일 카스트로는 "나는 죽을 때까지 마르크스-레닌주의자일 것"이라고 선언하면서 이미 1953년부터 마르크스-레닌주의자였다고 주장했다.

카스트로 정권이 소련에 점점 더 의존하게 되는 것과 나란히 카스트로 지도부와 옛 쿠바 공산당 기구가 하나로 수렴됐다. 1961년 5월 모든 정당이 하나의 기구(통합혁명조직ORI)로 재편성됐고, 이 조직은 1965년 쿠바공산당PCC으로 이름을 바꿨다. 이 당은 강령이 없고 당대회를 한 번도 열지 않았으며 중앙위원회조차 매우 비정기적으로만 열린다.

쿠바에서 일어난 일이 뜻하는 바의 중요성은 쿠바에만 국한되는 것이 아니었다. '마르크스주의' 혁명이라는 것이 공산당의 참여 없이도 잘 수행된 것이다. 이는 공산당만이 진정한 혁명가들이며 혁명적 정통성을 담지한다는 주장에 대한 치명적 도전이었다.

쿠바는 미국 제국주의와는 갈라섰지만 중국과 마찬가지로 발전 문제를 해결하지 못했다. 소련은 정치적 이유로 쿠바와 경제적 유대를 맺을 수밖에 없었지만, 쿠바가 산업 강국이 되도록 허용할 관대함까지는 없었다. 오히려 소련은 쿠바를 원자재 공급처로 삼는 것에 관심이 있었다. 1963년에 쿠바 지도부는 자신들이 처음에 세운 산업화 계획이 실현될 수 없음을 깨달았다. 사실 1960년대를 거치면서 쿠바는 단일 상품(설탕)에 대한 의존도가 카스트로의 집권 전보다 훨씬 커졌다. 농업과 직접 연관된 산업 분야는 약간 발전했지만 다른 분야는 실제로 발전이 억제됐다. 노동력과 자원을 설탕 생산에 쏟아부어야 했기 때문이다.

그 결과 쿠바는 점점 생산을 숭배하다시피 하는 사회가 됐다. 소련의 스타하노프 시기에 나타난 여러 관행이 재현됐고 "도덕적 인센티브"나 "사회주의적 경쟁" 따위 이야기가 끊이지 않았다. 무엇보다 카스트로 지도부는 무장투쟁 시기의 사기와 정신이 꺼지지 않게 노력해야 했다. 카스트로가 1969년 10월 27일 다음과 같이 연설했듯이 말이다.

이것은 관리자나 지도자가 벌이는 싸움이 아닙니다. 모든 인민이 가담하는 싸움입니다! 그리고 모든 노동자는 (마치 적군의 공격을 마주한 군인이 그러듯이, 결정적 순간에 놓인 혁명적 투사가 그러듯이) 참호에서 소총 한 자루 쥐고 임무를 완수하는 병사처럼 느끼고 생각해야 합니다.

그렇지만 상냥한 설득만으로 쿠바 노동자들을 움직일 수는 없었다. 1969년이 되면 모든 노동자가 생산성, 출신 배경, 정치적 견해, 근무 기록이 적힌 카드를 소지하는 것이 의무가 됐고 이 카드 없이는 일자리를 구하거나 바꿀 수 없게 됐다.

쿠바의 외교정책

바로 이런 상황을 배경으로 두고 쿠바의 외교정책을, 그리고 그것이 요동치면서도 때로 혁명적 미사여구로 치장되는 것을 이해해야 한다. 카스트로는 중소 분쟁에 엮이지 않으려고 조심했다. 정치적으로야 제국주의에 맞서 싸울 필요성을 강조하는 중국 측에 훨씬 공감했을 테지만, 경제적으로는 소련에 의존해야 하는 처지였다. 실제로 카스트로는 1966년 초에 연설을 하면서 중국 정부를 공개비판했는데, 그해에 쿠바로 오기로 한 쌀이 1965년보다 줄어들 전망이었기 때문이다. 그와 동시에 카스트로는 과테말라의 게릴라 단체인 11월13일혁명운동MR-13이 "트로츠키주의"로 의심된다고 비난했다. 카스트로가 11월13일혁명운동 안에 한 줌밖에 안 되는 제4인터내셔널 후안 포사다스 분파 지지자들의 존재가 상당히 위협적이라고 염려해서 그런 것 같지는 않다. 그보다는 십중팔구 소련과 쿠바의 스탈린주의자들에게 보내는 우호적 제스처였을 것이다.

그렇지만 쿠바는 여러 문제들의 무게에 밀려 더 좌파적인 입장으로 나아가게 됐고, 그 절정은 1967년 8월 아바나에서 라틴아메리카연대기구의* 회의를 개최하는 것이었다. 여기서 쿠바 지도자들은 라틴아메리카 전역에서 게릴라 전쟁을 벌이자고 주장했고, 회의에서 모토로 내세운 구호는 "혁명을 일으키는 것이 모든 혁명가의 의무다"였다(이는 무의미하고 진부한 말이거나 그게 아니라면 비혁명적 상황 같은 것은 없다는 뜻이다).

쿠바 지도자들이 스스로 주장한 무장투쟁 전략을 정말로 믿었는지 여부는 알기 어렵다. 라틴아메리카 나라들 중 한 곳에서라도 게릴라전이 성공했다면 쿠바가 고립에서 벗어나는 데 큰 도움이 됐으리라는 점은 사실이지만, 바티스타처럼 취약한 정권이 또 존재하고 미국이 1959년에 저지른 오류를 똑같이 반복하도록 만들지 못하는 한 그런 성공을 거두는 것이 거의 불가능했다는 점 또한 사

---

* 라틴아메리카연대기구(OLAS) 칠레 정치인 살바도르 아옌데의 발의로 생겨난 조직으로, 라틴아메리카의 혁명적 좌파와 반제국주의적 좌파가 일부 참가했다. 1967년의 첫 회의가 쿠바에서 개최된 것을 두고 "이제 아바나는 라틴아메리카 해방을 진척시킬 새로운 인터내셔널의 수도가 됐다"는 얘기가 나오기도 했다.

실이다. 무장투쟁 전략은 실패했지만, 적어도 쿠바인들이 더 높은 생산성을 달성하도록 열정을 불어넣는 데는 도움이 됐다.

그러나 카스트로는 줄곧 균형 감각을 유지했다. 그는 소련과의 연계를 공식적으로 끊지도 않고(소련과 대부분의 동유럽 국가들이 참관인 자격으로 라틴아메리카연대기구에 참석했다), 세계혁명을 지지하는 입장으로 가지도 않았다. 프랑스인 기자가 1968년 프랑스 총파업에 대해 어떻게 생각하느냐고 질문하자 카스트로는 다음과 같이 말했다. "우리는 프랑스에서 무질서를 부추기는 일에 동조할 생각이 없습니다. 프랑스가 전진하지 못하면 미국에 도움이 되기 때문입니다. 프랑화가 떨어지면, 달러화가 오릅니다."[135]

그리고 전면적 게릴라전에 대한 카스트로의 관심은 하룻밤 즐기기 같은 것이었다. 그는 재빨리 다른 단기 동맹자를 찾는 더 실용적인 임무로 몸을 돌렸다. 불과 1969년에 그는 페루의 군사정권을 지지한다고 공개 선언했다. 페루 정권은 미국과 정치·경제적으로 관계를 끊고자 했지만, 국내에서는 파업을 악랄하게 파괴하고 농민 지도자 우고 블랑코를 추방했다.

1971년 가을에 카스트로는 페루뿐 아니라 칠레도 방문했는데, 칠레에서는 [아옌데] 정부가 혁명적좌파운동MIR(쿠바를 모델로 삼은 정당)과 공공연하게 충돌하기 시작하고 있었다. 칠레에서 카스트로는 임금 인상 50퍼센트를 요구하는 광원들에게 노동은 혁명가들의 투쟁과 비견된다고 말했다. "일터에서 매일매일 영웅이 되는 것이 훨씬 더 힘듭니다. 우리는 쿠바 노동자들에게 매일 생산의 영웅이 되라고 요구합니다."[136]

1972년 6월 카스트로는 1964년 이후 처음으로 소련을 방문했는데, 소련과 쿠바 사이의 불화가 모두 사라진 것처럼 보이는 화기애애한 분위기를 연출했다. 소련은 닉슨과의 관계 회복으로 실추된 위신을 만회하기 위해 카스트로의 '혁명적' 이미지를 반긴 반면, 설탕 공급 계약을 지킬 수 없었던 카스트로는 소련의 호의를 얻을 수 있었기에 매우 행복해했다.

게릴라전

쿠바가 '좌파적'이던 시기에 '무장 게릴라 투쟁' 이론은 라틴아메리카에 널리 전파됐다. 이 이론의 중요성은 그것이 괄목할 만한 성공을 낳았다는 데 있지 않았다(실제로도 성공 사례가 없다). 그렇지만 이 이론은 라틴아메리카의 정설 공산당들, 즉 자신들만이 혁명적 전통을 간직하고 있다고 주장하는 공산당들의 정통성에 도전했다.

카스트로는 두 차례의 연설을 통해 정설 공산주의와의 단절을 강조했다. 1966년 7월 26일에는 소련이 내놓은 칠레 경제원조 제안을 비난했다(그렇게 함으로써 저개발국 정설 공산당들의 기본 강령, 즉 소련과 경제적 연계를 발전시킬 필요성을 공격했다). 그리고 1967년 3월 13일에는 베네수엘라의 게릴라 지도자 도우글라스 브라보와 관계를 끊은 베네수엘라 공산당을 "가짜 혁명가들"이라고 맹렬히 비난했다.

쿠바의 노선은 라틴아메리카 공산당 몇 군데가 심각하게 분열하는 일을 일으켰다. 베네수엘라 공산당은 도우글라스 브라보를 제명했을 뿐 아니라 몇몇 보도에 따르면 그를 죽이려고까지 했다. 도미니카공화국 공산당은 소련의 외교정책을 비난했고, 1968년 과테말라 [게릴라 조직] 무장반군FAR은 공산당과 단절한다고 공개적으로 발표했다.

[쿠바가 주장한] 게릴라 전략의 정수는 체 게바라가 쿠바 혁명의 핵심적 교훈이라고 주장한 3가지 명제로 요약할 수 있다.

첫째, 인민의 군대는 정규군에 맞선 전쟁에서 이길 수 있다.
둘째, 혁명을 일으킬 조건이 모두 갖춰질 때까지 기다릴 필요는 없다. 무장봉기가 그런 조건들을 창출할 수 있다.
셋째, 아메리카 대륙의 저개발 지역에서는 농촌이 무장 전투의 주요 무대다.[137]

이것이 의미하는 바는 무엇보다 노동계급에 대한 명시적 거부였다. 게바라가 다음과 같이 썼듯이 말이다. "인구가 대도시에 집중돼 있고 중소 규모 산업이 발전한(실질적 산업화는 되지 않았더라도) 나라에서는 게릴라 부대를 마련하는 것이 더 어렵다."[138] 또는 [게릴라전을 지지한 프랑스 철학자] 레지스 드브레가 변증법보다는 형이상학에 가깝게 역설적으로 쓴 것에 따르면 다음과 같다. "산악 지대는 부르주아적·농민적 요소를 프롤레타리아화하며, 도시는 프롤레타리아를 부르주아지화할 수 있다."[139]

쿠바의 게릴라 전략은 중국과 베트남에서 발전한 대중투쟁 방식의 게릴라 전략과는 날카롭게 대비되는, 농민에 대한 엘리트주의적 태도도 있었다.

그렇지만 농민은 무지 속에 갇혀 있고 고립돼 살기 때문에 노동계급과 혁명적 지식인의 혁명적·정치적 지도가 필요한 계급이다. 그런 지도가 없는 농민은 스스로 투쟁을 시작할 수도 승리할 수도 없다.[140]

이 이론은 1967년 체 게바라가 볼리비아 정글에서 게릴라 기반을 닦으려 한 영웅적이지만 헛된 시도를 했을 때 중요한 검증의 시험대에 올랐다. 게바라의 건강이 볼리비아의 고된 환경을 이겨 내지 못했다는 사실(그의 일기를 보면 잘 알 수 있듯)을 제쳐 놓고 보면, 게바라가 볼리비아 농민 사이에서 게릴라 부대의 근거지를 세울 가능성은 거의 없었다. 첫째, [볼리비아의] 바리엔토스 독재 정권은 악랄하고 폭력적이었어도, 1950년대에 이뤄진 토지 분배를 되돌리려는 시도는 하지 않았다. 둘째, 게바라와 동료들은 게릴라 투쟁을 시작한 지 두 달 뒤에야 볼리비아 농민의 언어인 케추아어를 배우기 시작했다(이와 대조적으로, 바리엔토스는 케추아어가 유창했다). 사망 석 달 전 게바라는 자신이 다다른 비극적이고 막다른 길을 다음과 같이 요약했다. "모집되는 농민 병사가 너무 적다는 생각이 계속 든다. 악순환이다. 모집이 제대로 되려면 인구가 많은 지역에서 꾸준히 활동해야 하는데 그러려면 인원이 더 있어야 한다."[141] 게바라를 패배와 사망에 이르게 한 조건은 우연적인 것이었다고 치더라도, 1965년 페루에서 루이스 데라푸엔테의 게릴라가 처한 운명은 쿠바 게릴라전 이론의 실패가 전혀 우연이 아니었음을 보여 준다. 유럽과 미국의 카스트로·게바라 추앙자들이 이야기하는 것만 보면 라틴아메리카의 곳곳에서 화염이 피어오르는 그림이 떠오르지만, 실상 1960년대에 라틴아메리카에서 게릴라전이 착수된 나라는 베네수엘라·과테말라·콜롬비아 세 곳밖에 없었고 그나마도 기존 정권에 실질적 위협이 된 사례는 하나도 없었다.

라틴아메리카 게릴라의 몇몇 세력은 순전히 농촌에만 집중하는 전략의 약점을 인식하고 도시 노동자들과 관계를 맺으려 애썼다. 예컨대 과테말라 무장반군은 공장 관리자를 납치하는 방식으로 노동자 파업에 관여했다. 베네수엘라 수도 카라카스 주변의 란초라고 불리는 광활한 빈민가에는 실업자가 많이 살았는데, 1960년대 초에는 도시 게릴라가 이곳 전체를 지배했다. 이 도시 게릴라는 정규군이 투입돼 이 지역 곳곳의 주요 거점에 기관총 진지를 설치하고 나서야 진압됐다. 도시 게릴라 중 가장 유명한 집단은 우루과이의 투파마로스다. 이들은 매우 인상적인 납치 사건을 잇따라 일으켰다. 투파마로스는 1960년대 초에는 사탕수수 노동자를 조직한 좌파 단체를 기원으로 하는 조직이다. 그런 좌파가 도시 게릴라로 전환한 것은 농민과 멀어지는 행보인 동시에 대중과 멀어지는 행보이기도 했다. 투파마로스의 전략은 대중을 조직하고 정치화하는 것이 아니라 대중을 괴롭히는 것이었다. 투파마로스는 1971년 가을에는 광역전선이 선거에서 이기면 한 해 동안 작전을 벌이지 않겠다고도 했다. 1972년 여름 우루과이 당국은 투파마로스 소탕 작전을 벌여 그들을 실질적으로 분쇄했다. 약 3000명이 체포됐고, 투파마로스의 창립자이자 지도자인 라울 센딕도 붙잡혔다.

도시 게릴라도 농촌 게릴라와 마찬가지로 본질적으로 막다른 길이었다. 물론 어떤 투사들은 그 경험을 통해 도시 중심지에서 더 장기적이고 체계적인 활동을 할 필요가 있음을 이해하며 크게 변화했을지도 모른다. 그러나 농촌 게릴라 전략 패배의 주된 효과는 프롤레타리아 혁명에 대한 기대를 북돋는 것이 아니었다. 개혁주의의 수명을 연장시키고, 그럼으로써 정설 공산당들의 수명도 연장시키는 것이었다.

칠레

개혁주의적 길이 아주 혹독한 시험대에 오른 곳은 칠레였다. 칠레 공산당은 라틴아메리카에서 가장 강력한 공산당 중 하나였다. 칠레 공산당은 비록 1948년부터 1958년까지 10년간 금지된 조직이었지만 곧 기반을 복구했다. 칠레 공산당은 1959년에는 6석, 1961

년에는 14석의 의석을 획득했다. 1961년에 당원 증가 운동을 벌여 거의 1만 명이 가입하고 264개의 공장 지회가 생겼다고 한다. 그러는 동안 칠레 공산당은 철저히 개혁주의적이었는데, 1962년 강령은 다음과 같이 진술했다. "평화적 길이라는 테제는 전술로서 마련된 것이 아니다. 공산당 운동의 강령 자체에 잘 맞춰진 명제다." 칠레 공산당은 1960년대 말 카스트로를 가장 가혹하게 비판한 이들 중 하나였다.

1970년 대통령 선거에서 칠레 공산당은 사회당과 동맹을 맺었다. 칠레 사회당은 여러 단계를 밟아 온 좀 기이한 정당으로, 페론·티토·카스트로를 차례로 추앙했다. 1940년대에는 지독히 반공주의적이었고, 아옌데는 공산당 금지 조처를 지지했다. 그렇지만 1960년대 들어 사회당은 공산당보다 좌파인 듯이 활동하는 것이 유용하다는 것을 깨달았다. 아옌데(스스로 프리메이슨 사상과 사회주의 원칙을 완벽하게 조화시켰다고 주장했다)는 쿠바를 강력히 지지했고, [볼리비아에서 패배한] 게바라의 게릴라 부대 생존자들이 1968년 칠레로 건너왔을 때 환영 행사를 조직했다.

1970년 대선에서 아옌데를 지지하는 동맹체 민중연합이 설립됐을 때, 사회당은 이 조직을 어느 정도 좌지우지할 수 있는 위치에 있었다. 민중연합의 강령은 다음과 같이 선언했다. "통일된 민중 세력이 추구하는 정책에서 중심 목표는 현존 경제구조를 변혁하는 것, 즉 국내외 독점자본과 대지주의 권력을 끝장내고 사회주의 건설을 시작하는 것이다." 칠레 공산당이 '사회주의'라는 단어를 포함

시키지 말자고 했다는 것은 공공연한 비밀이었다.[142]

아옌데가 [대선에서] 승리했다. 그러나 아옌데가 과반 득표를 하지는 못했기에, 헌법에 따라 상·하원이 승자를 정하는 투표를 실시해야 했다. 기독교민주당은 아옌데에게 민주주의 체제를 존중하겠다는 약속을 하라고 요구했고, 이후 아옌데에 찬성표를 던지기로 했다. 라틴아메리카가 아닌 곳에서도 큰 관심을 품고 아옌데의 승리를 지켜봤다. 아옌데의 계획이 성공하면 사회주의로 가는 의회적 길 옹호자들의 손에는 강력한 논거가 주어질 터였다.

아옌데는 집권 후 몇 달간 조심스럽게 움직였다. 저소득자의 임금을 올리고 임대료를 동결하는 등의 조처가 도입됐다. 미국계 구리 대기업 2곳이 국유화됐다(원칙상 보상금을 주게 돼 있었지만 단서 조항 때문에 실제로는 보상금이 지급되지 않았다). 중국·쿠바·동독과 외교 관계가 수립됐다. 그렇지만 아옌데는 너무 반미적으로 보이지 않도록 조심했다. 아옌데는 레지스 드브레에게 다음과 같이 말했다. "닉슨은 미국의 대통령이고 나는 칠레의 대통령입니다. 닉슨이 칠레 대통령을 존중하는 한 나는 닉슨에게 결례가 되는 말을 하지 않을 것입니다."[143]

칠레는 해외 부채 때문에 운신의 폭이 매우 좁았다(1972년 기준으로 인구 1인당 부채가 세계에서 이스라엘 다음으로 많았다). 그래도 아옌데에게는 선택지가 있었다. 하나는 어떤 희생을 치르더라도 합법성을 존중하며 서서히 자기 기반과 멀어져서 다음 선거에서 패배하는 것이었다. 다른 하나는 더 급진적인 강령을 성취하도록 자기 기반을 동원하면서 군부와 대립하는 위험을 무릅쓰는 것이었다. 더 단기적으로는 두 경로를 왔다 갔다 할 수도 있었다.

혁명적좌파운동이 1971년 12월에 발표한 성명에서 언급했듯이

혁명적 과정을 규정하는 것, 혁명 과정을 돌이킬 수 없게 만드는 것은 부르주아지의 국가기구를 파괴하고 권력을 장악하는 투쟁에 노동 대중이 적극 참여하도록 동원하는 것이다. 민중연합이 집권 첫해에 하지 못한 일이 바로 대중을 동원해 국가의 제도와 기구에 일격을 가하는 것이었다. 이 실수가 치명적일 수 있는 이유는 계급투쟁의 동역학 때문에 앞으로 칠레의 사태 전개는 두 가지 방향밖에 없기 때문이다. 파시즘이냐 사회주의냐.[144]

혁명적좌파운동은 대통령 선거에서 아옌데를 지지했었다.

아옌데는 칠레 공산당 덕분에 노동조합들의 협조를 얻을 수 있었고, 칠레 공산당 사무총장은 노동조합들에 "경제주의와 협소한 신디컬리즘"(쉽게 말해, 자기 권리를 위해 싸우는 것)과 단절해야 한다고 훈계했다. 그러나 칠레 노동자들은 투쟁을 계속할 태세였다. 노동자들의 작업장 점거 건수는 1969년 24건에서 1971년 상반기 339건으로 급증했고, 같은 기간 토지 점거는 121건에서 658건으로 증가했다.[145]

1972년 10월의 '사장 파업'(아옌데 정부의 운송업 국유화 제안에 운송업 관리자·경영자와 대부분의 기술자가 작업 거부로 맞섰

다) 동안에 대다수 노동자들은 굳건했다. 노동자들은 전국 각지에 행동 위원회와 물가·공급 위원회를 세웠고, 사장들 없이도 스스로 경제를 운영할 수 있다는 것을 알게 됐다.

그렇지만 우파가 의회 다수파라는 점을 이용해 정부 고위 각료 4명을 탄핵하겠다고 위협했을 때, 아옌데는 내각을 개편하며 군 장교 3명을 포함시켰다. 칠레 공산당은 아옌데의 이런 "질서 회복" 조처를 지지했다. 사회당과 민중통일행동운동MAPL(좌파 사회민주주의자들)조차 연립정부에 군부가 들어오는 것을 용납할 수 없는 일로 여겼는데도 말이다. 노동자들이 점거한 공장을 원래 소유주에게 돌려주는 일은 새 내무부 장관인 프라츠 장군에게 맡겨졌다. 많은 점거 노동자들이 저항했다. 이 노동자들은 재판에 넘겨졌는데, 칠레 공산당은 못 본 척 침묵을 유지했다. '민중'은 경제를 계속 굴러가게 만들어 정부를 지켜 냈다고 칭찬받았지만, 정작 그것을 성취한 노동자 조직들은 해산당했다.

1973년 3월 총선 결과는 아옌데가 가장 중요한 계급 행동들을 억눌렀는데도 여전히 대중적 지지를 크게 누리고 있음을 보여 줬다. 민중연합은 44퍼센트를 득표해 대통령이 탄핵을 당할 위험에서는 벗어났지만, 여전히 우파는 과반 의석을 차지해 [개혁] 입법을 차단할 수 있었다. 아옌데 정부는 개혁의 속도를 높이려 했다. 저임금 노동자들의 임금을 두 배로 올려 인플레이션을 따라잡을 수 있게 하고(1972년에 물가가 163퍼센트 상승했다), 기업 41곳을 국유화하고, 교육의 민간 부문(교회)을 개혁하려 했다. 그러자 우파의 폭력 시위가 일어나고 의회가 마비됐다. 노동조합들은 1973년 5월에도 산티아고 거리에서 1만 명의 노동자를 동원해 아옌데를 지지하는 맞불 시위를 열 수 있었지만, 우파는 이 시위에 기관총 사격을 퍼부었다.

칠레 공산당은 아옌데가 "법질서" 노선을 펴고 혁명적좌파운동 같은 조직을 "초좌파" 집단이라고 비난하는 것을 온 마음으로 지지했다. 1973년 4월 버스 파업 때 칠레 공산당 소속 내무부 차관은 그 노동자들의 경제적 요구가 "완전히 도를 넘어선 것"이라고 비난했고 파업을 일으킨 "이 극렬분자들을 흔들림 없이 진압하겠다"는 정부의 결정을 지지했다.[146]

전 세계의 공산당 의원들(그리고 의원 지망생들)에게는 아옌데가 법과 헌정 질서를 따르기로 고집하는 것이 "가능성의 기예"처럼 보일지도 모르겠다. 그러나 우파가 아옌데를 물리치기 위해 의회 밖 폭력에 의지할 태세가 돼 있다는 점을 볼 때, 그 기예는 스스로 들어갈 무덤을 파는 가장 확실한 방법임이 입증될 것이다.

그 후 칠레에서 벌어진 일

이 장을 쓴 후 1973년 9월 11일 군사 쿠데타가 일어나 아옌데 정부를 전복했다. 이 쿠데타는 칠레 노동계급의 심대한 패배를 뜻했다. 노동조합과 노동계급 정당은 불법화됐고, 수많은 노동조합 투사와 좌파 활동가가 살해당했으며 훨씬 많은 수가 직장에서 쫓겨났다. 이 패배는 '사회주의로 가는 의회적 길'이 불가능함을 수년간 가장 뚜렷하게 보여 준 사례다. 칠레의 자유'민주주의' 전통과 잘 조직된 노동운동을 감안할 때, 서유럽에도 대단히 유의미한 교훈을 주는 사례다.

쿠데타가 일어나기 몇 달 전 노동계급의 자체 조직화 수준이 급등했는데, 특히 산티아고에서 코르돈이라는* 형태의 조직이 생겨났다. 코르돈은 노동조합원들의 지역 위원회였고 노동조합 구조 내에서 활동했지만, 독립적으로 조직됐다. 그렇지만 아옌데는 노동자들을 동원하거나 무장시키려 하지 않았다. 그의 전략은 시종일관 우파를 정부에 끌어들이는 것, 즉 군부 지도자들을 입각시키고 기독교민주당의 지지를 얻으려 애쓰는 것이었다.

칠레 공산당은 아옌데의 이 합헌주의 전략을 어떤 경우에도 시종일관 지지했다. 그 과정에서 그들은 군부의 위협이 존재하지 않는다고 주장함으로써 노동계급을 정치적으로 무장해제시키는 데 일조했다. 1973년 7월 8일 칠레 공산당 사무총장 코르발란은 연설을 하며 "민중과 군대 사이를 이간질"하려는 이들을 비난했다.

---

* **코르돈** '가는 끈이나 줄'이라는 뜻인데, '코르돈 인두스트리알'(산업 벨트)을 줄여서 그냥 코르돈이라고 불렀다.

13장
혁명, 서방에서 다시 의제에 오르다

1960년대 초 선진 자본주의 나라 곳곳의 사회민주주의자들은 개혁주의가 효과를 발휘하고 있고 더는 위기가 없을 것이고 계급투쟁은 끝났다고 선언했다. 그러나 현실은 그런 해석보다 더 복잡한 방식으로 움직였다. 군비 경제는 여러 마찰점을 낳고 있었다. 기술이 발전함에 따라 미숙련 노동자 사이에서 실업이 늘어났고 이는 사회 갈등으로 이어졌다. 그 갈등은 미국 흑인들 사이에서 가장 극적으로 표출됐다. 기술 발전은 대학 교육의 어마어마한 팽창으로도 이어졌고, 학생 인구는 변화 염원이 점점 커져서 다루기가 까다로워졌다. 자본의 지리적 집중으로 말미암아, 산업 중심지의 변두리 지역들이 쇠퇴했고, 그와 함께 여러 민족주의·분리주의 운동이 되살아났다.

체제는 약간의 변화를 도입하고 진압경찰을 자유롭게 사용해 이런 갈등들을 봉합해 놓을 수 있었다. 그러나 더 심각한 문제가 있었다. 노동계급이 [체제에] 매수되지 않았다는 것이다. 오히려 오랫동안 임금이 상승하고 완전고용이 유지된 결과, 노동계급은 기대 수준이 높아졌고 투지가 어느 때보다 더 단단했다. 중소 분쟁이 공공연히 드러난 해인 1963년에도 서유럽 전역에서 큰 투쟁들이 벌어졌다(서독 금속 노동자 파업, 프랑스 광원 파업, 이탈리아 금속 노동자 파업).

체제에 순응하지 않겠다는 노동자들의 의지에서 튀어나온 이런 종류의 투쟁들에 대응해, 서유럽 전역의 지배계급들은 1960년대에 (소득정책이라는 이름의) 이런저런 임금 억제책으로 돌아섰고 흔히는 노동조합의 단결권과 파업권을 제약하도록 고안된 입법도 함께 추진했다. 중요한 것은 이런 조처들이 단기적으로 성공했는지 실패했는지가 아니다. 그런 조처가 "정치적 무관심"에 빠졌다고 여겨지던 노동계급에게 정치에 대한 관심을 다시 불어넣었다는 사실이다. 정부가 노사 임금 협상에 직접 개입하면 파업이 정치 파업으로 변했다.

운동의 성장은 느리고 불균등했다. 큰 투쟁(심지어 총파업)이 한 번 일어난다고 해서 노동계급이 개혁주의를 떨쳐 버리게 되는 것은 아니다. 그러나 1970년대로 다가갈수록, 계급투쟁은 끝났다고 주장하는 사람을 찾기 어려워졌다. 서유럽에서 일어난 새로운 투쟁 물결의 선두에 선 것은 대중적 공산당이 있는 두 나라, 프랑스와 이탈리아였다.

프랑스

프랑스 공산당의 주안점은 프랑스 정계의 주류로 다시 들어가는 것이었다. 이 목표의 달성 가능성은 알제리 전쟁이 끝나고 옛 정치 구도가 다시 나타나기 시작하면서 좀 더 커졌다. 프랑스 공산당은 드골 반대 입장을 기초로 한 가장 광범한 연합의 결성을 꾀했고, 이를 위해 드골 정권을 "1인 권력" 체제로 규정하고 "민주주의"로의 복귀를 주장했다.

그런데 드골의 외교정책이 [프랑스 공산당의 노선에] 어려움을 안겨 줬다. 드골의 민족주의는 유럽경제공동체와 나토 둘 다에 걸림돌이었고, 이것은 소련에 반가운 일이었기 때문이다. 이와 달리 프랑스의 비공산당 좌파는 미국과 유럽경제공동체를 매우 강하게 지지했다. 1964년에도 프랑스 공산당은 17차 당대회에서 사회당과 그 밖의 유럽경제공동체 지지자들에게 유럽경제공동체를 지배하는 독점 자본의 반사회적이고 비민주적인 정책들에 맞서 싸우는 공동 행동을 하자고 요구했었다. 그러나 매우 중요한 변화가 나타났다. 1966년 1월 4일(대통령 선거 직후) [프랑스 공산당 정치국의] 르네 피케가 당 중앙위원회에 보고서를 제출했는데, 드골의 외교정책은 순전히 프랑스 부르주아지의 이익을 위한 것이며 이는 드골 정부의 반동적 국내 정책과 별개로 볼 수 없는 것이라고 분명하게 비난하는 내용이었다.

마르크스주의의 기본 원칙은 별 고려 사항이 아니었다. 프랑스 공산당 사무부총장 발데크 로셰는 1963년 사회당에 다음과 같이 확언했다. "능동적 소수의 권력 장악이라는 것은 공산주의자들의 신념이었던 적이 없습니다. … 공산주의자에게 일당 [국가] 이론은 없습니다. 우리는 공산주의자, 사회주의자, 그 밖의 민주주의자의 완전한 협력이 현재에만 필요한 것이 아니라 미래에도 사회주의의 건설에 함께 착수하기 위해 필요하다고 여기기 때문입니다. … 더 짧은 기간 동안 존속하며 새롭고 덜 폭력적인 형태의 프롤레타리아 독재가 프랑스에 들어서리라 예상하는 것은 가능합니다."[147]

요트를 소유한 부자이자 마르세유 시장인 가스통 데페르가 이끄는 사회당의 한 계파는 사회당을 해체해 미국 민주당 같은 폭넓은 야당으로 만들고 싶어 했다. 베테랑 반공주의자 기 몰레를 지지하는 사회당 내 다수파는 공산당에 투표하는 유권자 500만 명을 동원하지 못하면 [사회당이] 정치적으로 전진할 희망이 거의 없다는 것을 깨달았다. 그래서 1962년부터 그들은 프랑스 공산당의 접근에 호의적으로 반응했다. 1962년 총선 중에 몰레는 드골파의 당선을 막을 필요가 있는 곳에서는 사회당원들이 결선투표에서 공산당에 투표해야 한다고 말했다.

1965년 대통령 선거에서 프랑스 공산당과 사회당은 공동으로 프랑수아 미테랑을 지지했다. 미테랑은 드골이 1차 투표에서 바로 당선을 확정 짓지 못하게 막았다는 점에서 비교적 성공을 거뒀다. 미테랑은 정치 이력이 특별히 훌륭하지는 않았지만(알제리 전쟁 발발 당시 내무부 장관이었다), 한 가지 큰 장점이 있었다. 미테랑은 공산당원도 사회당원도 아니었기에, 어느 한쪽으로 크게 기울어 보이지 않는 동맹 결성의 기초가 될 수 있었다. 파리대학교 공산주의 학생연합의 문학부 분회만이 이 흐름에 찬물을 끼얹었는데, 미테랑 지지를 거부하고 해산했다.

1966년 가을 프랑스 공산당과 사회당의 문서가 서로의 신문에 동시에 실리면서 공식 대화가 시작됐고, 1967년 봄 프랑스 공산당은 [5월 총선을 앞두고] 사회당과 급진당을 아우르는 [민주사회주의]좌파연맹FGDS과 공식으로 후보 단일화 협정을 맺었다. 뒤이어 프랑스 공산당은 조르주 보네(뮌헨 협정* 당시 프랑스 외무부 장관), 로베르 라코스트(그가 알제리 총독으로 있을 때 고문이 가장 널리 자행됐다), 막스 르쥔(1956년 빈 벨라 납치 책임자) 같은 인물을 결선투표에서 지지했다. '좌파'는 이 선거에서 성공을 거둬 487석 중 194석을 얻었다.

1963년 프랑스 노동계급은 10년 만에 거대한 승리를 거뒀다. 광원 파업이 일어나 광범한 지지를 받았고, 여러 노조가 공동 행동을 벌였으며, 정부는 상당한 양보를 할 수밖에 없었다. 이후 5년간 큰 파업(흔히 대규모 시위와 점거를 동반한)이 잇따라 일어나며 프랑스 노동계급의 자신감이 높아지고 있음을 보여 줬다.

그렇지만 노동조합총연맹은 투쟁을 이끌어 더 높은 수준으로 끌

---

* 뮌헨 협정 1938년 영국과 프랑스가 히틀러의 요구에 따라 독일이 체코슬로바키아의 주데텐란트를 점령하도록 승인해 준 협정.

어울리는 것에는 관심이 없었고, 프랑스 공산당의 의회 전략을 뒷받침하는 것을 주된 목표로 삼았다. 노동조합총연맹은 유럽경제공동체를 전면 반대하는 정책을 폐기하고 유럽경제공동체의 운영 기구에 '참가[하는] 정책'을 추구했으며 이탈리아노동조합총연맹과 공동 행동을 논의하기로 합의했다. 프랑스 노동조합총연맹은 국가 계획 기구들의 회의에도 대표자를 (참가 단체가 아니라 참관 단체로서) 보내기로 했다.

그와 동시에 노동조합총연맹은 다른 노조 연맹체와의 공동 행동 정책을 발전시키려 했다. 특히 이제는 교회와의 공식적 연계를 끊고 프랑스민주노조연맹CFDT('기독' 대신에 '민주'를 썼다)으로 이름을 바꾼 가톨릭계 노조가 몇몇 현대적 산업에서 상당히 성장했다. 그리고 기독교민주주의가 사실상 몰락하면서, 프랑스민주노조연맹은 노동조합총연맹보다 더 '독립적'인 노동조합운동으로 비치기가 쉬웠다. 노동조합총연맹에서는 반反공산당 경향이 모두 단단히 단속당했기 때문이다. 노동조합총연맹은 다른 노조에 뒤처지지 않아야 했고, 동시에 노동조합들의 단결은 좌파 연합에 가치 있는 선거 자산이 될 터였다. 이미 1965년 [대선에서] 르노의 모든 노조들이 미테랑 지지로 뭉친 경험도 있었다.

1966년 한 여론조사 결과는 프랑스인의 40퍼센트가 프랑스 공산당의 정부 참여에 호의적이며(1964년에는 31퍼센트였다), 무려 68퍼센트가 "프랑스에 공산당 정권이 수립되더라도 상관없다"고 생각한다는 것을 보여 줬다.[148] 이런 증거와 1967년 선거 결과는 프랑

스 공산당이 정계 주류로 서서히 재진입해 결국 정부에 참여한다
는 전략의 성공 기대감을 높였다.*

1968년 봄에 프랑스를 뒤흔든 사건들은 기본적 계급 갈등과 현
대 사회에서 학생들이 겪는 특정한 문제 둘 다의 결과였다. 1960년
대 초부터 [미국] 버클리에서 [일본] 도쿄에 이르기까지 많은 학생들
이 대학 내 자신들의 조건에 항의하며 계속 반란을 일으켰다. 제2
차세계대전 이후 대학이 급속도로 팽창하면서, 학생들은 더는 다
음 세대의 엘리트가 될 예정인 극소수가 아니라 순전히 관리·행정
기능을 맡게 될 폭넓은 사회적 요소의 하나로 변모했다. 동시에 학
생들은 학문(특히 급성장하는 사회과학)을 배우면서 자신들이 살
고 있는 체제에 대한 일반화된 비판에 눈떴지만, 그 체제를 직면해
서 할 수 있는 것은 아무것도 없는 처지였다. 어느 사회학과 졸업생
은 다음과 같이 썼다. "사회학자는 경찰관도 아니다. 그는 [경찰에게
바람난 아내를 잡아 달라고 고발하는] 바람난 아내를 둔 남편이다."[149]

프랑스의 학생 문제는 교육제도가 대단히 중앙집권적인 데다 전
후 정부들이 광범한 교육개혁을 추진할 시간이 없었던 탓에 복잡했
다. 교수요목이든** 물리적 환경이든 똑같이 구식이었다. 프랑스 공산

---

*   프랑스 공산당은 1967년 총선 1차 투표에서 500만 표 이상(22.46퍼센트) 득표
    하며 2위에 올랐고, 최종으로는 의석을 73석 차지했다. 그 전 1962년 총선에서는
    400만 표(21.84퍼센트)를 득표하고 의석 41개를 차지했었다.

** 교수요목 학교교육에서 교과목마다 반드시 가르쳐야 할 줄거리.

당은 대학에서 효과적 지도력을 전혀 제공하지 못했다. 미테랑 선거운동 때 프랑스 공산당의 학생 조직 일부가 어려움을 겪은 것은 논외로 치더라도, 프랑스 공산당은 대학 교수와 고등학교 교사에게 상당한 지지를 받았고 이 때문에 교육제도의 급진적 개혁을 공개적으로 주장하기를 꽤나 꺼렸기 때문이다. 예를 들어 [〈뤼마니테〉는 다음과 같이 주장했다.]

중·고등학생과 대학교 1학년생은 교사와 교수의 과학적 가치를 판단하면 안 된다. 지식 전달 기법을 비판하는 것은 마땅히 가능하고 해야 하는 일이지만 거기서 멈춰야 한다.[150]

더욱이 프랑스 공산당은 베트남전쟁 문제에서 상당히 온건한 노선을 택했고 그래서 반제국주의 활동에 참여하게 된 많은 학생들에게 매력을 주지 못했다. 그 결과 학생 집단에서 발전한 정치 경향은 아나키즘, 트로츠키주의, 마오쩌둥주의 등 다양했다. 그리고 새 세대 지도자들이 등장했는데, 그중 가장 흥미로운 인물은 다니엘 콘벤디트였다. 그는 [공산당에게] "독일계 아나키스트"로 불렸으며[151] 강령도 조직도 회원도 없는 '3월 22일 운동'의 창립자였다(그런데도 1968년 6월 프랑스 정부는 이 운동을 해산할 필요가 있다고 생각했다).

1968년 5월 2일 여러 차례 학생 시위가 벌어진 이후 파리대학교가 문을 닫았다. 시위가 계속됐고 5월 10일 저녁 학생들은 잔인하기로 유명한 파리의 진압경찰에게 무자비하게 공격당했는데, 베트남과 이후에 북아일랜드에서처럼 최루가스가 사용됐다. 학생들은 일부 젊은 노동자들의 합세와 라탱 지구 주민들의 도움을 받아 바리케이드를 쌓고 경찰에 저항했다. 다음 날, 연행된 학생들이 풀려났다. 그렇지만 이 승리는 운동을 달래기는커녕 고무했다. 노동조합총연맹과 프랑스민주노조연맹은 합동으로 5월 13일 월요일 총파업을 요청했고, 1000만 명의 노동자가 파업했다. 다음 날 학생들이 소르본대학을 점거하고 노동자들이 낭트에 있는 쉬드아비아시옹 항공기 공장을 점거했다. 운동은 눈덩이처럼 불어나 무기한 총파업으로 확대됐다.

처음에 프랑스 공산당은 이 학생운동의 기초가 무엇인지 왜 노동자들이 학생운동에 동조하는지 하나도 이해하지 못했다. 5월 3일 〈뤼마니테〉는 머지않아 프랑스 공산당의 실질적 지도자가 되는 조르주 마르셰의 글을 실었는데, 계급을 조야하게 들먹이며 학생들을 공격하는 글이었다.

이 '혁명가'님들의 견해와 활동은 우습다. 그들은 거의 다 대부르주아의 자녀이고, 노동계급 배경의 학생들을 업신여기고, 머지않아 '혁명의 불꽃'을 꺼뜨린 뒤 아빠네 회사로 달려가 자본주의의 최상의 전통에 속해서 노동자들을 착취할 것이기 때문이다.

그리고 학업을 계속하길 원하는 가난한 가정의 학생들을 대변한다는 호소문을 덧붙였다.

그러나 학생들에게 철저히 외면당한 프랑스 공산당은 자신들이 뱉은 말을 곧 허겁지겁 주워 담을 수밖에 없었다. 5월 12일 프랑스 공산당 정치국 성명은 다음과 같이 선언했다. "프랑스 공산당은 조금도 거리낌 없이 학생들의 정당한 투쟁을 지지한다." 공산당 활동가들이 당의 정책을 "설명"하러 소르본대학으로 파견됐지만, 별 성과는 없었다.

노동자들의 투지에 불을 붙인 것은 노학 연대를 주장하는 전단도, 학생들이 보인 용기와 도덕적 모범도 아니었다. 정부가 학생들의 행동에 밀려 한 걸음 물러나고 양보의 뜻을 내비쳤다는 사실이었다. 이제 더 밀어붙일 때였다.

첫 공장점거(쉬드아비아시옹에서 일어났다)는 '노동자의 힘' 부문(피에르 랑베르가 이끈 트로츠키주의 조직인 국제주의공산주의자조직OCI의 영향을 강하게 받은 부문)이 관여해 시작된 것으로 보인다. 그러나 이렇게 [극좌파의] 정치적 개입이 가능했던 건 정리 해고에 맞선 오랜 투쟁의 전통 덕분이었다. 공장점거의 전통이 살아 있고 1936년 총파업이 노동자들의 기억 속에 여전히 생생한 나라에서 이런 본보기는 빠르게 확산됐다. 1주 만에 공장점거가 나라 전역으로 퍼졌고 얼마 지나지 않아 1000만 명의 노동자가 참여했는데, 1936년보다 훨씬 많은 수였다. 그렇지만 노동자 전체가 공장 안에 들어가 바리케이드를 쳤던 1936년과는 달리, 이번 점거는 노동자들이 조를 나눠 교대하는 방식으로 조직됐다.

어떤 이유로 시작됐든 누가 어떤 방향으로 이끌든 간에, 총파업
은 무릇 권력 문제를 제기하기 마련이다. 이 이유만으로도 1968년
5월의 사건들은 프랑스 노동계급의 역사에서 전환점이 될 터였다.
그런데 실제의 1968년 5월은 그 이상이었다. 노동자들이 통제와 권
력의 문제를 이해하는 방향으로 (느리고 주저함이 있더라도) 더듬
더듬 나아갔다는 것을 보여 주는 증거가 많다. 어떤 공장에서는 현
장 조합원 위원회가 세워지고 매일 파업 총회가 열렸다. 어떤 공장
에서는 [노동자의] 공장 통제의 성격에 관한 토론이 벌어졌다. 플랑
르노 공장의 한 공장 대표자는 다음과 같이 전한다.

젊은 투사들은 공장 내 관계를 탈바꿈시키는 것의 중요성을 조금씩
이해했다. 노동자 대 관리자의 관계와 인간 대 인간의 관계뿐 아니라,
공장 내 노동자 전체(이를테면 육체노동자와 정신노동자) 대 경영진이
라는 집단적 관계도 말이다.[152]

소르본대학 등의 학생 점거를 장식한 축제 분위기는 종종 공장
으로 번졌다. 소외되지 않은 인간의 어마어마한 창조적 잠재력이
잠시 나타났다.

그렇지만 잠시뿐이었다. 정치적 지도를 제공하고 나아갈 길을 제
시할 사람이 없자, 파업이 더는 발전하지 못했다. 대부분의 공장에
서 노동자들은 그저 일을 멈췄을 뿐, 노동자 통제 아래 생산을 이
어 갈 시도를 하지 않았다. 주된 예외는 노동자들이 가스와 전기

같은 서비스를 유지하자고 또는 상하기 쉬운 상품을 다루자고 의견을 모은 곳이었다. 소수의 곳에서만 운동이 더 나아갔다. 가장 흥미로운 사례는 브레스트의 CSF 전자 공장일 텐데, 그곳에서는 노동자들이 생산을 이어 갔을 뿐 아니라 실제로 운동에 특별히 가치가 있는 상품(시위자들이 사용할 휴대용 무전기)을 만들기로 결정했다.

노동자와 학생이 프랑스 전역에서 세운 실행 위원회에서는 자주적 행동이 훨씬 더 두드러졌다. 5월 말 파리에만 이런 위원회가 450개나 있었다고 한다. 비록 그중 여럿은 노동자들과의 연계가 아주 약했지만 말이다. 실행 위원회는 대의기관이 아니라 투사들의 자발적 결사체였기에, 가장 높은 수준의 의식을 표현했다. 위원회들은 선전 활동도 하고, 쓰레기를 치우고 농민과 연계해 식량 공급을 조율하는 등 실용적 업무도 처리했다.

조직화 수준이 가장 높은 곳은 낭트와 생나제르였다. 이곳에서는 파업 위원회가 사실상 도시 운영을 맡았다. 파업 노동자들이 물가를 통제하고 급유 펌프에 인원을 배치해 석유를 배급했으며, 파업 노동자의 아내들이 채소 배급을 조직했다. 노동조합원 교사들이 파업 노동자의 아이들을 돌봤고, 노조는 어려움을 겪는 가족들을 위한 식권 제도를 조직했다.[153]

노동계급의 자주적 행동이 폭발적으로 늘어나는 동안 프랑스 공산당과 그 노동조합 부문인 노동조합총연맹이 한 구실은 무엇이었을까? 프랑스 공산당은 운동의 구호가 자유주의적·민주적 요구를 넘지 못하도록, 정부와 체제를 직접 겨냥하지 않도록 제약했다. [예를 들어 〈뤼마니테〉 1면 제목은 다음과 같았다.] "심대한 변혁을 보장할 새로운 민주주의를 위해"(5월 7일 자). "사회주의로 가는 길을 여는 민주주의를 위해"(5월 14일 자). "프랑스 민중의 이익을 따르는 진정한 현대적 민주주의를 위해"(5월 17일 자).

5월 15일 노동조합총연맹은 "투쟁 조직에서 필요한 모든 책임을 맡고 주도력을 발휘해 투쟁을 조정하고 투쟁의 범위와 강도를 결정하겠다"고 선언했다. 표현은 다소 모호했지만, 전국의 노동조합총연맹 간부들에게 전하는 메시지는 분명했다. 노동조합총연맹은 총파업을 선언하고 있지 않지만, 총파업이 벌어진다면 노동조합총연맹이 사태를 철저히 통제하겠다는 것이었다. 대부분의 공장에서 노동조합총연맹은 파업이 시작되는 데서 거의 아무 구실도 하지 않았고, 운동을 통제할 힘을 잃지 않기 위해 필요할 때만 파업을 주도했다. 그래서 파업 위원회를 노조 기구가 철저히 통제했고, 모든 주요 부문에서 노동조합총연맹이 지배적 구실을 했다. 많은 비노조원 노동자가 급진화하고 있었는데도 파업 위원회에 그들을 위한 자리는 없었다. 파업 위원회의 목표는 투쟁 열기를 가라앉히는 것이었다. 노조 투사들이 점거를 유지하는 동안 나머지 노동자들은 집에 돌려보내져 고립된 채 부르주아 대중매체에 노출됐다. 노동자 대중을 정치 토론에 참여시키려는 시도는 전혀 없었고, 노동자들을 만나러 공장에 방문한 학생들을 노동조합총연맹 투사들이 쫓아내기 일쑤였다.

공장점거는 프랑스 사회 전체를 급진화 열병에 감염시켰다. 작가, 예술가, 성직자, 축구 선수 등 모두가 기존 제도에 의문을 던지기 시작하고 점거에 나섰다. 국가의 권위에 의문이 제기됐다. 드골은 국민투표(자신의 권위에 대해 지지를 구하려 할 때마다 쓴 상투적 수단)를 요구했지만, 프랑스 내의 인쇄소 단 한 곳도 투표용지를 인쇄하려 하지 않았고, [옆 나라] 벨기에의 인쇄 노동자들도 연대를 표하며 인쇄를 거부했다.

경찰과 군대에서 깊은 균열이 나타나기 시작했다. 뮈지크에 배치돼 있던 한 육군 연대 구성원들이 5월 22일 발표한 전단은 다음과 같이 선언했다.

다른 모든 징집병들처럼 우리는 병영에 갇혀 있다. 우리는 진압군으로서 개입할 준비를 갖추라는 지시를 받고 있다. 노동자와 청년은 우리 파견대 병사들이 절대로 노동자들을 쏘지 않을 것임을 반드시 알아야 한다.

우리 실행 위원회는 어떤 희생을 치르더라도 병사들의 공장 포위에 반대할 것이다.

내일이나 모레 우리는 300명의 노동자들이 점거하려 하는 한 무기 공장을 포위할 예정이다.

우리는 노동자들과 우애를 나눌 것이다.[154]

지배계급(과 프랑스 공산당)이 의사소통 수단을 통제한 탓에 이런 자발성은 고립됐고 확산되지 못했다. 그럼에도 그런 기층의 자발성은 드골이 5월 30일 방송에 나와 내뱉은 위협, 즉 사태를 해결할 수단인 총선 실시를 노동자들이 받아들이지 않으면 내전이 일어날 것이라는 위협의 실현 가능성에 대한 상당한 의구심을 일으켰다. 뒤이어 반공주의 선전이 쏟아졌다.

프랑스 공산당 사무총장 발데크 로셰는 공산당 앞에 놓인 선택지가 다음과 같았다고 요약했다.

현실적으로 우리가 5월에 한 선택은 다음과 같았다. 파업이 노동자들의 핵심 요구를 충족하도록 실천하는 동시에, 정치 영역에서는 헌법에 어긋나지 않는 수단을 이용해 필요한 민주적 변화를 이루는 것을 목표로 하는 정책을 추구하는 것. 이것이 우리 당의 입장이었다.

그게 아니라면 남는 선택지는 그저 단순하게 힘겨루기를 유발하는 것, 다시 말해 봉기로 나아가는 것이었다. 이는 정권을 힘으로 전복하는 것을 목표로 무장투쟁을 벌이는 것도 포함할 것이었다. 이것은 몇몇 초좌파 모임들의 모험주의적 입장이었다.[155]

사실 혁명적 조직(그중 일부는 실제로 초좌파적이었다) 가운데 아무도 즉각적 무장봉기를 주장하고 있지 않았다. 이것은 쟁점이 아니었다. 진정한 쟁점은 운동을 발전시켜 가장 높은 수준으로 끌어올려야 하는지, 아니면 노동자들을 해산하면서 노동자들이 자신의 힘에 의지하는 게 아니라 선거에 모든 것을 걸도록 만들어야 하는지였다. 드골이 온갖 엄포를 늘어놓았지만 실제로 군대가 저항이 벌어지는 지역에 투입될 수 있었던 것은 프랑스 공산당이 파업 정리 수순에 착수하고 나서였다. 아무리 큰 군대도 1000만 명의 노동자가 참가하는 파업을 분쇄할 수는 없다(노동자와 농민의 아들을 징집해 만들어진 군대는 말할 것도 없다).

성패가 달린 진정한 쟁점은 1968년 8월에 프랑스의 혁명적 신문 〈뤼트 우브리에르〉가 요약했듯이 다음과 같았다.

프롤레타리아가 진정으로 동원된 상황, 즉 그때로서는 이중권력의 시기이자 혁명기의 결정적 시기를 함축적으로 뜻하는 상황에는 무엇이 담겼어야 하는가? 프롤레타리아의 대다수가 기층 곳곳에서, 즉 지역과 공장에서 조직됐어야 한다는 것, 프롤레타리아가 민주적 '지도력'을 세웠어야 한다는 것, 프롤레타리아가 마비돼 있는 부르주아 국가의 기구와 행정을 점차 밀어내며 대체했어야 한다는 것, 프롤레타리아가 파업 와중에도 필수적 활동, 즉 식량 공급, 의료 서비스, 질서 유지 활동을 틀어쥐었어야 한다는 것, 프롤레타리아가 경찰과 부르주아 행정기관에 맞서 왕성하게 투쟁했어야 한다는 것이다. 짧게 말해, 프롤레타리아는 부르주아 권력 전체를 비판할 뿐 아니라 그것을 대체할 태세가 돼 있음을 **실천에서 보였어야 한다.** …

프랑스 공산당이 5~6월 시기에 저지른 최대 범죄는 프롤레타리아를 대신해 무력으로 권력을 장악할 마음이 없었다는 것이 아니다. 사태가 시작될 때부터 체계적이고 조직적으로 프롤레타리아의 동원에 반대했다는 것이다. 또 공장점거, 파업 위원회, 피케팅에서 본질적 부분을 박탈해서는 그것들을 관료적으로 뒤틀어 우스꽝스러운 것으로 만들어 버렸다는 사실이다.

프랑스 공산당의 장기 전망은 다시 정부에 참여하는 것이었으니, 중간계급에게 자신들이 '책임감' 있고 '온건'하다는 확신을 주려 했다. 이는 드골이 제안한 선거를 받아들여 합법성을 절대로 존중한다는 것을 보여 준다는 뜻이었다. 프랑스 공산당이 이렇게 한 것은 선거에서 성공을 거두길 기대해서가 아니라(50만 표와 의석 절반 이상을 잃었다),[**] 이번에 선거에 참여하지 않으면 미래에 성공할 기회가 날아가 오래도록 찾아오지 않을 것임을 알았기 때문이다. 동시에 프랑스 공산당은 다른 좌파에 밀려서도 안 됐기에, 혁명적 미사여구를 많이 사용해야 했다.

전국적 협상이 열려 몇 가지 중요한 경제적 이득을 얻어 냈다(최저임금 35퍼센트 인상, 민간 부문 임금 10퍼센트 인상 등).[***] 혁명적

---

* 피케팅 파업 불참자나 대체 인력의 작업장 출입을 막고 파업 참가자의 이탈을 막기 위한 대중적 통제 활동.

** 1968년 6월 23일과 30일에 조기 총선이 실시됐다. 5월의 파업 물결이 사그라진 뒤 치러진 이 선거에서 드골파가 압승했다. 전체 의석 487석 가운데 드골파가 359석을 차지했다. 사회당은 60석이 줄어 57석을 차지했고 프랑스 공산당은 39석이 줄어 34석을 차지했다.

*** 1968년 5월 22일에 협상이 시작돼 27일에 체결된 그르넬 협정을 뜻한다.

행동이 개혁을 이뤄 내는 최선의 방법임이 다시 한 번 입증됐다. 이제 노동조합총연맹은 이 이득을 이용해 작업 복귀를 정당화했다(상당한 노동자들이 작업 복귀를 원하지 않았다). 노동조합총연맹은 많은 공장에서 파업을 이끌기를 거부했을 뿐 아니라, 흔히 적극적으로 작업 복귀를 위해 노력했다. 시트로엥에서는 경영진이 공장 밖에서 비밀투표 방식으로 실시하는 [작업 복귀 여부] 투표를 조직하는데, 노동조합총연맹은 그저 "조합원들은 투표할 자유가 있다"고 선언할 뿐이었다. 크레디리오네(리옹은행)에서는 투표 감독관이 없어 한 사람이 여러 번 투표할 수 있었다. 톰슨젠빌리에서는 투표가 시작되기 전에 노동조합총연맹이 톰슨의 노동자들은 많은 이득을 얻고 작업에 복귀했다는 내용의 전단을 배포했다. 노동조합총연맹은 자신들의 예측이 들어맞게 하기 위해 파업 불참자도 투표할 수 있도록 허용했다.[156]

프랑스 공산당이 이런 일을 해낼 수 있었던 것은 의사소통망의 독점 덕분이었다. 전국적 수준으로 조직된 혁명적 당이 있었다면 드골이 허세를 부리고 있음을 들춰낼 수 있었을 것이다. 불행히도 혁명적 좌파는 약하고 분열돼 있었다.

마오쩌둥주의자, 아나키스트, 트로츠키주의자는 모두 1968년 5월의 사건들에서 일정한 구실을 했고, 적어도 바리케이드 전투에서는 상당히 높은 수준으로 단결했다. 마오쩌둥주의자는 트로츠키주의자를 "반혁명 분자"로 여기면서도 함께 싸웠다.

1968년 프랑스에는 주요 트로츠키주의 단체가 3개 있었는데, 규모는 거의 비슷했지만 영향력을 발휘하는 영역은 서로 달랐다. 국제주의공산당PCI(제4인터내셔널 통합사무국 프랑스 지부)은 학생들 사이에서 일정한 영향력이 있었고, 이들의 사상은 프랑스 공산당의 청년 조직이 분열하면서 생긴 혁명적공산주의청년단JCR에 영향을 미쳤다. 국제주의공산주의자조직(당시에 영국의 사회주의노동동맹과 제휴했다)은 청년 지지자가 약간 있었고, '노동자의 힘' 노조의 일부 부문들에서 국지적 영향력도 있었다. 마지막으로 '노동자의 목소리' 그룹(1947년 르노 파업에서 핵심적 구실을 한 공산주의자연합의 후신)은 공장 내 활동에만 전념했다.

이 단체들은 모두 1968년 5월의 폭풍이 다가오는 시기에 전진했고, 5월 총파업 때는 경청자를 늘릴 둘도 없는 기회를 얻었다. 그들 중 누구도 공산당이 아닌 믿을 만한 대안을 제공하지는 못했지만, 그래도 전보다는 훨씬 더 많은 노동자들에게 알려지게 됐다.

프랑스 공산당은 온갖 추잡한 방식으로 계속해서 트로츠키주의 조직들을 비난했다. 예컨대 노동조합총연맹이 1968년 5월 르노 비양쿠르 공장에 붙인 포스터에는 다음과 같이 적혀 있었다. "이 부류들은 매일 하루가 끝날 때면 사장들에게 충성스럽게 봉사하며 더러운 짓을 한 대가로 두둑한 보상을 챙긴다."[157] 그러나 트로츠키주의 조직들은 더는 그렇게 쉽게 고립되지 않았다.

그렇지만 트로츠키주의 좌파들은 파편화돼 있어서, 노동자들과 접촉하는 데서 계속해서 크게 애를 먹었다. 이제 막 혁명적 좌파가 존재한다는 것을 알게 된 노동자들은 혁명적 좌파에 여러 가지 경향이 있다는 것을 깨닫고 혼란스러워했기 때문이다. 5월 18일 국제주의공산당, 혁명적공산주의청년단, '노동자의 목소리'가 상시 협력위원회를 만들었지만, 이런 움직임은 너무 규모가 작고 뒤늦은 것이었다.

6월 12일 정부는 '빨갱이 공포'를 일으켜서 표를 얻으려는 목적으로 모든 혁명적 단체를 금지했다. 프랑스 공산당은 이 조처에 항의하지 않았을 뿐 아니라, 좌파를 신경질적으로 공격함으로써 사실상 동조했다.

최근 며칠 사이 나온 어리석고 무분별하고 도발적인 호소와 계획을 두둔하기는 어렵다. 어쨌든 그저께 시위에서 나타난 맹목적 폭력(나무를 쓰러뜨리고 자동차를 불태우고 창문을 깨고 화염병을 던진 것)은 실제로는 드골파의 손에 놀아나는 것에 불과했음이 분명하다(퐁피두의 연설은 이를 입증하기에 충분했다). 학생운동은 마땅히 있어야 할 지도자가 없다. 정권이 자신의 정책에 항의하는 운동을 분열시키는 책동을 가리는 은폐물로 오늘날 좌파 집단을 활용하고 있는 것은 그럴 만한 이유가 있는 것이다.[158]

그리고 노동조합총연맹은 프랑스민주노조연맹과의 우호적 관계를 해치는 데까지 나아갔다. 프랑스민주노조연맹이 그 '좌파'들과 너무 친하다는 게 이유였다.

1968년 5월의 사건들은 프랑스 자본주의를 심각하게 위협하지는 않았다. 경제는 빠르게 회복돼 이듬해에는 생산이 실제로 급격히 증가했다. 정부는 노동계급과 날카롭게 대립하기를 원하지 않았고 그럴 필요도 없었다. 다양한 조세 개혁으로 만들어진 성과는 침식할 수 있었다. 중소기업 경영진들만이 노동자들을 실제로 탄압하려 했다.

프랑스 공산당과 노동조합총연맹은 이 시기에 두 가지 주요한 문제에 봉착해 있었다. 첫째는 선거에서 지지를 되찾고 부르주아지에게 자신들의 선한 의도를 입증해 안심시키는 것이었다. 둘째는 공장에서 기반을 유지하는 것이었다.

1968년 가을 노동조합총연맹은 첨예한 투쟁을 모두 회피하려 했다. 전체로 보아 노동자들은 여전히 자신감이 있었고, 파업 손실을 벌충하기 위한 잔업 문제를 둘러싸고 많은 투쟁이 벌어졌다. 노동조합총연맹은 이 투쟁들에 소극적 태도를 보이면서, 동시에 '좌파사상'에 감염된 투사들을 몰아내려 했다.

1969년 봄이 되면 지배계급은 상황이 충분히 진정돼서, 더는 참아 주기 힘든 기행을 일삼는 드골을 버려도 되겠다고 느꼈다. 드골은 프랑스 역사상 처음으로 국민투표에서 두 차례 패배한 대통령이 되며 정계에서 물러났다.

뒤이은 대통령 선거에서 선거 동맹 문제가 제기됐다. 중도파는 완전히 보잘것없는 인물인 알랭 포에르를 드골파 후보 조르주 퐁피두의 대항마라며 자유주의적 대안으로 내세웠다. 사회당은 결선투표에서 포에르를 지지하기 위한 길을 닦는 책략으로 가스통 데페르를 내세웠다.*

이 모든 것은 프랑스 공산당에는 심각한 문제였다. 만약 사회당이 중도파와 가능성 있는 동맹을 맺는 데 성공한다면, 프랑스 공산당은 동맹 없는 찬밥 신세가 될 것이었다. 설상가상으로 만약 포에르가 이긴다면, [드골의] "1인 권력"에 맞서 광범한 단결을 이룬다는 프랑스 공산당의 전략 전체가 붕괴할 것이었다. 그래서 프랑스 공산당은 좌회전을 했다. 프랑스 공산당은 1차 투표에 독자 후보로 베테랑 당 관료인 자크 뒤클로를 내보내 높은 득표[21.5퍼센트]를 하며 지난여름[1968년] 총선에서 입은 손실을 복구하고, 결선투표에서는 지지자들에게 ("페스트와 콜레라" 사이에서) 기권하라고 촉구해 상당한 호응을 얻었다. 그 덕분에 퐁피두의 승리가 확실해졌다.

지배계급은 이제 프랑스 공산당을 다루는 전략을 바꾼 듯했다. 드골은 공산당을 [정계 주류로] 끌어들여 융합시키려 애쓴 반면, 이제 퐁피두 정권은 좌파들의 동맹이 깨진 상황을 이용해 공산당을 고립시키려 했다.

지배계급의 이런 태도 변화에 더해 노동계급 투쟁성이 다시 고조되는 새로운 물결에 직면한 프랑스 공산당은 1969년 가을에 조금이라도 좌회전을 할 수밖에 없었다. 노동조합총연맹 지도부는 위

---

* 프랑스의 대통령 선거에는 결선투표 제도가 있다. 1차 투표에서 유효표의 과반을 득표하는 후보가 대통령으로 선출된다. 그런 후보가 없으면 1차 투표의 다득표자 2명을 대상으로 결선투표를 실시한다.

협적 태도를 취했고 언론과 정부 지도자들에게 비난받았다. 이런 좌회전은 세력균형의 변화를 나타냈다. 1969년 9월 20일 혁명적 신문 〈뤼트 우브리에르〉는 다음과 같이 설명했다.

노동조합총연맹이 좌파가 된 것은 아니다. 오히려 그들은 이 나라에 좌파 운동이 무시하지 못할 만큼은 존재한다는 사실, 비록 노동계급에 깊이 뿌리내린 것은 아니지만 노동자들의 진정한 이익과 적어도 노동자 일부의 염원을 사상적으로 반영하는 운동이 존재한다는 사실을 정확히 보고 걱정하고 있다.

노동조합총연맹은 그런 [좌파] 노동자는 물론이고 자기 산하의 투사들이 앞질러 나가는 위험을 방지하려면 선두에 설 수밖에 없었고 [노동자들 사이에서 벌어지는] 선동이 어느 정도 가시화되면 그 즉시 주저하지 않고 행동을 일으켰다. 분명히 이 전술은 한계가 있다. 노동조합총연맹 지도자들은 현장 조합원들을 만족시키기 위해 혁명을 일으킨다는 생각도, 부르주아지를 심각한 어려움에 빠뜨릴 의도도 절대로 없다. 노동조합총연맹의 지도자들은 파업 운동의 주도력을 차지하는 데 망설임이 없으면서도, 능수능란한 솜씨를 발휘해 파업의 영향을 줄이고 파업이 일반화되지 않게 하고 정부와 부르주아지가 가능한 쉽게 곤경에서 벗어날 수 있게 한다.

좌회전은 오래가지 못했다. 예컨대, 1972년 2월 젊은 마오쩌둥주의자 르네피에르 오베르네가 르노 공장에서 무장한 공장 경비대에게 살해당했다. 심지어 자유주의자들도 공장 경비대를 무장시키는 것에 경악을 표하고, 대부분 젊은 노동자인 10만 명이 오베르네의 장례식에 참석할 때조차, 프랑스 공산당은 이 일을 좌파와 선을 긋는 기회로 삼았다.

프랑스 공산당의 기반은 1968년 이래 크게 줄어들지 않았다. 실제로 1971년 11월 프랑스 공산당은 1968년 이래 자당의 다양한 청년 조직에 1만 명에서 1만 5000명이 가입하며 청년들 사이에서 진전이 있었다고 보고했다. 이 성장은 많은 좌파 단체가 막다른 길로 가는 전략을 갖고 있었고 프랑스 공산당이 대학에서 온건파를 얻는 데 성공한 덕분이었다고 할 수 있다.

그렇지만 프랑스 공산당의 주된 관심은 선거 득표였다. 1973년으로 예정된 총선 이후 정부에 들어가려는 프랑스 공산당의 노력은 1971년 가을 《민주적 민중 연합 정부의 강령》을 (50만 부) 출판하는 것으로 시작됐다. 노동자들을 위한 경제적 개선 [공약]은 극도로 온건했다. 《강령》은 주 40시간 노동제를 주장했지만(원칙으로서는 1936년에 이미 성취한 것), 즉각 의무적 조처로 도입하겠다고 약속하지는 않았다. 《강령》은 최저임금을 월 1000프랑으로 인상할 것을 주장했지만(주급으로 20파운드가 안 되며 이미 1968년에 르노 노동자들이 기본급으로 요구한 액수이고 드골파가 1973년까지 이루겠다고 약속한 액수), 이것도 반드시 이행하겠다고 약속하지는 않았다. 그리고 부르주아 국가라는 틀을 대체로 수용하겠다고 했는데, 다음의 말에서 잘 드러난다. "군대는 공공질서 유지와 관련된 임무를 맡지 않게 될 것이다. 그것은 군대와는 꽤나 별개인 경찰의 기능이다."

그렇지만《강령》은 프랑스 공산당의 목적에 도움이 됐다. [1972년 6월] 사회당과 공산당이 함께《공동강령》에 서명하기로 합의하는 발판이 된 것이다.《공동강령》은 프랑스 공산당 자체의《강령》보다 더 희석된 것이었다(국유화·유럽경제공동체·나토 문제에서 양보했다). 이 선거 동맹은 언제나 기회주의적인 급진당의 일부(의석 유지를 위해 공산당과 사회당의 표를 원하는 급진당 의원단의 다수 등)를 끌어들였다. 형식만 보면 1936년의 민중전선이 되살아난 것이었지만, 실제로는 1936년과 달리 대중의 불만이 사회적 폭발로 이어지는 상황은 아니었다. 프랑스 공산당은 존중받을 만한 정당으로 보이려 애썼는데도 선거운동 기간 동안 빨갱이 사냥의 표적이 됐다. 프랑스 공산당의 강령은 노동자와 여타 차별받는 사람들의 상상력을 거의 사로잡지 못했다. 1973년 3월 총선이 다가올수록 드골파의 인기도 상당히 빠졌지만, 그래도 드골파와 그 동맹자들은 무사히(그러나 간신히) 다수 의석을 획득했다. (노동자투쟁과 공산주의동맹이 낸) 혁명적 후보들이 거의 30만 표(출마한 선거구에서 평균 2퍼센트 이상)를 받았다는 사실은 프랑스 공산당의 왼쪽에 상당히 작지만 의미 있는 세력이 있다는 것을 보여 줬다.

이탈리아

1960년대 이탈리아 공산당은 프랑스 공산당과는 정반대의 문제에 부딪혔다. 프랑스 공산당은 고립에서 벗어나고 있었지만, 이탈리아 공산당은 점점 더 고립된 것이다. 넨니가 이끄는 이탈리아 사회당은 1950년대 중반부터 천천히 공산당과 거리를 뒀다. 진정한 결별은 1962년 1월에 찾아왔다. 사회당은 [기독교민주당이 이끄는] 새 정부를 지지하기로 결정하고 1963년 12월에는 그 정부에 들어갔다.

이른바 중도-좌파 정부라는 공식은* 이탈리아 자본주의의 가장 선진적인 부문인 피아트와 탄화수소공사ENI(국영 가스·석유 독점기업)의 바람을 직접 표현하는 것이었다. 임금동결, 금융긴축, 실업률 증가가 뒤따랐고 부총리 넨니는 (스탈린 장례식에 참석한 지 10년이 된 이때) 노동자들에게 국익을 위해 희생하라고 촉구하는 주역을 맡았다.

이런 사회당의 진화가 아주 순조롭게 이뤄진 것은 아니다. 1964년 사회당 내 좌파 일부가 분열해 나가 이탈리아프롤레타리아통일사회당PSIUP이라는 새 정당을 만들었다. 1965년 넨니는 '공개서한'을 발표해 국가, 노동계급의 성격, 사회주의로 평화롭게 이행할 가능성 등에 관한 마르크스주의의 견해를 근본부터 수정해야 한다고 주장했다. 1966년 사회당은 사라가트의 사회민주당과 일시적 재

---

* 기독교민주당과 사회당의 연합을 뜻한다.

통합을 이뤄 냈다. 이탈리아 공산당은 의회 선거 영역은 물론이고 이탈리아노동조합총연맹 내 공동 활동과 지방자치단체 운영 영역에서도 사회당과의 동맹에 기대고 있었으므로 이 재통합에 냉담한 반응을 보였다. 이탈리아 공산당은 중도-좌파 강령에 반대표를 던졌지만, 톨리아티는 이것이 원칙상의 반대가 아니라 나토와 지방정부 같은 특정 문제들에 대한 의구심 때문이라고 설명했다. 이탈리아 공산당 내 우파 경향은 프롤레타리아통일사회당이 사회당에서 분열해 나간 것까지 비판했다.

1963년 총선에서 이탈리아 공산당은 상당히 득표했다[25.3퍼센트]. 교황 요한 23세가 공산당에 투표하는 것이 더는 죄악으로 간주되지 않는다는 것을 분명히 해 준 덕분에 특히 가톨릭계 여성의 표를 많이 받았다. 그렇지만 (보통 40퍼센트가량 득표하는) 기독교민주당 전체나 적어도 일부(기독교민주당은 여러 분파로 나뉘어 있었다)를 포함하지 않고는 정부를 꾸리는 것을 상상할 수 없다는 것 또한 분명했다.

이탈리아 공산당의 기본 지향은 계급 협력 추구였다. 볼로냐 시장 귀도 판티는 다음과 같이 썼다. "이탈리아 공산당의 새 과제는 착취받는 계급 사람들과 서발턴* 계급 사람들의 전위 정당으로서 구실, 그리고 … 자신의 객관적인 경제적 조건을 바꾸길 원하는 모

---

* 서발턴(subaltern) 천대받거나 억압받는 집단을 가리키는 포스트콜로니얼리즘의 용어.

든 사회집단의 광범한 동맹을 구축하는 유기체로서 구실을 늘려 나가는 것이다."[159]

(머지않아 이탈리아 공산당을 떠나는 소수 마오쩌둥주의자들을 제외하면) 아무도 이 지향에 반대하지 않았다. 그렇지만 그 지향을 실현할 전략과 전술을 두고는 상당한 논쟁이 벌어졌다. 1966년 당 대회에서 다수파는 중도-좌파는 실패했으며 공산당은 "기독교민주당 좌파까지 포함하는 모든 세력"에 기초한 다수파, 또는 아예 기독교민주당 전체를 포괄하는 다수파의 새로운 형성을 목표로 해야 한다고 주장했다. (잉그라오가 이끈) [이탈리아 공산당 내] 소위 '좌파'는 중도-좌파는 실패하지 않았지만 노동계급의 패배를 뜻한다고 주장했다. 그러므로 새로운 동맹은 좌파 세력(공산당과 프롤레타리아통일사회당과 사회당 좌파)의 동맹이어야 하며 기독교민주당의 분화를 끌어 내기 위해 기독교민주당 좌파와의 대화 체계를 확고히 세우도록 애써야 한다는 것이었다.

사회당과 사회민주당의 재통합 또한 이탈리아노동조합총연맹과 관련한 문제를 불러일으켰다. 사회당은 이탈리아노동조합총연맹 내에서 더 큰 독립성을 얻기 위해 싸우거나 심지어 완전히 탈퇴해서 이탈리아노동조합연합 내의 사회민주당과 재통합하라는 강한 압력을 받고 있었다. 그러나 이탈리아 공산당은 이런 식으로 더욱 고립되는 것을 어찌어찌 피할 수 있었다. 첫째, 사회당 소속의 이탈리아노동조합총연맹 간부들은 사회당의 중도-좌파 참여로 노동조합원들에게 득이 될 것이 없다고 보고 절반 이상이 사회당과 결별해 프롤레타리아통일사회당에 가입했다. 이 때문에 프롤레타리아통일사회당은 점점 더 그저 이탈리아 공산당의 부속물처럼 돼 갔다. 둘째, 세 노조 연맹체의 공동 행동이 발전하고 있었다. 세 노조 연맹체는 1966년에 처음으로 금속 노동자 단체협약 투쟁에서 공동 요구를 제출했다.

1960년대 말 이탈리아에서는 프랑스에서와는 달리 한 방의 큰 충돌이 일어나지는 않았고, 더 작은 투쟁들이 잇따라 터졌다(흔히 "느리게 돌아가는 프랑스의 5월"로 묘사된다).

이탈리아 공산당은 학생들의 투쟁성 분출에 훨씬 더 유연한(더 정확히 말하면 기회주의적인) 태도를 보였다. 이탈리아 공산당은 초반에는 비난을 했지만, 그 뒤 1968년에 사무총장 루이지 롱고는 다음과 같이 썼다.

우리 당(대학에서 펼치는 주장과 활동)이, 학생들 사이에서 특히 '활동적'이고 역동적인 몇몇 부문 사이에서 전개된 정치적·조직적 현실과 괴리돼 있었다는 것은 부인할 수 없다. 대학에서 일어난 이 정치적·문화적 소동에 우리 당원들은 뒤늦게야 관심을 보였다. 왜 그랬을까?

이것만이 정답이라는 것은 아니지만, 내가 보기에는 우리 당원들이 우리 당의 단결과 응집력을 해치려는 공격에 맞서 당을 지켜야 한다는 생각에 사로잡힌 나머지 경직된 방어적 태도를 보이게 된 것이다. 말하자면 막다른 골목에 몰려, 다른 이들의 주장을 이해하고 논쟁할

여유가 없던 것이다.[160]

1969년 여름과 가을 노동계급의 투쟁성이 어마어마한 규모로 폭발하면서 [이탈리아 공산당한테는] 더 많은 문제가 생겼다. 한 피아트 노동자가 어떻게 투쟁이 노조 간부의 통제를 빠르게 벗어났는지 설명한다.

노조들은 1969년 치 파업 계획을 모두 정해 놓은 상태였다. 노조들은 소규모 순환 파업 방식으로 생산이 완전히 중단되지 않게 하고 노동자들이 많이 모이는 일도 막고 싶어 했다. 그러나 우리가 진취성을 발휘해 속도를 높였다. 노동자 대다수가 참여하고 생산이 거의 완전히 중단되는 효과를 냈다.

노조가 2시간 작업 중단을 지시하면, 노동자들은 4시간 작업을 멈추고 그 뒤에는 한 걸음 더 나아가 8시간 작업을 멈췄다. 파트마다 작업 중단 시점을 다르게 해서 생산 차질을 극대화했다. 프레스 파트가 생산을 안 하면, 기중기 기사와 운반 차량 기사는 옮길 것이 없어지는 식으로 말이다. 이렇게 해서 생산 라인이 사실상 완전 멈추는 것이다. 이런 상황은 노조에는 위험했다. 노조는 통제력을 잃었고, 노동자 투쟁의 흐름을 끊으려 애썼다. 그래서 노조는 현장 감독이나 관리자와 똑같이 말했다. 자발적으로 파업한 시간(즉, 비공인 파업 시간)에 대해서는 징계가 떨어질 것이라고 말이다. 그렇지만 위협은 먹히지 않았고 파업은 계속됐다.[161]

투쟁은 번져 나가 1969년 7월 초 토리노에서는 봉기에 육박하는 상황이 펼쳐졌고, 공장들에서 폭력 행위가 셀 수 없이 많이 일어나 공장 규율이 한동안 거의 무너졌다. 이탈리아노동조합총연맹을 비롯한 노조들이 이도 저도 못 하는 상태에 빠져서, 투사들이 현장 조합원 위원회를 세워 투쟁들을 조율했다. 그렇지만 현장 조합원 위원회들은 노조 바깥에서 운영되는 조직이었고 노조 내 정치적 주도력을 바꿀 전략이 없었을 뿐 아니라 전국 수준에서 노조를 대체할 수 없었기에 대부분 일시적으로만 존재했다. 게다가 노조들은 많은 공장에서 파트와 라인마다 대표자 위원회를 세웠다. 이 대표자 위원회는 현장 조합원의 의견을 표현할 수단이 됐고(그때까지 이탈리아에서는 영국의 현장위원 같은 직접적 대표자가 없었다), 그리하여 비공인 위원회들은 더 약화됐다.

1971년이 되면 이탈리아 공산당과 이탈리아노동조합총연맹이 작업 현장에 대한 통제력을 되찾았지만, 전처럼 완전하지는 않았다. 공장들에서는 노동조건을 둘러싸고 짧지만 첨예한 투쟁이 계속해서 일어났고, 투쟁적 노동자들은 1969년 단체협약 투쟁에서 놓친 성과를 얻어 내기 위해 계속해서 싸웠다. 그사이 남부에서는 사회·경제적 궁핍에서 비롯하는 불만 때문에 폭력적 충돌이 일어났다. 이 충돌들은 이탈리아 공산당이 쉽게 통제할 수 없는 것이었고 그 덕분에 레조디칼라브리아에서 네오파시스트들이 '민중' 항쟁을 이끌 기회를 잡았다.

이탈리아 공산당은 선거에서 엄청난 지지(1972년 총선에서 900만 표)를 받았고 당원 수가 150만 명에 달했지만, 1970년대 초에 완전히 마비돼 있었다. 이탈리아 공산당에서 중요한 내분들이 일어난 것은 당시 상황에 내재한 기본 모순을 반영하는 것이었다. 이탈리아 공산당이 새 연립정부에 들어갈 가능성은 노동계급 운동을 통제해 사회적 평화를 보장할 수 있는 존중할 만한 정당으로 인정받을 수 있는지에 달려 있는데, 지배계급은 극심한 위기에 봉착해야만 그런 연립정부를 허용할 것이라는 역설이었다.

예컨대 1969년 노동계급 투쟁이 훅 솟아올랐을 때 이탈리아 공산당에서든 기독교민주당에서든 두 당이 '새 다수파' [정부] 안에서 공존할 가능성에 대한 말이 많이 나왔다. 그러나 그 뒤에 중도-좌파 정부가 실각하고 사회당이 다시 분열하자 그런 말은 차츰 사라졌다. 이탈리아 공산당만이, 그중에서도 온갖 것을 다 양보해서라도 권력에 대한 실체 없는 희망을 놓치고 싶지 않아 하는 지도자들만이 미련을 버리지 못했다. 예컨대 1972년 여름 이탈리아 공산당 중앙위원 나타는 중도-좌파 정부가 때때로 "추상적 최대강령주의의 흔적"을 내비쳐 사회의 특정 부문들이 두려움을 느끼게 만드는 잘못을 저질렀다고 말하는 지경에까지 나아갔다.[162]

이탈리아 공산당에게는 그런 양보를 하는 것 말고 다른 선택지가 있다. 잠시 야당 역할을 하면서 노동계급 투쟁의 지도부 구실을 재개하는 것이다. 상당히 많은 기층 평당원들은 당이 그런 방향으로 가야 한다고 생각한다. 특히 자발성주의에 실망하면서 1969년부터 입당한 젊은 노동자와 지식인의 많은 수가 그랬다. 네오파시스트의 테러 공격이 벌어지면서, 나이가 지긋한 노동자들은 공산당이 파시즘 반대 투쟁을 다시 이끌기를 기대하고 있다. 그렇지만 이탈리아 공산당 지도부 내 '좌파'조차 민주주의 동맹을 구축해 결국 '새 다수파' [연립정부]를 꾸린다는 전망에 머물러 있다.

이탈리아 공산당의 입장은 모순투성이다. 파시즘 반대 투쟁을 예로 살펴보자. 이탈리아 공산당은 "민주적으로 통제되는" 강력한 경찰력을 계속 주장한다. 그러나 지금 상황에서 경찰 강화를 주장하는 것은 국가 내의 부패하고 파시즘 친화적인 요소의 놀음에 장단을 맞추는 꼴이 된다. 이탈리아 공산당이 운영하는 언론은 "초좌파적 도발"을 비난하며 파시스트에게 명분을 주면 안 된다고 악을 쓴다. 그러나 그런 "도발"의 상당수는 파시스트 단체들이 좌파에게 누명을 씌우려 만든 작품이었음이 드러났다(예를 들어 1969년 밀라노의 한 은행에서 폭탄이 터져 14명이 사망한 사건이 있다).

서방 세계 다른 나라의 공산당들은 프랑스와 이탈리아처럼 매우 인상적인 경험을 하지는 않았지만, 몇몇 공산당들은 [자국] 노동운동에서 어느 정도 영향력이 있었다. 그런 공산당들은 각자 자기 나라 사정에 맞게 변형된 민중전선 전략을 추구했고, 모두들 국내적 개입과 국제적 연계 사이의 모순이 매우 심각해지는 일을 겪었고 몇몇은 분열을 겪었다.

영국

영국 공산당은 1950년에 단 2개뿐이던 의석을 잃었고, 선거 득표는 꾸준히 줄었다.

연도	후보자 수	총득표
1945	21	102,780
1964	36	45,086
1966	57	62,112
1970	58	37,966

그런데도 영국 공산당은 점점 더 많은 역량을 국회의원 선거 출마와 지자체 선거 출마에 투입했다. 당원 수는 헝가리 혁명 이후 급격히 줄었다가 1960년대 초 회복되기 시작했지만 이내 정체했다.

영국 공산당은 새로 생겨난 정치적 급진화 물결에 대응하는 데 철저히 실패했다. 1950년대 말 핵무기철폐운동CND이 영국의 일방적 핵 폐기를 주장하며 10만 명을 시위에 동원하는 대중운동으로 성장했다. 이 운동은 참여자의 다수가 중간계급 사람들이기는 했지만, 1960년 노동당 당대회에서 다수의 지지를 얻을 만큼 노동운동에도 꽤나 영향력을 끼쳤다.

영국 공산당은 [핵무기 금지를 위한] '정상회담' 요구(와 소련 수소폭탄 지지)를 고집하면서 처음에는 핵무기철폐운동을 반대했다. 1959년 당대회에 대한 [공산당 이론지의] 보도는 다음과 같았다.

지난 경험을 보면, 일방적 핵 폐기론은 운동을 분열시킬 뿐이고 핵무기 금지 국제 협정이라는 진정한 쟁점에 대한 주의를 분산시킨다. 국제 협정이야말로 핵전쟁의 위협을 제거할 유일한 방법이며, 가장 많은 사람들이 동의할 쟁점이기도 하다.[163]

1960년 영국 공산당은 그 맥없는 구호가 사람들을 동원하는 최선의 것이 아님을 인정하는 수밖에 없었고 핵무기철폐운동에 합류하기로 결정했다. 그래도 영국 공산당은 핵무기철폐운동이 가라앉을 때 당원 모집에서 어느 정도 성공을 거뒀다.

1967~1968년 베트남연대운동vsc에서도 같은 상황이 반복됐다. 이 운동은 학생들의 투쟁성이 고양되는 상황에 주로 힘입어 3만 명을 거리로 불러 모을 수 있었다. 영국 공산당은 '남베트남민족해방전선에 승리를'이라는 구호에 반대하며 베트남연대운동을 공격했다. 그 공격은 핵무기철폐운동에 대해서보다 훨씬 볼썽사나웠다.

지금 필요한 것은 영국에 진정한 정치적 충격을 줄 수십만 명 규모의 운동이다. 이 점에서 베트남연대운동의 태도와 활동은 그런 운동의 건설을 가로막는 장애물이다. 그들은 사명감이 투철하지 못하다고 여겨지는 이들 모두에게 끝 간 데 없이 적대감을 표출하기 때문이다. 우리가 이미 설명한 것과 같은 현실적·즉각적 요구를 놓고 가장 광범한 단결을 이루려는 진심 어린 노력을 밀어내려고 (실제로는 공격하려고) 부단히 애쓰고 있기 때문이다.[164]

이 쟁점에서도 영국 공산당은 입장을 철회해야만 했고, 1968년 10월 열린 베트남연대운동의 마지막 대규모 시위를 지지했다. 그렇지만 이번에는 정치적으로 너무 곁다리로 밀려나 있던 처지여서, 당원 모집은 할 수 없었다. 이때부터 줄곧 영국 공산당은 청년층에서 약했다.

다른 쟁점에서 영국 공산당은 민족주의에 심각하게 양보했다. 이 문제는 영국의 유럽경제공동체 가입에 반대하는 운동에서 가장 충격적으로 드러났다. 영국 공산당 32차 당대회 결의안 초안에는 다음과 같은 말이 담겼다.

[영국] 지배계급은 노동계급이 획득한 진지를 공격하는 일환으로, 의회의 권한을 박탈해 차츰차츰 유럽경제공동체 같은 초국가적 기관들에 넘겨주려 한다. … 영국의 국권은 영국 노동계급에게 사활적으로 중요한 것이다.

1971년 10월 25일 영국 공산당원들은 유럽경제공동체 반대 시위에 참가했는데, [공산당 일간지] 〈모닝 스타〉의 말을 빌리면 "보수당 숙녀들"과 "먼데이클럽도"* 참가한 시위였다. 이는 민중전선 논리의 종착지가 어디인지 보여 줬다. 국제주의자라면, 유럽경제공동체에 관한 견해가 무엇이든 간에, 실제로는 극우파(노동자들이 인종

---

* 먼데이클럽 영국 보수당 내 우파들의 모임.

에 따라 서로 적대하도록 부추기는 것이 주된 목표인 자들)의 정치적 신용도를 올려 줄 뿐인 시위에 참가할 수는 없을 것이다.

그러나 영국의 계급투쟁에서 영국 공산당이 차지하는 진정한 의미는 전국 규모로 활동하는 산업 현장 투사 네트워크로서 여전히 유일했다는 사실이다. 그 많은 투사들이 공산당원이거나 그 주변인이었는데, 공산당의 정치에 크게 공감해서가 아니라 모종의 정치적 근거지가 필요했기 때문이다. 그리고 1960년대에 노동당 정부가 소득 [억제] 정책을 시행하고 노조에 불리한 법안을 제출함에 따라, 정치적 대응의 필요성은 더 커졌다.

그렇지만 영국 공산당은 그런 대응을 할 수가 없었다. 영국 공산당의 선거주의는 (의회에서 별다른 결실을 맺지 못했는데) 노동조합 전략에서도 핵심이었기 때문이다. 노동조합 선거에 출마해 요직을 차지하는 것은 공산주의적 정책을 실행하려 분투하는 데 사용할 수단(레닌이 《좌파 공산주의의 유치증》에서 주장한 것처럼)이 아니라, 그 자체로 목적이 됐다. 생산성 거래, 파업, 계측일급제* 등을 둘러싸고 공산당원 노조 간부의 의견과 공산당원 현장 노동자의 의견이 심각하게 엇갈리는 일이 흔했다. 그렇지만 영국 공산당은 자기 당 소속 노조 간부를 규율해 바로잡을 의지도 수단도 없었다.

---

* 계측일급제 노동자의 작업량 등을 평가해 장려급을 산정, 기본급에 더해 지불하는 임금제도로 일종의 변형 시간급제다.

영국 노동당 [해럴드 윌슨] 정부와 노동자들은 1966년 여름에 처음으로 크게 맞붙었다. 선원들의 전국 파업에서였다. 윌슨은 경악스러울 정도로 신경질을 부리며 파업이 영국 공산당 때문에 일어난 일인 양 헐뜯으려 했다. 사실 파업 지도자 일부가 공산당원이긴 했지만, 공산당의 구실은 선전에 국한됐다. 게다가 공산당은 항만 노동자들에게 상당한 영향력이 있었는데도 그 노동자들을 움직여 선원 파업을 지지하는 일은 일절 하지 않았다. 그런 노력을 했다면 파업의 양상이 사뭇 달랐을 수 있다.

1971년 여름 어퍼클라이드조선소 점거 투쟁 결정을 내린 현장위원들 중에는 영국 공산당 투사들이 여럿 포함돼 있었다(그중에서도 지미 리드는 기존 질서를 위협하는 상징적 인물로 여겨졌는데 곧 사람들에게 사랑받는 방송인으로 변모했다). 그 현장위원들이 채택한 노동자 자주관리 전술은 명백히 정면충돌을 피하기 위한 것이었다. [공산당 스코틀랜드 위원회 사무국장 앨릭스 머리는 다음과 같이 썼다.]

어퍼클라이드조선소 노동자들의 지도부가 직면한 문제는 힘든 투쟁이 될 싸움에서 자신들의 목적(정리 해고와 조선소 폐쇄를 막는 것)을 달성할 새로운 투쟁 기법을 고안해 내는 것이었다. 사측이 기어코 직장 폐쇄를 하기로 마음먹은 상황에서 파업은 사측의 노림수에 걸려드는 꼴이 될 수 있다. 점거 투쟁을 벌였더라도 충분히 오래 지속하기는 어려웠을 것이다. 오히려 사측은 점거 투쟁 때문에 [선박 건조] 계약 이행이 불가능하고 파산 상황이 더 악화된다고 주장하며 노동자들을 공격할 좋은 핑곗거리로도 삼았을 것이다. 그랬다면 보수당이 어퍼클라이드조선소 노동자들을 지지하지 않는 여론을 조성하기가 더 수월했을 것이다.[165]

실제로 〈모닝 스타〉는 9월 3일 자 보도에서 노동자들이 높은 수준의 활기와 규율을 보였다며 크게 기뻐했다.

어퍼클라이드조선소 노동자는 모두 자신들의 조선소를 위해 최선을 다할 각오가 돼 있다. 이제 정말로 팀워크가 발휘되고 있다. "내가 동료들을 실망시키고 있구나" 하고 느낄 것은 극소수의 지각을 일삼는 노동자들뿐이다. 그렇다, 시간 엄수도 신기록을 세울 정도로 좋아지고 있다. 이를 단적으로 보여 주는 것은 노동자들이 점심시간에 제공되는 맥주를 마시다가도 식사 시간 종료를 알리는 경적이 울리기 전에 잔을 내려 놓고 앞다퉈 작업에 복귀한다는 사실이다.

보수당이 노동조합의 권리를 공격하는 입법을 하려는 것에 맞서는 투쟁에서 영국 공산당이 사용한 주요 무기는 '노동조합 방어를 위한 연락위원회'(이하 연락위원회)라는 기구였다. 이 기구는 지도부가 사실상 선출 절차를 밟지 않은 이들이었지만 실질적 동원력이 있었다. 그 절정은 보수당의 노사관계법 개정안에 맞서 1970년 12월 8일에 벌인 하루 파업이었다.

그렇지만 상징적이고 시늉에 가까운 행동을 벌이는 정도가 아니라 정말로 국가와 맞붙어야 하는 상황이 닥쳤을 때, 연락위원회는 행동할 준비가 돼 있지 않았다. 1972년 7월 5명의 항만 노동자가 "불법 피케팅"을 했다는 이유로 구속됐다. 연락위원회는 전국적으로 조율된 행동을 호소하려는 시도조차 하지 않았다(그 직전에 1200명의 대표자들이 참석하는 대회를 조직한 경험이 있는데도 말이다). 4명의 항만노조 현장위원들이 〈소셜리스트 워커〉에 보낸 1973년 4월 14일 자 독자 편지에 썼듯이 "만약 이 투쟁에 참가한 보통의 항만 노동자에게 연락위원회가 무엇을 했느냐고 물으면, 그들은 그게 무엇인지조차 모를 것이다." 투사들이 각개식 파업을 일으켜 구속된 5명의 항만 노동자들을 석방시키는 데 성공했는데, 그렇게 파업을 일으킨 투사들 다수는 당연히 공산당원이었다.

　연락위원회를 무력하게 만든 것은 누군가의 악의가 아니라 그 기구를 움직인 전략이었다. 연락위원회는 자신들의 연단에서 연설하고 〈모닝 스타〉에 칼럼을 기고하는 노동조합 간부들과의 관계가 깨지는 것을 원하지 않았다. 영국 공산당은 [운수일반노조의] 잭 존스와 [금속노조의] 휴 스캔런 같은 좌파 지도자들이 우경화할 때조차 비판할 태세가 돼 있지 않았다. 영국 공산당과 그 외피 조직들은 노조 관료와의 관계와 현장의 기반 사이에서 갈팡질팡하는 바람에, 선전만 할 수 있었을 뿐 노동자들을 동원할 수는 없었다.

아일랜드

1969년 여름 아일랜드에서 무장투쟁이 발발했을 때, 아일랜드 공산당은 이 투쟁에 효과적으로 관여할 처지가 아니었다. 왜 그런지 이해하려면 아일랜드 공산당 운동의 역사를 살펴봐야 한다. 1940년대부터 아일랜드에는 [아일랜드공화국과 영국령 북아일랜드에] 2개의 공산당이 있었다. 즉, 두 공산당은 아일랜드 민족이 [영국] 제국주의에 의해 분할된 상황을 암묵적으로 인정했다.[166] 그 이유는 제2차세계대전이 발발했을 때 아일랜드공화국은 중립을 유지한 반면 북아일랜드는 법률상 교전국의 일부였다는 사실이었다. 두 공산당은 1970년 3월에야 합당했으니, 투쟁을 이끌기는커녕 투쟁의 필수 요소가 되기에도 역부족이었다.

조직 수준의 기회주의는 노골적 개혁주의 정치로 나타났다. 1965년 1월 북아일랜드 총리 테런스 오닐과 남아일랜드 총리 션 레마스가 벨파스트에서 만났다. 아일랜드노동자당[아일랜드공화국 공산당]이 발행한 잡지 《아이리시 소셜리스트》는 이에 대해 다음과 같이 논평했다.

오닐과 레마스의 만남은 각자의 속내가 무엇이든 간에 긴장 완화에, 특히 정치색과 종교에 따라 다투는 북아일랜드인들끼리의 긴장을 완화하는 데 기여할 것이 틀림없다. 이 결과는 물론, [두 아일랜드의] 경제적 협력을 증진시키는 움직임은 그 무엇이든 크게 환영받을 것이다.

이런 정치로는 북아일랜드의 가톨릭계 주민들이 저항에 나선 1968년 10월 5일 이후의 사태 전개에 대처하기가 거의 불가능했다. 북아일랜드 공산당은 강력하지는 않았지만, 노동조합운동 내에서 지지와 영향력이 어느 정도 있었다. 북아일랜드 공산당은 1967년 2월 북아일랜드시민권협회를 세우는 데 협력했는데, 북아일랜드시민권협회의 강령은 기본으로 자유주의적이었다(모든 시민의 기본권을 명시하라, 개인의 권리를 보호하라, 권력 남용 행위를 폭로하라, 언론·집회·결사의 자유를 보장하라고 요구하라, 대중에게 법률로 보장되는 권리가 무엇인지를 알려라 등).

그렇지만 1968년 10월 시민권 운동이 자유주의적 방식에서 벗어나는 방향으로 발전하기 시작하자, (베티 싱클레어 같은 인물로 대표되는) 아일랜드 공산당은 사실상 저항운동에 절제하라고 충고하는 구실을 했다.

아일랜드 공산당이 아일랜드공화국군IRA, 특히 아일랜드공화국군공식파에* 어떤 영향을 끼쳤는지를 정확히 평가하는 것은 아직 불가능하다. 그래도 민족 해방 투쟁의 단계와 사회주의 투쟁의 단계를 나누는 아일랜드공화국군공식파의 본질적으로 개혁주의적인 견해 가운데 다수가 스탈린주의 이론에서 유래한다는 것만큼은 분명하다.

아일랜드에 진품 마르크스주의 정당이 있다면, 그들은 아일랜드

---

* 아일랜드공화국군은 1969년 12월 '공식파'와 '임시파'로 갈라졌다.

의 민족운동은 남북 아일랜드 모두에서 자본주의를 전복하지 않고
는 성공할 수 없다는 것, 반제국주의 투쟁에 일관된 지도력을 제공
할 수 있는 유일한 세력은 산업 노동계급이라는 것, 그러므로 민족
자결권 투쟁과 사회주의 혁명을 구태여 가르는 것은 비현실적이라
는 것을 분명하고 일관되게 주장할 것이다. 아일랜드 공산당은 이
런 정치에 입각한 투쟁에 자기 영향력을 총동원하는 데 분명히 실
패했다. 그 결과 아일랜드 공산당은 아일랜드 민족운동의 부르주아
지도부에 대한 효과적 대안이 되지 못했다(심지어 그런 대안이 되
기를 바라는 것처럼 보이지도 않았다).

국제주의가 최종 폐기된 때는 1971년 11월이었다. (아일랜드 공
산주의자 형제자매들도 참석한) 영국 공산당 당대회에서 대의원들
은 당 지도부의 의견에 따라, 아일랜드 주둔 영국군의 철수를 요구
하는 결의안을 부결시켰다.

스페인

스페인 공산당은 [1930년대] 내전의 패배를 불러온 민중전선 전략
과 결코 단절하지 않았다. 오히려 1956년에 '국민 화합' 노선을 시
작한 것을 보면, 1930년대 민중전선이 더 폭넓지 않았던 것이 문제
였다고 여기는 듯했다.

당은 이제 상황이 무르익어, 20년 전에는 서로 반대편에 서서 싸운 집단들이 함께 반독재 투쟁 협정을 맺을 수 있게 됐다는 결론에 이르렀다. 또 다른 내전 없이 독재를 극복할 가능성은 이제 현실적이다. 이런 결론에 따라 당은 '국민 화합' 정책을 제시한다.[167]

그리고 1962년 스페인 공산당 사무총장 산티아고 카리요는 프라하에서 라디오 연설을 하며 프랑코가 민족주의적 자질이 부족하다고 비판했다.

프랑코는 자신이 맹세한 것과 반대로 군대의 위신이나 평판이 떨어지는 것을 조금도 신경 쓰지 않습니다. 프랑코는 스페인이 온전한 모습을 유지하는 것에 아무런 관심이 없기 때문에, 미국의 달러나 독일의 마르크를 받고 스페인을 팔아넘기는 데 여념이 없습니다.[168]

사실 스페인 경제가 발전하고 미국 자본주의와 관계가 긴밀해지면서 민중전선 전략은 내전 때보다 훨씬 비현실적이게 됐다. 노동계급에 기반한 사회주의 강령의 필요성이 그 어느 때보다 분명했다.

그 필요성을 스페인 공산당은 알아차리지 못했지만, 노동계급은 꽤 분명하게 감지했다. 1962년 노동자 50만 명이 참가한 거대한 파업 운동을 시작으로, 스페인 노동계급은 잇따라 대규모 투쟁을 벌였다. 노동계급은 노동자위원회라는 새롭고 불법적인 형태의 조직을 창출했다. 스페인 공산당은 그 안에서 활동했지만 노동계급의 투쟁성보다 뒤처지기 일쑤였다.

이런 상황에서 스페인 공산당에 동구권과의 연계는 점점 골칫거리가 됐다. 스페인 공산당은 이미 [소련의] 체코슬로바키아 침공에 반대했었다. 1968년 카리요와 (내전 당시 파시오나리아라는 필명으로 유명했던) 돌로레스 이바루리가 [소련 공산당 정치국의] 수슬로프를 만나 체코슬로바키아 사건은 공산당이 민주주의를 대변한다는 주장에 돌이킬 수 없는 해를 끼칠 것이라고 설득하려 애썼다.

정말로 결정적인 순간은 1970년 1월에 찾아왔다. [스페인 서북부] 아스투리아스 지역의 광원들이 거센 파업을 벌이고 있었을 때 언론은 폴란드에서 석탄이 수송돼 오고 있어서 차질은 없다고 보도했다. 스페인 공산당 집행위원회는 폴란드 공산당 중앙위원회에 메시지를 보내 이런 파업 파괴 행위를 막으라고 촉구했다. 스페인 공산당은 아무 답도 받지 못했으며 석탄 공급은 계속됐다.

같은 해 스페인 공산당은 공공연한 분열의 지경에 이르렀다. (유명한 내전 지도자 엔리케 리스테르를 포함한) 한 분파가 떨어져 나와 독자적 기관지를 발행했다. 이 이탈파들은 자기네 기관지에서 소련을 계속해서 무조건 지지해야 한다고 주장했다. 그 직전에 스페인을 방문한 모스크바 서커스단의 인기가 좋았다는 것이 근거였다. 카리요는 소련에게서 더 독립적이어야 한다고 주장했(고 파시오나리아는 이 주장을 지지했)다. 스탈린주의와 결별하려는 바람에서가 아니라 소련과의 연계가 자유주의적 동맹을 구축할 때 점점 더 곤란을 초래한다는 것을 알아차렸기 때문이다.

핀란드

제2차세계대전 이래 스칸디나비아반도 나라들은 상대적으로 사회적 평화를 누렸고, 파시즘은 전혀 쟁점이 아니었다. 그래도 여기서도 민중전선이 공산당 전략의 기조였다. 핀란드 공산당의 선거 연합체 민중민주동맹은 의회 선거에서 꾸준히 20퍼센트 이상 득표했다. 핀란드 공산당은 프랑스와 이탈리아 자매 정당들은 노리고만 있던 것을 달성해 1966년 연립정부에 들어갔다. 노동계급 정당을 표방하는 정당만으로 다수파 정부를 구성하는 게 가능했는데도, [농민 기반의] 중도당도 연립정부에 포함됐다. 이 정부의 주된 구실은 자본주의적 계획을 발전시키는 것이었고 소득 [억제] 정책이 필수적으로 뒤따랐다. 공산당은 친절하게도 1967년에 강령을 고쳐 "프롤레타리아 독재"라는 문구를 "일하는 사람들의 권력"으로 바꿨다.

민중전선 정부가 맺은 결실은 1968년에 분명히 드러났다. 1968년 봄 노동자들의 실질임금은 전년보다 3.1퍼센트 낮았고, 주가는 70퍼센트 가까이 올랐으며, 실업률은 꾸준히 상승했다.

핀란드 공산당이 정부 안에서 하는 구실 때문에 지지자들 사이에서 의견 대립이 일어났고 이는 1969년 4월 당대회에서 공개적으로 폭발했다. 불행히도 반대파의 강령은 전혀 일관되지 못했다. 반대파는 핀란드 공산당의 계급 협력 노선을 올바르게 비판하면서도, 동시에 지도부가 소련의 체코슬로바키아 침공을 비판한 것 또한 공격했다. 당은 분열을 모면했지만, 당내에 두 적대적 경향이 확고히 자리 잡아 지도자들의 운신의 폭이 좁아졌다.

1971년 초 금속·건설 노동자들의 대규모 파업이 일어나는 등 노동쟁의가 격하게 벌어졌다. 노조에서 활동하는 공산당원들이 정부의 '안정된 성장' 정책(즉 가격·소득 정책)에 맞서 싸우고 있었고, 결국 핀란드 공산당도 정부안에 반대표를 던질 수밖에 없었다. 그러자 공산당을 뺀 새 정부가 구성됐다. 5년간 정부에 참여한 결과는 정말 보잘것없었지만, 여기서 교훈을 얻었다는 조짐은 없었다. 오히려 정부 참여를 계속해야 한다고 주장하는 당내 계파가 다시 힘을 얻었다.

호주

호주 공산당은 스탈린주의 단일 운동이 쪼개지는 시기에 나타날 수 있는 사태 전개의 흥미로운 사례를 보여 준다. 1960년대 초까지 호주 공산당은 굳건한 정설파였다. 1962년에 친중국 분파가 분열해 나가고 나서야 위험을 깨달았고 '자유화' 과정이 시작됐다.

호주 공산당은 노동조합운동, 그중에서도 항만 노동자, 선원, 광원, (좀 더 약하지만) 금속·철도 노동자 사이에서 실질적 영향력이 있었다. 호주 공산당은 노동조합과의 제휴를 통해 호주 노동당 좌파에게 상당한 압력을 넣을 수 있었다. 그렇지만 공산당은 여전히 비교적 작고 외면당하는 조직이었으며, 더 광범한 전선이라는 개념으로 이동하기 시작했다. 이는 다양한 조류를 한데 모으는 '좌파 연합'을 주장하는 형태로 1970년 당대회 초안 문서에 담겼다.

좌파 연합에는 공산주의자, 노동당 내에서 성장하는 좌파, 노조 투사, 학생 조직, 지식인, 아나키스트, 자유지상주의자 등이 포함된다. '좌파 연합'이란 이 집단들이 다양한 형태로 공동 행동하고 협력하는 것을 뜻하지만, 그것에 국한되지는 않는다. 상이한 집단과 정당 사이의 진정한 상호 존중, 포용, 개방성을 뜻하는 이런 연합은 사회주의적 민주주의를 보장하는 요소의 중요한 하나가 될 것이다.

이런 태도는 대체로 [스탈린주의] 정설에서 벗어나지 않는다. 그러나 한 가지 점에서 호주 공산당은 다른 대다수 공산당들과 다르다. 자신보다 오른쪽에 있는 세력뿐 아니라 왼쪽에 있는 세력과도 동맹을 맺을 태세라는 점이다. 당의 일상이 공개됐고, 여러 "이단 사상가"(가로디, 마르쿠제)를 주제로 토론이 벌어졌다. 훨씬 놀라운 일은 트로츠키주의에 긍정적인 입장의 기사가 당의 주간지에 많이 실렸다는 사실이다.

호주 공산당은 계속해서 체코슬로바키아에 대한 소련의 정책에 굳건히 반대하는 입장을 취했다. 소련에서 발행되는 잡지 〈노보예 브레먀〉는 1971년 1월 1일 자에서 호주 공산당을 반소련적이라고 공격했고, 1971년 12월에는 호주 공산당 내 친소련파가 분열의 필요성을 느끼고 소련을 지지하는 호주사회당을 만들었다.

그렇지만 호주 공산당의 국제 문제에 대한 [스탈린주의에] 비판적인 관점은 국내 정책에 대한 비판으로까지 이어지지는 않았다. 즉, 호주 공산당의 역사에서 종파주의와 민중전선 노선은 절대 사라지지 않았다. 지금 호주 공산당은 노동조합 간부인 당원들을 실질적으로 통제하는 데서 어려움을 겪고, 학생 시위와 거리를 두며, '이민 제한 철폐'에 반대하고 있다.

호주의 한 혁명적 신문이 1972년 12월 총선 직전에 짧게 썼듯이

호주 공산당의 사전에서 '노동계급'이라는 단어는 사라진 듯하다. "민중 행동"이 주안점이다. 사회가 '민중'에 의해 운영돼야 한다는 얘기인데, **계급**사회와 계급투쟁이라는 현실에 눈감는 듣기 좋고 밋밋한 용어가 바로 '민중'이다.

호주 공산당은 노동계급의 투쟁성이 성장하고 있는 지금, 중간계급 운동에 몰두하는 방향으로 꺾어 나아가고 있다. 혁명가들은 다시 한 번 노동자들 사이에서 광범한 경청자를 찾을 수 있다. 공산당원들은 공산당이 일관되게 혁명적 정치에 따라 싸우고 호주 노동계급 내에서 활동하는 방향으로 지향을 바꾸라고 요구해야 한다. 지금의 우선회를 뒤집지 않으면 결국 공공연한 개혁주의로 이어질 것이기 때문이다.[169]

호주 공산당은 혁명적 경향이 발전할 수 있는 환경이 될 수도 있지만, 그 당 자체가 혁명적 방향으로 변모할 수는 없다.

4부
결론

14장
평가와 전망

이와 같이, 1970년대 초에 국제 공산당 운동은 심각한 분열과 갈등에 시달렸다. 그렇다고 해서 공산당 운동의 해체가 임박했다는 뜻은 아니다. 여러 공산당들은 회복력이 여전히 강력하고, 진정한 대체물이 건설될 때에야 무너질 것이다.

그렇지만 공산당들은 다른 면에서는 과거의 유물이 됐다. 공산당들은 겉으로는 1920년대 공산주의인터내셔널의 후계자를 표방하지만, 그 내용물은 제2차세계대전 이후 시기의 개혁주의 정치에 맞게 바뀌어 있다. 이는 1965년 영국 공산당 29차 당대회 사전 토론에서 공장 지회 문제를 놓고 벌어진 논쟁을 보면 잘 알 수 있다. 대표적 의견 두 개만 소개하면 다음과 같다.

'모든 공장은 요새다'라는 구호는 우리 당에 여러모로 위험합니다. 이것은 혁명을 전제로 할 때 나오는 결론인데, 우리의 현재 정책은 그런

'좌파주의 노선'을 단호히 거부합니다. … 모든 공장 지회를 폐지합시다(테드 무어).

공장 지회가 더 많아지면 전국의 지방의회에 들어갈 돌파구가 열릴 수도 있습니다(데이브 웰시).[170]

공장 지회는 프롤레타리아 전투 정당에 적합한 조직 형태다. 그러나 위 논쟁에서 양측은 개혁주의 정치의 가정을 공유하는 틀 안에서 토론하고 있다.

오늘날 스탈린주의 정당은 생존 가능성이 있을까? 답은 '아니요'인 듯하다. 스탈린주의적 규율을 유지하는 것은 고립감의 심리를 창출할 수 있는지 없는지에 달려 있기 때문이다. 옛 공산당원 한 명은 다음과 같이 말했다.

동호회나 보통의 정당에서는 그 정책이 마음에 들지 않으면 탈퇴할 수 있다. 그렇지만 공산당은 완전히 다른 것이었다. 공산당은 프롤레타리아의 전위였고, 역사 자체의 의지를 담은 화신이었다. 공산당을 나가면 외부인이 되며, 무슨 말과 행동을 하든 공산당의 경로에 영향을 끼칠 가능성은 완전히 사라졌다.[171]

이런 고립감은 그저 고문이나 살해 위협 따위 형태로 지배계급이 저지르는 탄압 때문에만 생기는 것이 아니다. 물론 그런 탄압은 서방 나라 몇 곳에서는 (일시적으로) 사라졌을지라도, 아직도 세계의 많은 곳 혁명가들의 일상에서 매우 큰 부분을 차지한다. 그렇지만 그 모든 좌충우돌, 숙청, 여론 조작용 재판을 입 꾹 닫고 용인해야 한다는 감정은 무엇보다, 자본주의가 타도된 땅이라는 실체가, 어떤 도를 넘는 행위라도 실용주의적으로 정당화해 내는 살아 있는 존재가 있어야 한다. ['사회주의'] 조국 없는 스탈린주의는 불가능하다.

그렇지만 '평화공존'의 시기에 소련을 혁명적 전투 조직의 모국으로 여기는 것은 아주 터무니없을 것이다. 1966년 12월 파리를 방문한 [소련 총리] 코시긴은 드골의 건배 제안에 답하며 다음과 같이 말했다. "우리는 강하고 독립적인 프랑스가 … 국제 안보에, 무엇보다 유럽의 안보에 가장 중요한 요인이라고 봅니다."[172] 프랑스 공산주의자들이 이 말을 따른다면 논리적으로는 자체의 당을 접고 드골파에 합류했어야 한다.

닉슨이 1970년 9월 이탈리아를 방문했을 때 이탈리아 공산당은 자기 당원들에게 항의 시위를 벌이자고 주장했다. 그런데 닉슨은 그 직전에 유고슬라비아에서 군중의 열광적 환영을 받은 참이었다. 〈루니타〉는 그 차이를 특별히 미묘한 '변증법'으로 가르는 기사를 내보낼 수밖에 없었다. 1972년 9월 30일 자에서 다음과 같이 말했다. "닉슨의 이탈리아 방문은 전쟁 위험을 조성할 수 있다. 닉슨의 사회주의 국가 방문은 평화의 희망을 뜻한다."

1967년 4월 [체코슬로바키아] 카를로비바리에서 열린 유럽 공산당들의 회의에 대한 보도는 훨씬 더 근본적인 문제를 건드렸다.

공산당원과 사회당원의 행동 통일이 서유럽 전체의 정치 상황에 전환점을 가져오며 반동·침략 세력을 저지할 만만찮은 장애물을 놓을 수 있다는 이야기가 여러 번 나왔다. 이 때문에 소련 공산당은 노동계급 내 분열을 극복하기 위한 형제 정당들의 정책을 매우 중시한다.

그 함의는 분명하다. 제1차세계대전이 끝날 무렵에 세계 노동운동에서 일어난 개혁주의자와 혁명가의 분립, 공산주의인터내셔널의 탄생을 낳은 분립이 이제는 시대에 뒤떨어졌고 불필요하다는 것이다.

이것이 무엇을 가리키는지는 1968년 체코슬로바키아 사태 이후 [소련과 결별하기 시작한 서유럽 공산당들과] 경쟁하는 친소련 정당을 세우려는 여러 시도가 실패한 것을 고려하면 한층 분명해진다. 소련은 서유럽 공산당들의 [체코슬로바키아 침공 반대] 입장을 뒤집으려는 노력을 분명히 했지만 성공 사례는 고작 오스트리아 공산당(오스트리아는 동유럽[과 서유럽을 잇는] 관문으로 특별히 민감한 곳이다)과 몇몇 불법 정당들(실제 근거지는 동유럽인 정당들)뿐이었다.

관점·활동·기반 면에서 공산당들은 점점 더 고전적 의미의 사회민주주의 정당이 되고 있다.

비록 많은 공산당들이 말로는 혁명적 관점에 충실하다고들 하지만(사실 1914년 이전 사회민주주의 정당들도 그랬다), 몇몇 대표적 인물들은 개혁주의적 관점을 분명하게 내비쳐 왔다. 톨리아티는 유언장에 다음과 같이 썼다. "부르주아적 성격이 바뀌지 않은 국가 내에서 노동계급이 권력을 장악할 가능성, 그리하여 그 국가를 내부로부터 점진적으로 변화시키기 위해 싸울 가능성 문제가 제기되고 있다." 그리고 영국 공산당은 최근에 발행한 소책자에서 다음과 같이 주장한다.

> 공산당과 노동당의 강력한 공동 운동으로 배출되며 노동계급의 조직과 힘에 기반한 노동계급 대표자들이 의회에서 다수파가 되면 … 분명히 우리는 사뭇 다른 의회, 과감한 변화에 착수할 의회를 갖게 될 것이다.
> 이런 조건에서 의회는 대의 권력의 최고 기관으로 행동할 수 있을 것이며, 그 의회가 대표하는 권력은 노동하는 사람들의 권력일 것이다.[173]

조직과 활동 면에서 공산당들은 점점 더 사회민주주의 정당을 닮아 갔다. 노동자의 정당이 아니라 노동자를 위한 정당이 되고 있는 것이다. 프랑스 공산당과 이탈리아 공산당은 둘 다 여전히 노동자들의 표를 많이 얻고 있지만, 두 나라 노동계급 중에서 가장 선진적이고 가장 잘나가는 부위의 노동자들조차 공산당의 일상 활동에서 하는 구실이 점점 더 작아지고 있다. 사회민주주의식 당원 개념, 예를 들어 (어디로 납부해야 할지를 안다면) 당비를 납부한다는 수동적 기여 정도의 개념이 만연하다.

이는 공산당 기관지들을 보면 알 수 있다. 예컨대 프랑스에서는 공산당원 중 소수만이 〈뤼마니테〉를 읽는다. 생디지에 지역에서는 당원이 200명이지만 신문은 80부만 팔린다. 오트마른 지역에서는 신문 홍보 활동을 통해 21명의 새 구독자가 생겼지만 그중 20명이 기존 당원이었다. 1972년 6월 〈뤼마니테〉의 전체 판매량은 16만 부로 떨어졌고, 직원을 줄여야 했다. 1972년 12월 프랑스 공산당 당대회에서 〈뤼마니테〉 편집자는 안타까워하며 다음과 같이 말해야 했다.

> 왜 당원의 일부가 〈뤼마니테〉를 읽지 않거나 이따금씩만 읽는지, 그렇다면 과연 당원들이 지역과 공장에서 잘 활동할 수 있을지 이해하기 어렵습니다.[174]

영국 공산당은 훨씬 더 작지만 상황은 비슷하다. [사무총장] 존 골런은 영국 공산당 집행위원회에 제출한 1973년 과제에 관한 보고서에서 〈모닝 스타〉 판촉 운동을 대대적으로 벌이자고 주장하며 "모든 지회에 〈모닝 스타〉 조직자를 둬서 모든 당원이 구독자가 되게 해야 한다"고 말했다.[175] 몇 년 동안 아주 큰 투쟁들이 벌어지고 있는 때에, 영국 공산당의 목표는 소박하게도 모든 당원이 당의 일간지를 읽도록 하는 것이었다.

공산당들은 개혁주의적 실천을 하며 개혁주의적 지지를 얻었다. 사실 1950년대부터 점점 더 그래 왔다. 그 결과, 혁명적 좌파들이 흔히 갖고 있는 견해, 즉 공산당 당원들은 혁명가들이지만 기만적 지도자들에 의해 억제되고 있다는 견해는 점점 더 그릇된 것이 되고 있다. 만약 사람들이 공산당을 개혁주의 조직으로 여기며 지지하고 입당한다면, 공산당을 비혁명적이라고 '폭로'하는 것은 효과가 거의 없을 것이다. 개혁주의에 맞선 투쟁은 이론과 실천에서 훨씬 더 긴 싸움이 필요하다.

개혁주의의 선구적 이론가인 에두아르트 베른슈타인은 자신의 기여가 다음과 같다고 설명했다.

> 나는 독일에서 '게겐바르트아르바이트'라고 불리는 것, 즉 사회주의 정당의 일상 활동을 힘줘 강조했다. 그 활동은 밭고랑에서 하는 일과 비슷한 것으로, 흔히들 다가올 거대한 격변에 견줘 그저 임시방편으로 하는 일로 여기고, 그래서 대체로 건성으로만 하는 일이다. 최후의 결과를 전혀 믿을 수 없기에, 나는 사회주의라는 최종 목표를 믿을 수 없다.[176]

이는 오늘날 공산당들의 실천을 정확히 요약한다. 공산당원들은 노동조합과 지방자치단체에서뿐 아니라 협동조합과 자궁경부암 위원회 같은 "밭고랑"에서 적극 활동한다. 물론 그 영역들은 혁명가들이 자기 정치를 펼칠 수단으로 보며 활동할 수 있는 장소이지만, 너무도 쉽사리 그 활동 자체가 목적이 돼 버리곤 한다.

무엇보다 공산당들의 지향이 (심지어 영국 공산당처럼 의원이 전혀 없는 경우에조차) 의회 활동으로 기울어 있다. 심지어 프랑스의 1947년 파업 같은 대중행동도 주로는 권력 장악을 위한 투쟁의 출발점이 아니라 공산당의 정부 복귀를 위해 압력을 넣는 수단으로 여겨졌다. 1958년 [프랑스 공산당 대변인] 발데크 로셰가 "의회 활동을 당의 일반적 활동에서 핵심으로 여기지 않는 태도"를 못마땅해하는 글을 썼고[177] 그 뒤로도 비슷한 주장이 계속 이어졌다.

그렇지만 의회 활동은 그 본질상 공산당에 아무런 미래도 제공해 주지 않는다. 의회의 절차는 선출된 자들이 유권자에게서 동떨어져 자기들끼리만 모이게 만든다. [20세기 초 프랑스의 급진적 공화주의자] 로베르 드주브넬은 다음과 같이 말했다. "국회의원 2명 중 하나가 혁명가일 때와 혁명가 2명 중 하나가 국회의원일 때, 전자의 둘 사이에 공통점이 더 많다." 한 프랑스 공산당 의원도 다음과 같이 말했다.

22년 전 처음 선출돼 의회에 들어갔을 때, 나는 본능적 거부감을 느꼈다. 불구대천의 원수인 부르주아 정치인들을 지근거리에서 만나게 되니 소름이 쫙 끼쳤다. 그러고 나서 나는 깊이 생각해 봤다. 나는 의회가 물리적 싸움을 하는 곳이 아니라 정치투쟁을 하는 곳임을 이해하게 됐다.[178]

의회가 (계급 분열을 초월한 지역적 대표성을 표방하며) 계급 갈등을 완화한다는 일반적 문제가 있지만 그보다 중요한 것은 오늘날 의회 기구가 자체의 기준에서 보더라도 퇴보하고 있다는 사실이다. 국제 핵무기 외교, 한 나라 경제를 통째로 들었다 놨다 할 만큼 영향력이 강한 다국적기업의 성장 때문에 의회는 점점 더 중요성도 없는 기만적 기구가 되고 있다. 심지어는 의회적 길을 추구하는 데 어느 정도 성공한 공산당도 스스로 무력한 처지에 빠지기 일쑤이고 당원들이 더 좌절하고 사기 저하하고 분열하는 길을 닦는다.

어떤 사람들은 오늘날 공산당원들의 논리적 결론은 스스로 자기 조직들을 모두 해산하는 것이라고 여긴다. 그 논리라 함은, 일찍이 제2차세계대전 종전 무렵에 미국 공산당의 얼 브라우더가 따른 논리, 그랬다가 곧바로 다른 나라 공산당들의 격한 비판을 받은 논리다. 그렇지만 시대가 변했고, 브라우더는 1960년에 다음과 같이 썼다. "지금 흐루쇼프는 내가 1945년에 채택했다가 공산당에서 쫓겨나게 된 바로 그 '이설'을 채택했다."[179]

1967년 스웨덴 공산당도 당명을 좌파당(공산주의자)로 바꾸기로 결정했다. 이 당명 교체가 마법처럼 반공주의 악령을 쫓아 주기라도 할 것처럼 말이다.

영국 공산당의 강령 《사회주의로 가는 영국의 길》은 다음과 같이 선언한다. "노동당 지도자 몇몇이 유포하는 생각과는 달리, 노동당을 약화시키거나 분열시키는 것은 공산당의 목표가 아니다." 그렇다면 공산당이 존재할 이유가 과연 있는 것인지 묻는다 해도 잘못된 일은 아니다. 1950년대 초부터 영국 공산당의 토론 잡지에 바로 그런 질문을 던지는 당원들의 편지가 꾸준히 실려 온 것도 놀라운 일은 아니다. 그중 많은 이들은 지도부의 답변을 기다리다 지쳐서는, 알아서 판단하고 노동당에 입당하고 있다. 그런 이들은 (선거에 출마해서 아무 성과도 얻지 못하는 게 아니라) 지방의원이 될 수 있고, 공산당원에게는 금지된 노동조합 내 직책을 얻을 수 있으며, 이 모든 일을 하면서도 아무런 양심의 가책을 느끼지 않는다. 왜냐하면 그들은 공산당 정책에 따라 행동하고 있을 뿐이기 때문이다.

이탈리아 공산당에서는 당을 청산하자는 발상이 공공연히 토론돼 왔다. 1964년 11월 18일 [공산당 의원] 조르조 아멘돌라는 [공산당 주간지] 〈리나시타〉에 다음과 같이 썼다.

내가 이탈리아 노동계급에게는 단 하나의 정당만 있어야 한다고 생각하는 것은 다음과 같은 비판적 평가를 지지하기 때문이다. 지난 50년간 사회민주주의자와 공산주의자가 서유럽 자본주의 나라 노동계급에게 내놓은 해법들 가운데 어느 것도 체제를 바꿔 사회주의 사회를 이룰 수 있음을 입증하지 못했다. (치명적으로 중요하면서도 자기비판적인) 이 평가를 인정하지 않고서는, 지난 50년간 선진 자본주의 나라의 노동계급 운동이 전 세계 사회주의의 전진에 결정적 기여를 하지 못한 원인을 극복하려면 급격한 변화가 필요하다는 점을 이해할 수가 없다. … 어떤 정치조직이 적어도 세 세대의 투사들이 활동한 50여 년간 목적을 이루지 못한다면, 애를 써서 이유를 알아내고 변화를 준비해야 한다. … [공산당과 사회당의] 재통합이 이뤄진다면, 그 토대는 사회민주주의적 견해도 공산주의적 견해도 아니어야 한다.

당 기구(특히 관료화된 기구)의 존재 때문에 정당에는 일정한 관성이 생기며, 서방의 공산당들 중에는 아주 작은 당들 말고는 가까운 미래에 스스로 청산하는 과정을 밟을 당은 없을 것 같다. 그렇지만 공산당의 청산이 경청할 만한 전략으로 논의되는 한, 당원 개인들은 계속해서 자체적으로 판단해 내린 의견을 표현할 것이며 공산당들의 풍화는 계속될 것이다.

　이런 맥락에서 공산당원 중 불만을 느끼는 소수가 마오쩌둥주의에 매력을 느끼는 것을 이해할 수 있다. 마오쩌둥주의 사상은 필요한 자원이 없이 산업화하려 애쓰는 나라에서 비롯했고, 그래서 주관적 요인, 의지와 노력의 중요성을 강조하며 객관적 요인이 가하는 제약을 경시한다.

　마오쩌둥주의는 공산당이 전진하지 못하는 것에 안달이 난 이들, 타협과 후퇴를 '현실적'이고 '실리적'이라고 정당화하며 받아들여야 하는 것에 지쳐 가는 이들에게 강력한 호소력이 있었다. 마오쩌둥의 '사상'은 그 자체로는 별 특별한 것이 없는 진부한 이야기일 뿐이지만, 공산당 기구의 보수성과 단절하고 싶어 하는 태도를 상징하게 됐다. 구체적 정책들은 매우 부차적으로 여겨졌다. 어떻게 대부분의 마오쩌둥주의자들이 중국 지도부의 우왕좌왕을 어려움 없이 받아들일 수 있었는지를 설명해 주는 요인이다.

　마오쩌둥주의는 소련 친화적 공산당들에 대한 적절한 비판을 제공할 수 없다. 자신들이 "수정주의"라고 부르는 것에 대한 역사적 분석을 내놓을 수 없기 때문이다. 마오쩌둥과 그의 동료들, 그리고

타국의 지지자들은 수년간 소련의 정책에 떼려야 뗄 수 없이 연결
돼 있었다. 1960년까지만 해도 그들은 차이를 완전히 덮어 두고 소
련과 공동성명에 서명할 준비가 돼 있었다. 그리고 마오쩌둥주의자
들은 흐루쇼프와 그의 후임자들과 적대하며 스탈린의 유산을 우호
적으로 언급했다.

또, 마오쩌둥주의자들이 반대하는 대부분의 정책, 특히 '평화공
존'과 의회적 길은 스탈린이 코민테른을 지배하던 시기, 특히 민중
전선 시기에 기원을 둔 것들이다.

마찬가지로, 마오쩌둥주의자들은 이제 소련이 "관료 독점 계급,
즉 새로운 종류의 대부르주아지"가 지배하는 사회가 됐으며 소련
경제는 "국가독점자본주의 경제"라고 주장한다.[180] 그러나 소련이
'사회주의'였다고 하는 스탈린 시절 이래 소련 내 (지도부의 정치적
정책들과 별개의 것으로서) 경제적 관계들이 어떻게 변화해 왔는
지 설명하지는 못한다.

몇몇 공산당, 특히 영국 공산당에서는 마오쩌둥주의로 넘어가지
않고 스탈린주의를 고수하는 반대파들이 성장했다. 그들은 1950
년대 초처럼 산업 투쟁에 더 힘을 쏟는 정책으로 돌아가야 한다고
주장하면서, 동시에 체코슬로바키아 문제 등에서는 소련 입장에 더
충실해야 한다고 주장했다. 이들 역시 일리 있는 역사적 분석을 제
공하지 못한다. 그 밖의 많은 단체와 개인이 이런 막다른 길에서 빠
져나올 길을 찾으려 애썼는데, 그중 국제적 영향이 어느 정도 있는
것으로는 둘을 언급할 수 있다. 프랑스의 로제 가로디와 이탈리아

의 〈일 마니페스토〉(선언) 그룹이다.

언뜻 보기에 가로디는 반대파가 될 법하지 않은 인물이었다. 수 년간 가로디는 프랑스 공산당의 지도적인 학술계 싸움닭으로, 그가 주로 맡은 일은 엄격한 [스탈린주의] 정설에서 어긋나는 마르크스주의적 견해를 펴는 당 밖 지식인을 가리지 않고 논파하는 것이었다. 사르트르와 메를로퐁티 같은 많은 이들이 그에게 비난받았다. 그렇지만 1960년대 들어 프랑스 공산당은 지적 편협함이 중간계급 유권자의 표를 얻는 데 장애물이 된다는 것을 깨달았고 가로디에게 새로운 방침을 부여했다. 즉, 카프카나 현대 회화를 좋아하든 심지어 기독교 교리를 믿든 프랑스 공산당의 자유화된 마르크스주의와 전혀 모순을 빚지 않음을 보이는 것이었다. 1968년 5월 프랑스 공산당이 학생들을 어쭙잖게 공격했다가 화를 자초한 것이 명백해졌을 때 지식인들과 연결되는 다리를 다시 놓는 일에 나선 것도 가로디였다. "혁명적 정당에 속해 있음을 자랑스러워하는 우리는 역사의 조문객 구실을 맡는 것과는 거리가 멀며 이 인간적 소요를 기쁜 마음으로 환영한다."[181]

그렇지만 1969년 출판된 책《사회주의의 전환점》에서 가로디는 자신의 새로운 구실에 취한 듯했다. 이 책에서 그는 프랑스 공산당의 새 지향을 그리려 했다. 주된 목표는 그가 현대 사회의 성장점 중 하나로 본 신중간계급(전문 기술자 등)의 마음을 끄는 것이다. 가로디는 새로운 기술적 발전 때문에 경영을 바라보는 새로운 관점이 필요하다는 주장으로 시작해서, 유고슬라비아의 시스템이 전문가와 기술자에게 중요한 구실을 맡긴다고 칭찬한 다음, 마지막으로 노동자와 중간계급의 필수적 동맹을 이해하는 기초라며 그람시의 '역사적 블록' 개념을 언급한다.

여기서도 스탈린주의에 대한 근본적 문제 제기는 전혀 없다. 소련(이나 중국) 사회의 성격이 사회주의인지 아닌지는 쟁점으로 삼지 않으며, 심지어 헝가리 혁명을 진압한 것도 유감스럽지만 필요했다고 방어한다. 반면, 스탈린주의는 옳은 목적을 위해 잘못된 수단을 사용함으로써 몇몇 오류를 저질렀고, 그 결과 소련 정책의 몇몇 측면을 비판하는 것은 필요하다고 주장한다. 가로디는 1950년대 말 동유럽의 몇몇 '개혁파'의 궤적을 따르고 있는 것이다. 그 '개혁파'들도 생산관계가 변화된다고 해서 인간의 행동이 자동으로 변화하는 것은 아니라고 주장했었다. 다시 말해, 소련이 보인 몇몇 과도함에 대해서는 비판할 수 있고 그 비판이 상당히 날카로울 수 있지만, 소련 사회의 기본 구조가 사회주의라는 점은 의심하지 않는다는 것이다.

이렇게 소련의 도를 지나친 정책(예를 들어 체코슬로바키아 침공)과 근본 요인을 별개로 보는 것도 프랑스 공산당 정책의 논리에서 벗어나는 것이 아니었다. 그런데도 가로디는 그 전략의 논리를 끝까지 밀고 나가다가 프랑스 공산당 기구와 충돌하게 됐다. 가로디는 폴란드가 [광원들이 파업 중인] 스페인으로 석탄을 보내는 것과 소련이 [군사정권이 지배하는] 그리스에 발전소를 건설해 준 것을 비판했는데 이는 허용되는 비판의 한계를 넘어서는 것이었다. 가로디는 이 문제를 자유 토론에 부치자고 했지만 프랑스 공산당 지도부는 허용하지 않았다. 1970년 2월 프랑스 공산당 당대회에 참석한 소련 측 친선 대표는 프랑스 공산당이 '반소련 행위'에 가담하지 않은 것을 칭찬했다. 가로디는 고립돼(비록 당이 자유화됐음을 증명하기 위해 그가 발언하는 것은 허용했지만) 중앙위원회와 정치국에서 밀려났고, 석 달 후에는 당에서 제명됐다.

가로디는 이따금 좌파적인 말을 불쑥 꺼내고는 했지만 전체로 보아서는 분명히 오른쪽으로 이탈했다. 1969년 이탈리아 공산당에서 쫓겨난 〈일 마니페스토〉 그룹은 스스로를 좌파적 비판자로 여겼음이 분명하며, 그들의 의견은 가로디와 달리 진정성이 있다. 〈일 마니페스토〉 그룹이 주로 비판한 것은 이탈리아 공산당 정치의 중심인 "전선체주의"(즉, 민중전선 전략)였다. 더군다나 그들은 공산당을 개혁한다는 생각도 하지 않았다.

〈일 마니페스토〉 그룹은 종파주의적 마오쩌둥주의의 함정에 빠지지는 않았지만 중국 모델에 대한 애착은 버리지 않았다. 〈일 마니페스토〉 그룹은 중국 공산당이 대중의 자발성에 의지한다는 틀로 중국 모델을 분석했다. 그들은 중국 혁명, 특히 문화혁명이 "대중에 대한 영속적 의존을 제안함으로써 '당과 대중[의 관계]'라는 이론적 문제를 … 해결했다"고 본다.[182]

〈일 마니페스토〉 그룹은 이런 '대중 노선'을 1968~1969년의 이탈리아 노동계급 투쟁에 적용하려 했는데, 끝 간 데 없이 비현실적이었다. 일례로 그들은 공장 수준의 투쟁성과 [계급 전체의] 혁명적 의식을 동일시했다. 그들은 이탈리아 좌파 사이에서 혜성같이 등장한 자발성주의 그룹 몇몇과 손잡고 '정치 위원회'라는 형태의 조직적 기반을 세우는 데 주력했는데, 이 시도는 실패했다. 왜냐하면 그 자발성주의 그룹들의 회원은 압도적으로 프티부르주아였으며 극도로 변덕스러웠기 때문이다. 〈일 마니페스토〉 그룹은 노동조합 활동을 잠깐 하고 공장위원회(1969~1970년에 설립된 기구로 노동조합이 지배했다)를 지지했는데, 노동계급에 기반이 없는 것을 보완하려는 시도였다. 그러나 노동조합 관료들의 주도력에는 전혀 영향을 끼치지 못했다.

〈일 마니페스토〉 그룹은 "대중의 분출"과 이렇다 할 관계를 맺지는 못했지만, "이론적 대담함"을 유지했다. 이 그룹이 지식인 사이에서 활동하는 여론 운동 이상의 것이 되지 못했다는 뜻이다. 그들이 1970년에 발행한 일간지를 보면, 선전 캠페인이라는 겉모습 뒤에 온갖 이론적 차이가 있음을 알 수 있다. 그들은 1972년에는 총선에 참여했다가 크게 실패했다(수감된 아나키스트 발프레다를 주요 후보로 내세웠다). 이들의 주된 선거 전술은 비공산당계 좌파들 모두와 선을 긋는 것이었다. 공산당 뺨치게 "초좌파"들을 매도하는 방식으로 말이다.

스탈린주의 단일 운동이 쪼개지면서 비판적 경쟁 경향이 많이 생겨났다. 그렇지만 공산당 기구가 노동계급(전체나 일부 부문)을 장악하고 있는 곳에서 공산당의 영향력은 그 당 조직이 무너질 때까지 유지될 것이다. 공산당들의 개혁주의 정치는 약점이 아니라 확실한 강점일 것이다. 개혁주의 사상이 노동계급 운동 안에서 존재하는 한 말이다. 혁명적 대안을 건설해야만 스탈린주의 운동의 파괴라는 과업을 완수할 수 있다.

15장
이론적 파산

프랑스 공산당의 지도적 지식인이었고 헝가리 혁명 이후 공산당을 탈당한 앙리 르페브르는 국제 공산당 운동에서 통용되는 이론의 파산을 다음과 같이 명쾌하게 요약했다. "마르크스주의가 따분함 속에서 죽어 가고 있다."

마르크스주의가 지식인뿐 아니라 투쟁적 노동자의 마음을 끈 매력 하나는 포괄적 성격이었다. 즉, 정치 강령은 물론이고 역사·과학·문화 등 인간이 애써 활동하는 영역을 모두 아우르는 세계관을 제공한다는 사실이었다. 그런데 스탈린주의는 마르크스주의에서 이 포괄적 능력을 뽑아내 버리고, 보편적 비판의 수단인 마르크스주의를 현상 유지에 대한 방대한 정당화로 탈바꿈시켰다. 스탈린주의는 단지 이설들을 밟아 뭉개려고만 한 게 아니다. 생물학, 언어학, 음악 작곡에까지 손을 뻗치는 정설을 수립하고자 했다.

공산당이 요구하는 자발적 타락이 얼마나 경악할 수준인지는 프랑스 공산당 [중앙위원이자 작가인] 앙드레 스틸이 지식인들을 겨냥해 발행하는 잡지에 쓴 불후의 문장들을 보면 알 수 있다. "우리 안에는 스탈린이 조금씩은 다 있다. 그 스탈린은 미소 짓는 표정이나 진지한 표정으로 내부에서 우리를 바라보며 우리에게 확신을 준다. 우리 공산주의자에겐 이 내 안의 스탈린이 양심이다."

그렇지만 1950년대 중엽부터 이런 교조적 태도는 허물어지기 시작했다. 우선 스탈린 개인숭배가 무너졌고, 그다음으로는 다양한 지적 분야에서 스탈린의 절대적 권위가 더는 받아들여지지 않았다. 더 중요하게는, 스탈린주의의 교조적 태도가 점점 소련의 기술 발전을 가로막는 장애물이 되고 있었다. [예를 들어] 소련의 핵 과학자들이 핵실험의 예상 결과들이 이미 《자연변증법》에 개진돼 있다고 여긴다면, 소련이 미국의 핵 기술을 따라잡을 것이라고 기대하기는 어려울 것이다. 그리고 정신분석과 추상화를 반혁명적이고 퇴폐적이라고 덮어놓고 일축해 버리는 것은 서방의 공산당들이 중간계급 지식인층의 표를 얻고 그들에게 영향력을 미치려 애쓰는 것에 도움이 안 됐다.

그 결과 1950년대 이래 공산당 운동에서 통용되는 마르크스주의 이론이라는 것은, 마르크스주의 고전 저작들에서 긁어모은 잡다한 인용문에다가 (프로이트부터 사이버네틱스까지) 입맛대로 받아들일 수 있는 종류의 부르주아 사상을 가미한 것이었다. 르페브르가 언급한 대로, 주된 특징은 따분함이다.

레닌이 《국가와 혁명》에서 보였듯이 모든 이론적 수정주의의 열쇠는 국가 문제다. 레닌은 다음과 같이 강조했다. "마르크스에 따르면, 국가는 계급 지배의 기관이자 한 계급이 다른 계급을 억압하는데 쓰는 기관이다." 따라서 레닌이 단언했듯이 "프롤레타리아 국가가 부르주아 국가를 대체하는 것은 폭력혁명 없이는 불가능하다."

스탈린은 이미 1930년 16차 소련 공산당 당대회에서 연설하며 마르크스주의를 완전히 내버리는 데로 나아가는 길을 닦았다. 그는 '변증법'으로 보면 경찰국가와 소비에트 민주주의가 같다고 말했다.

> 우리는 국가의 고사枯死를 주장하지만, 그럼에도 프롤레타리아 독재가 오늘날까지 존재한 국가권력 중 가장 튼튼하고 강력한 형태라는 것 또한 옳다고 여깁니다. 국가권력의 고사로 나아가는 조건을 마련하기 위해 국가권력을 계속 발전시켜 나가는 것, 이것이 마르크스주의의 공식입니다. '모순'이라고요? 예, '모순'입니다. 그렇지만 모순은 사활적으로 중요하며 마르크스주의 변증법을 온전히 반영하는 것입니다.

이제부터는 거의 모든 것이 가능하다. 의회적 길이나 반독점 동맹 등의 전략은 모두 국가와 그것이 현대 사회에서 하는 구실에 대한 진지한 분석을 내버리는 것을 뜻한다.

이렇게 [마르크스주의] 국가론을 폐기하는 것이 가져오는 중요한 부작용 하나는 사회민주주의를 제대로 비판하지 못한다는 것이다 (사회민주주의를 비난만 하거나 사회민주주의와의 동맹에 목매는 온갖 전술적 우왕좌왕은 제쳐 놓더라도 말이다). 사실 스탈린주의 관점은 전체로 보아 사회민주주의를 강화한다. 만약 소비에트와 폭력적 국가권력 장악 없이도 동유럽에서 사회주의가 수립될 수 있었다고 본다면, (특정 정책을 둘러싼 차이 말고) 정확히 어떤 지점에서 사회민주주의와 갈라선다는 것인가?

스탈린주의 전통의 경제 분석이 일반적으로 볼품없는 것도 그 중심에는 국가 문제가 있다. 제2차세계대전 이후 서방 자본주의의 전개를 진지하게 검토했더라면, 소련 사회에 관한 도그마에 조금은 의문을 품게 됐을 것이다. 첫째로, 전후에 서방에서 일어난 국가 개입과 국유화를 비판적으로 연구했다면 스탈린주의 경제학의 기저에 깔린 가정, 즉 국가 소유가 곧 사회주의라는 가정을 상당히 의심하게 됐을 것이다. 그리고 둘째로, 국제적 군비 경제의 작동을 이해했다면 동방 진영과 서방 진영 사이에 점점 공통점이 많아지고 있다는 것을 알게 됐을 것이다.

그래서 전 세계 공산당 경제학자들은 위기가 임박했다는 예언을 교리처럼 반복하며 마음의 위안을 얻었다. 1954년 1월 1일 〈영속적 평화를 위해, 인민민주주의를 위해〉의 뉴욕 특파원은 다음과 같이 썼다. "미국의 조건을 자세히 들여다보면, 경제 위기의 조짐을 나타내는 조건이 산업과 농업에서 급격히 무르익고 있다는 결론에 이를 수밖에 없다." 1958년 소련의 저명한 경제학자 예브게니 바르가도 다음과 같이 썼다. "따라서 모든 증거를 보건대, 전후 첫 주기적 세계경제 위기가 시작됐음이 분명하다."[183]

이와 연결돼 있던 문제가 1950년대 내내 이른바 '절대적 빈곤화' 정설을 고수한 것이다(공산당 운동 내부에서도 반대 의견이 상당했는데도 그랬다). 1954년 프랑스 공산당 13차 당대회는 프랑스 노동자들이 전쟁 전보다 더 못 먹는다고 공식적으로 선언했고, 몇몇 대표적 인물들은 한술 더 떠서 프랑스 노동자들의 처지가 중세 직인職人보다* 못하다고 주장했다.(만약 절대적 빈곤화가 아니라 상대적 빈곤화에 기초해 주장했더라면 더 영향력이 있었을 것이다. 프랑스 노동자들의 구매력은 증가하고 있었지만 국민소득보다는 느리게 증가했기 때문이다.) 절대적 빈곤화 교의는 개혁주의자와 신디컬리스트 둘 다의 격렬한 반대를 무릅쓰고 노동조합총연맹에도 강요됐다. 이 주장이 얼마나 멀리 나아갈 수 있었는지 궁금하다면, 〈영속적 평화를 위해, 인민민주주의를 위해〉(1953년 4월 10일 자)에 실린 제인 월시의 책《이런 식으로는 안 된다》서평을 보면 된다. 이 책은 [영국 맨체스터 인근] 올덤 노동계급의 삶을 다뤘다.

《이런 식으로는 안 된다》를 읽으면, 엥겔스가 영국 노동자들이 겪는 끔찍한 참상을 묘사한 《영국 노동계급의 상황》의 가슴 아픈 내용이 자신도 모르는 사이에 떠오르게 된다. 유일한 차이는 100년도 더 지난 지금 제국주의 아래에서 영국 노동자들이 훨씬 더 큰 빈곤과 궁핍

---

* 직인 중세의 수공업 조직인 길드에서 도제(견습공) 과정을 마친 사람. 도제와 달리 약간의 보수를 받을 수 있었다.

에 시달린다는 것이다.

이런 주장은 주되게 동구권 노동자들이 꽤나 잘살고 있다고 느끼게 할 요량으로 하는 것이었지만, 공산당 운동 전체가 이 이론을 족쇄처럼 달고 있어야 했다.

기회주의가 최고 지침 구실을 한 또 다른 분야는 종교였다. 1960년대 초까지 로마가톨릭교회는 공산주의자와 그 동맹자 후보에게 투표하는 것을 파문당해야 할 죄(따라서 자동으로 지옥으로 가야 할 죄)로 규정했다. 이는 프랑스·이탈리아와 많은 라틴아메리카 나라의 선거에서 공산당에 매우 불리하게 작용했다. 이 규정의 힘이 얼마나 강력했는지는 이탈리아 기독교민주당(공산당과 지역 수준에서는 협정을 맺고 있던 사회당과 중도-좌파 동맹을 맺고 싶어 했다)이 노쇠한 교황 요한 23세를 설득해 영원한 지옥 불 위협을 거둬들이게 하자, 1963년 선거에서 이탈리아 공산당이 1958년보다 100만 표를 더 받았다는 사실에서 알 수 있다.

그래서 1960년대 초부터 공산당과 가톨릭교회 사이의 '대화'가 시작됐다. 1962년 프랑스 공산당의 [지도자이자 작가인] 장 카나파는 《어머니요 스승》을* 논평하는 글에 "교황 요한 23세의 회칙은 국가 독점자본주의 선언"이라는 경쾌한 제목을 달았다.[184] 그러나 1964년

---

* 《어머니요 스승》 교황 요한 23세가 1961년 전 세계 주교들에게 보낸 회칙으로, 국가가 때때로 보건·교육·주택 문제에 개입해야 한다는 내용을 담고 있다.

9월 10일 이탈리아 공산당의 루이지 롱고는 텔레비전 방송에 출연해 다음과 같이 선언했다. "가톨릭계 대중은 아서야 합니다. 우리 공산당은 낡은 반교권주의를 시대에 뒤떨어진 것으로 오랫동안 생각해 왔으며, 종교를 단순하게 보수적 계급들이 사용하는 도구로 여기는 것은 옳지 않다고 본다는 것을요."

물론 사회주의 조직이라면 가톨릭계 노동자를 세심하게 대해야 한다. 즉, 그 노동자들과의 공동 행동에 참여해야 하고 그들이 선교를 하려는 게 아니라 정치를 지지해서 들어오는 것이라면 가입도 허용해야 한다. 그러나 공산당들은 가톨릭계 노동자들을 계급투쟁에 동원하는 데는 관심이 없었다. 그저 그들의 표를 얻고 싶어 안달했다. 그래서 철학 수준에서 종교에 대한 기이한 양보가 이뤄졌다. 물론 공산당들이 가톨릭교회의 좌파적 비주류(콜롬비아 게릴라 신부 카밀로 토레스 같은 사람들이나 소규모 '가톨릭 마르크스주의자' 단체들)에 관심이 있는 것은 아니었다. 공산당들의 노력은 점잖은 주류 가톨릭계 여론을 향해 있었다.

당연히 가톨릭은 유권자를 많이 갖고 있다는 것 말고는 특별할 게 없었다. [인도네시아 공산당의] D N 아이디트가 유일신 신앙을 포함하는 수카르노의 다섯 원칙(판차실라)을 옹호하며 보여 줬듯, 다른 종교도 마찬가지였다.

판차실라는 통합의 철학이다. … 인도네시아에는 가톨릭 철학, 이슬람 철학, 불교 철학, 개신교 철학, 주술 철학, 신비 철학이 있다. … 그리고 판차실라는 통합될 수 있는 것을 통합한다. … 이것은 매우 변증법적이다. '다양성 속의 통일성', 차이가 있지만 통합돼 있다.[185]

지난 40년간 많은 주요 과학자들이 공산주의에 이끌렸다. 주된 이유는 십중팔구 두 가지일 것이다. 첫째, 소련은 과학에 많은 자원을 투입하며 과학자에게 전통적 서방 학계에서는 누리기 어려운 특권적 지위를 주는 개발도상국이었다(프랑스 공산당은 프랑스가 소련보다 과학에 더 적게 지출한다는 사실을 두고 여러 선동을 했다). 둘째, (나치의 과학 악용과 현대식 무기의 발전 같은 사실들 때문에) 현대 사회에서 과학자들이 자기 연구의 정치적 결과에 무관심하기가 점점 더 어려워지고 있었다.

그렇지만 스탈린주의는 과학의 사회적 맥락과 구실(중요한 과제가 산적해 있는 주제)에 관심을 기울이는 데 그치지 않고 과학 연구의 실제 내용을 통제하려 했다. 가장 두드러진 예는 리센코 사건이었는데,* 소련 국가기구와 전 세계의 그 파생물들은 거의 모든 공산주의자 유전학자가 비판하는데도 리센코의 결론을 지지했다. 리센코가 환경을 강조한 것이 이론적으로 정설로 보였을 뿐 아니라, 소련의 농업 문제를 어느 정도 해결할 희망으로 보였기 때문이다. 그 결과 리센코는 크로모솜(염색체)과 콤소몰(청년공산동맹)도 구

---

* 리센코 가설 다윈의 자연선택설을 거부하고 라마르크의 용불용설로 회귀하는 입장이었다.

분하지 못했을 수많은 관료의 지지를 받았다.

당연히 리센코를 옹호할 글쟁이들이 있었다. [프랑스 공산당 중앙위원이자 동물학자인] 마르셀 프르낭은 1949년 《라 팡세》에 연재한 글에서 리센코의 연구는 사회주의 농경학에서 실증된 것이므로 서방의 실험실에서는 '입증'되거나 '반증'될 수 없다고 주장했다. 경험주의를 거부하는 실로 원대한 자세다! 그리고 [프랑스 공산당 언론인] 프랑시스 코엔은 다음과 같이 선언함으로써 이 논의를 논리적 결론으로 끌고 갔다. "공산주의자에게는 … 스탈린이 세계 최고의 과학 권위자다."[186]

스탈린주의는 역사 서술도 마찬가지로 왜곡했다. 이는 자신의 과거에서 명백히 민감한 부분(먼저 트로츠키[의 공로]를 빼고 나서 스탈린[의 잘못]을 빼는 식으로 러시아 혁명사를 다시 쓰기)에만 적용되는 것이 아니다. 더 오래된 역사도 심각한 난도질을 당했다.

부르주아 혁명 문제는 전반적으로 까다로운 영역이었다. 민중전선 전략은 부르주아지가 계속해서 진보적 구실을 한다는 믿음이 필요하기 때문이다. 프랑스 공산당은 언제나 로베스피에르를 깊이 존경했고 생드니(공산당이 통치하는 파리 교외의 지방자치단체)의 광장에는 거대한 로베스피에르 흉상이 있다.

1946년 [프랑스 아나키스트] 다니엘 게랭은 《제1공화국하의 계급투쟁 1793~1797》이라는 기념비적 저작을 내서 프랑스 혁명에 "연속혁명"의 요소가 있었다고 주장했다. "1793년, 부르주아 혁명과 맹아적 프롤레타리아 혁명이 서로 겹쳐 있었다."[187] 이런 맥락에서 보면 로베스피에르는 보수적이고 이후의 반동을 부르는 구실을 했다는 것이다. 공산당에 충직한 역사가들은 날을 세워 게랭을 비판했다. 공산당에 친화적인 역사가 알베르 소불조차 프랑스 혁명 당시 민중 민주주의를 연구한 저작 《상퀼로트》에서 로베스피에르의 구실을 무시했다는 이유로 거세게 비판받았다.

철학 분야에서 스탈린주의는 관념이라는 '상부구조'는 그저 물질적 토대를 수동적으로 반영할 뿐이라고 보는 일종의 조야한 기계론적 유물론을 채택했다. 그 함의는 분명하다. 만약 모든 사람의 사상이 그저 그들이 처한 물질적 상황을 반영한 것일 뿐이라면, 변화는 억압받는 자들의 자각을 통해서가 아니라 엘리트 지도부라는 외부 주체를 통해서만 일어날 수 있다는 것이다.

그 결과 공산당 운동에서 철학은 정치적 실천을 "변증법적 법칙"의 세계로 흡수시켜서 그 정치적 실천을 포괄적으로 뒷받침하는 것으로 전락했다. 예컨대 다음과 같은 식이다.

내적 요인은 언제나 존재하며 사물의 발전 가능성을 제한하고 결정한다. 예컨대, 새끼 새는 알을 깨고 나오는데, 이는 알 내부에서 일어나는 내적 과정의 결과물이다. 닭은 달걀에서 나오며 오리는 오리 알에서 나오는데, 이것은 두 알이 내적으로 다르기 때문이다. 그렇지만 닭이든 오리든 외적 요인의 도움, 즉 (알을 품은 어미 새나 부화기가 제공하는) 가열 작용 없이는 나올 수 없다. 만약 필요한 가열 작용이 아닌 다른 외적 영향을 받는다면, 알은 상할 것이다. 마찬가지로, 사회주의는 사회주의를 낳을 내적 조건이 존재하지 않으면 달성될 수 없다. 그렇지만 내적 요인만으로 사회주의가 달성되는 것은 아니다. 이 경우에 관련된 과정은 화학반응을 일으키기 위해 촉매 투입이 필요한 것에 견줄 수 있다. 사회주의 이론, 그리고 사회주의 이론을 사용하는 지도부가 필요하다.[188]

이 말은 닭을 키우는 사람에게는 도움이 될지 모르겠지만, 사회주의자에게는 무슨 도움이 될지 알기 어렵다.

공식 마르크스주의 철학이 이처럼 쓸모가 없었기 때문에 1950년대 중엽부터 동유럽과 서유럽의 젊은 공산주의자들 사이에서는 마르크스주의 자체로는 불충분하며 실존주의 등 다양한 부르주아 철학으로 보완할 필요가 있다는 생각이 커져 갔다. 그 뒤 공산당 안팎의 마르크스주의 사상가들이 참여한 논쟁이 벌어졌고 오랫동안 무음 상태이던 악기가 연주됐다. 마르크스의 초기 저작과 소외와 마르크스주의의 휴머니즘이라는 주제가 탐구됐다. 그렇지만 동유럽에서 유행한 '휴머니즘'은 본질적으로 관료들의 도피 수단이었다. 그런 휴머니즘은 소위 '사회주의 사회'에 존재하는 선택의 폭과 그런 선택의 도덕적 성격을 강조한다. 이는 사회주의 사회에도 "문제"(그리고 1956년 헝가리와 1968년 체코슬로바키아 같은 "비극적 실수")가 존재한다는 것을 인정함으로써 비판에 문을 열어 주는 듯 보일 수 있지만, 그런 문제를 인간의 인식을 초월해 존재하는 것으로 보지, 그 사회의 기본 구조와 계급 관계에서 원인을 찾아야 한다고 강조하지는 않는다.

문학과 예술 분야에 대한 소련의 교리는 '사회주의 리얼리즘'이었다. 사회주의 리얼리즘의 공식 정의는 다음과 같다.

사회주의 리얼리즘이란 소비에트 문학·문학비평의 기본 방법으로, 현실을 그것의 혁명적 발전 속에서 진실되고 역사적으로 구체적으로 표현할 것을 예술가에게 요구한다. 동시에, 예술 표현의 진실됨과 역사적 구체성은 일하는 사람들을 사회주의 정신으로 교육하고 사상적으로 개조하는 과제와 결합돼야 한다.

다시 말해, 세계를 바라는 대로가 아니라 있는 그대로 그려야 한다는 보수적 주장과 사실들을 정치적 필요에 따라 취사선택하라는 주장이 결합되는 것이다.

그 결과 모더니즘 전통의 작가들이 맹렬한 비난에 시달렸다. 1948년 [소련작가동맹 의장] 알렉산드르 파데예프는 '세계 공산주의 지식인 대회'에서 다음과 같이 말했다. "만약 하이에나가 만년필을 사용할 수 있고 자칼이 타자기를 칠 수 있다면, T S 엘리엇처럼 쓸 것입니다." 그리고 장 카나파는 다음과 같이 단언했다. "만약 앙드레 지드가 볼셰비키를 역겨워하게 됐다면, 그건 볼셰비키가 동성애자가 아니기 때문일 겁니다."[189]

그렇지만 1960년대가 되면 그런 비난은 더는 유용하지 않게 됐다. 소련 작가들은 솔제니친처럼 강력하게 진실을 말하면 여전히 책을 출판할 수 없었지만, 이탈리아 공산당이 발행하는 주간지 〈리나시타〉는 1964년에 [미국 작가] 윌리엄 버로스를 "우리 시대 훌륭한 해석자이자 탁월한 시인"이라고 평가하는 기사를 실었다.

해석이 뒤집어진 전형적 사례는 카프카인데, 카프카는 체코슬로바키아 국적자인 데다가 관료 사회에 대해 날카로운 통찰력을 보였다는 점에서 중요했다. 한때 카프카는 공산주의 작가들의 주된 비난 대상이었다. 그래서 미국 소설가 하워드 패스트가 다음과 같이 쓸 정도였다.

내가 과거에 다소 무례하게 "반동의 문화적 똥 무더기"라고 부른 것의 정상 인근에 프란츠 카프카가 앉아 있는데, 그는 소위 '신비평가'들과 트로츠키주의 동료들이 세운 기이한 신전에 모셔진 주요 신 중 하나다.[190]

그렇지만 1963년 동유럽의 개혁파들과 오스트리아의 에른스트 피셔, 프랑스의 가로디가 참석해 프라하에서 열린 한 회의에서 카프카는 복권됐고 공인된 기준에는 맞지 않았지만 위대한 소설가였다고 선언됐다.

세상 일이 그 개혁파들의 뜻대로만 되는 것은 아니었다. 소련이 체코슬로바키아를 침공한 직후인 1968년 9월, 동독 문화부 장관 클라우스 기지는 카프카에 대한 추종을 "정신적 강간[이며] … 우리의 이웃 나라를 깊은 위기에 빠뜨려 반혁명에 이용되게 한 사건들

을 정신적으로 준비"한 것이라고 말하며 맹렬히 비난했다.[191]

관료적 사고방식은 서서히 죽어가고 있지만, 고립된 지식인들은 이에 맞서 싸우기에는 너무 약하다. 마르크스주의 이론의 부활을 위한 투쟁은 대안적 혁명 조직을 건설하는 투쟁과 분리될 수 없다.

16장
혁명적 대안

　스탈린주의는 패배의 산물이다. 스탈린주의는 러시아 혁명 뒤에 유럽 노동계급이 패배한 상황에서 생겨났고, 제2차세계대전에 뒤이어 일어난 혁명적 물결이 패배한 상황에서 성장하고 번영했다.

　억압받는 자들이 승리할 때마다 스탈린주의는 타격을 입는다. 유고슬라비아·중국·쿠바에서 대중투쟁(노동계급이 지도한 것은 아니지만)을 일으킨 운동이 권력을 장악하자, 국제 공산당 운동의 일치단결이 깨졌고, 이 손상은 복구되지 못했다. 그리고 1956년 헝가리, 1968~1969년 프랑스와 이탈리아에서 노동자들이 자력으로 행동에 나서자 국제 공산당 운동이 통째로 흔들렸다.

　그렇지만 스탈린주의는 회복 탄력성이 어마어마하다. 이 모든 타격은 스탈린주의가 공산당 운동을 장악하는 힘이 되살아나는 데 도움이 된다. 스탈린주의는 저절로 사멸하지 않을 것이다(설령 그런다 해도 그때는 이미 재앙이 인류 전체를 에워싼 뒤일 것이다).

오직 혁명적 대안을 건설해야만 스탈린주의를 물리칠 수 있다. 그런 대안을 건설하지 못한 것은 지금까지 한 이야기 못지않게 비극적이다.

트로츠키주의의 위기

아돌프 히틀러가 독일에서 권좌에 오른 때부터, 트로츠키와 그가 모은 작은 지지자 집단은 새로운 인터내셔널을 건설할 필요가 있다고 확신했다. 1938년 파시즘이 전진하고 세계대전이 눈앞에 다가온 그때, 트로츠키주의자들은 제4인터내셔널을 선포하기로 결정했다. 제4인터내셔널의 기반은 빈약했다(11개 조직에서 21명의 대표자가 참여했지만, 그 가운데 아무도 노동계급에 실질적 기반이 없었다).

그런데 트로츠키주의자들은 제2차세계대전이 시작될 때보다 끝날 무렵에 더 약해져 있었다. 트로츠키 자신을 비롯해 경험이 가장 풍부한 핵심 인물들 다수가 죽었기 때문이다. 유럽에서는 마르틴 모나트(마르셀 비델린), 헹크 스네이블릿(헨릭 스네이블릿), 아브람 레온처럼 트로츠키주의 운동과 1920~1930년대 투쟁을 연결해 주던 많은 이들이 나치에게 살해당했고, 피에트로 트레소 등은 스탈린주의자의 손에 죽었다. 유고슬라비아에서는 티토가 슬로보단 마출리츠를 포함한 베오그라드 트로츠키주의자들을 처형하라고 명령했다. 아시아에서는 중국 트로츠키주의자 저우리밍과* 베트남 트로츠키주의자 따투터우가 스탈린주의자의 손에 죽었다.

테러만으로는 혁명적 경향을 파괴할 수 없다. 트로츠키주의 운동은 국제적 수준에서 존재하며 유일하게 성공 가능성이 있는 혁명적 경향이었지만 심각한 문제들에 시달리고 있었다. 트로츠키주의 운동은 초창기부터 재능 있는 지식인들을 끌어당겼다. 그래서 트로츠키는 트로츠키주의 운동이 노동운동에서 겉돌며 지식인층의 토론 모임에나 어울릴 정치에 젖어들지 않게 하려고 망명 생활 내내 분투했다.

그랬어도, 제2차세계대전이 끝날 무렵 트로츠키주의 운동은 거의 모든 곳에서 노동계급 운동과 동떨어진 처지였다. 독일에 점령당하지 않은 몇몇 나라에서는 트로츠키주의자들이 노동계급 내에서 발판을 마련했다. 스탈린주의자들이 [자국의] 전쟁 수행 노력을 지지[하며 파업을 억제]할 때 노동자 파업을 지지했기 때문이다. 1946년 말 미국 사회주의노동자당은 1년 만에 2배 가까이 성장해 당원이 2000명 이상이라고 밝혔다. 사회주의노동자당은 노동조합 활동

---

* 중일전쟁 때 산둥성에서 국민당·공산당 군대와 따로 독자적 게릴라 부대를 이끈 트로츠키주의자 충리밍을 일컫는 듯하다. 이 부대는 수많은 승리를 거두고 한창때 병력이 2000여 명에 달했으나, 일본군에게 패배한 틈을 타 습격한 공산당 군대에게 궤멸당하고 충리밍을 비롯한 트로츠키주의자들은 살해당했다(Peng Shuzi, "Trotskyism in China", *Revolutionary History*, Vol 2 No 4, Spring 1990).

등 대중투쟁에 열심히 관여했다. 영국 혁명적공산당은* 전쟁이 끝 날 무렵 노동운동에 작은 기반이 있었고, 1945년 초 보궐선거에 출 마해 2000표 안 되게 득표했는데 노동당은 3만 표를 얻었다. 혁명 적공산당의 선거 도전은 완전한 실패는 아니지만 그들의 영향력이 제한적임을 분명히 보여 줬다. 프랑스 공산주의자연합은 1947년 르 노 파업에 개입할 만큼의 노동계급 기반이 조금 있었다.

그렇지만 이런 매우 빈약한 노동계급 기반조차 1~2년 이상 지속 되지 못했다. 1950년대 들어 전 세계 트로츠키주의 운동은 작은 종파로 전락해 투쟁의 주변부로 밀려나 있었다. 이런 처지에 있는 그룹을 괴롭히는 2가지 위험이 있다. 하나는 자신을 우주의 중심으 로 여기고, 지도부(즉, 자신)의 건설을 주된 과제로 보며, 고만고만 한 경쟁 그룹에 대항해 자신의 명예와 노선을 방어하는 데 모든 에 너지를 쏟아붓는 것이다. 정반대의 위험은 자신이 허약하다는 생 각에 휩싸인 나머지, 자력으로는 할 자신이 없는 일을 대신 해 줄 대체물(대중의 자발적 힘, 식민지에서 벌어지는 혁명, 노동조합 좌 파 지도부, 노동자 국가 등등)을 미친 듯이 찾아 나서기 시작하는 것이다.

이 책에서 제2차세계대전 이후 제4인터내셔널이 겪은 오락가락 행보와 분열을 추적하지는 않을 것이다. 제4인터내셔널의 근본 문 제는 이론이었는데, 세계는 변하고 있었고 중요한 것은 그것을 해

---

* 1978~1997년에 존재한 동명의 정당과는 다른 조직이다.

석하는 것이었다. 그렇게 하지 못하자 잘못된 전망과 기회주의적 동요가 나타났다.

1946년 제4인터내셔널은 '국제 예비 회의'를 열어 (에르네스트 만델이 초안을 작성한) 다음과 같은 내용의 선언을 채택했다. "자본주의가 안정되고 발전하는 새 시대가 열리고 있다고 추정할 근거는 어디에도 없다." 이런 관점은 환상일 뿐임이 꽤 빠르게 입증됐다. 첨예한 위기도 없었고, 노동자의 대중적 급진화도 없었으며, 트로츠키주의자들은 여전히 노동운동에서 열외된 처지였다.

그런 처지에서는 지름길을 찾으려는 유혹을 견디기가 힘들었고, 동유럽에서 일어나는 사건들이 그런 지름길을 어디서 찾을 수 있는지 알려 주는 듯 보였다.

원래 제4인터내셔널은 소위 '인민민주주의 국가'들을 자본주의로, 더 정확히는 '보나파르트 체제'로 봤다. 그런데 티토가 스탈린과 갈라서자 이 문제를 재검토했다. 제4인터내셔널이 소련에 맞서 유고슬라비아 지지를 선언한 것은 완전히 옳았지만, 그 과정에서 [노동자 국가에 맞서 자본주의를 지지할 수는 없으므로] 유고슬라비아뿐 아니라 나머지 인민민주주의 국가들도 (비록 기형적이지만 그래도) '노동자 국가'라는 결론에 이르게 됐다.[192]

이는 참으로 산비탈에서 발을 헛딛는 것과 같았다. 그 귀결은 1954년 제4인터내셔널 4차 세계 대회에서 채택된 결의안에서 찾아볼 수 있다.

중국 공산당과 어느 정도는 유고슬라비아 공산당도 실제로는 관료적 중간주의 정당이다. 그렇지만 어쨌든 그 나라들 혁명의 자장 안에 있기 때문에, 우리는 그 나라들의 프롤레타리아에게 새로운 혁명적 당을 세우라거나 정치혁명을 준비하라고 요구하지 않는다. 우리는 유고슬라비아 공산당과 중국 공산당 내에서 좌파적 경향을 세우는 방향으로 노력하고 있다. 이 경향들은, 세계적 혁명 물결의 고조와 관련해 말하자면, 이 두 나라에서 혁명이 새로운 단계로 나아가는 것을 보장하고 지도할 수 있을 것이다.

사실상 이 말은 어떤 나라에서는 소위 "세계 혁명 정당"의 지부가 필요 없다는 뜻이었다.

[1938년] 《전환 강령》에서 트로츠키는 "코민테른은 부르주아적 질서의 편으로 확실히 넘어갔으며, 세계 곳곳에서 파렴치하게 반혁명적 구실을 했다"고 썼다. 트로츠키의 후계자들은 이제 이 입장을 수정하고 있었다. 제4인터내셔널은 쫙쫙 쪼개져서 어떤 이들은 소련의 헝가리 침공을 지지하는 데로 나아갔고, 어떤 이들은 공공연한 마오쩌둥주의자가 됐다. 스탈린주의 정당이 노동계급의 행동 없이도 '노동자 국가'를 수립할 수 있다고 본다면, 그 어떤 뒤틀린 사고방식도 가능해진다.

이렇게 스탈린주의에 투항하는 것에 저항하며 트로츠키주의 전통에서 떨어져 나간 혁명가들도 물론 있었다. 여기에는 또 다른 함정이 있었다. 1940년에 트로츠키와 결별한 맥스 샥트먼은 소련이 자본주의도 노동자 국가도 아닌 '관료적 집산주의'라는 이론을 발전시켰다. 이 이론의 장기적 귀결은 스탈린주의를 주적으로 보는 것, 노조 내에서 공산당원들에 맞서 개혁주의자들을 지지하는 것, 한 술 더 떠서 스탈린주의 국가에 맞서 미국을 지지하는 것이었다. 샤트먼의 지지자들이 모두 이 함정에 빠지지는 않았고, 몇몇은 '제3의 진영' 입장을 끈질기게 고수했다. 그렇지만 그 이론은 소련 내에서 벌어지는 사태 전개의 동역학이든 공산당 진화의 동역학이든 적절하게 설명할 수 없었고, 따라서 '정설 트로츠키주의'의 대안을 내놓을 수 없었다.[193]

바로 이런 배경에서, 소련을 국가자본주의로 보는 이론의 중요성을 측정해야 한다. 국가자본주의 이론은 트로츠키주의 운동 안팎에서 다양한 형태로 등장해 왔다.[194] 매우 간단히 설명하면, 이 이론은 소련 사회의 기본적 동학이 축적을 위한 축적과 생산을 위한 생산이며 결국 서방 자본주의와 같다고 주장한다. 사유재산이 폐지됐지만, 지배 관료 집단은 '집단적 자본가'로서 소비를 축적에 종속시키고 정치·경제 권력을 독점한다. 국가든 생산수단이든 어떤 의미에서도 노동자들에게 속하지 않는다.

국가자본주의 이론은 혁명가들을 혼란스럽게 만들어 온 많은 문제를 헤쳐 나갈 수 있게 돕는다. 이 이론은 관료들을 움직이는 동력은 무엇이고 관료들의 염원은 무엇인지, 어떻게 관료들이 [사회의] 다른 영역으로까지 지배력을 뻗칠 수 있는지 설명한다. 동유럽에서 노동계급의 관여가 전혀 없었는데도 어떻게 소련과 비슷한 체제가

들어설 수 있었는지 설명한다. 이에 더해서, 서방 자본주의에서 일정 정도 나타나는 [경제]계획·국유화 추세가 동방 진영에서 일어난 일과 여러모로 유사하다는 것도 이해할 수 있게 돕는다. 그리하여 혁명 전략이 소유 형태 같은 부차적 특징이 아니라 계급들 사이에서 벌어지는 투쟁에 주목할 수 있게 돕는다.

새로운 시작

혁명적 사상과 혁명적 사상을 주장하는 단체들이 어떤 대중운동에서도 철저히 외면당하던 처지에서 벗어날 수 있게 된 것은 매우 더딘 과정이었다. 1950년대 말 다양한 '신좌파' 그룹이 출현하면서 처음으로 얼음에 균열이 생겼다. 신좌파는 거의 다 지식인이었고, 주로 1956년 위기 이후 공산당을 탈당한 이들이었다. 1960년대 초에는 프랑스와 이탈리아의 대중적 사회당들이 쪼개지고 의미 있는 소수가 이탈해서 프랑스에서는 통합사회당이, 이탈리아에서는 프롤레타리아통일사회당이 결성됐다. 마침내 1960년대 중엽에는 전 세계에서 학생들의 투쟁성이 폭발했다. 이 학생들은 교육제도 변혁과 미국의 베트남전쟁 반대라는 두 가지 주제에서 활력을 얻었다.

이 모든 운동은 그 성격 때문에 단명했고 불안정했으며, 노동계급에게는 작고 간접적인 영향만 미쳤다. 그래도 혁명가들이 수십

명이 아니라 수천 명에게 목소리를 들려줄 기회를 제공했다.

동방의 혁명적 사상

전 세계 수준에서 활동하는 혁명적 사회주의 운동을 재건하기 위한 필수적 전제 조건은 동방 진영에서 마르크스주의적 반대파가 부활하는 것이다. 소련에서 좌익반대파가 완전히 제거된 탓에 동방의 사회주의자들은 사실상 맨땅에서 다시 시작해야 한다. 지하 잡지(사미즈다트)에 실려 전파되는 문서들을 보면 스탈린주의와 그 유산에 반대할 뿐 아니라 스탈린주의의 기원을 알고자 애쓰는 소련 지식인 집단이 있다는 것을 알 수 있다. 그러나 역사적 설명을 복원하는 것은 어마어마한 과제이고, 이를 시도하는 그들 사이에 정치적 일관성이 거의 없다.

동유럽의 다른 나라, 특히 폴란드와 체코슬로바키아에서는 중요한 발전들이 있었다. 그중 가장 의미 있는 것은 두 폴란드인 쿠론과 모젤레프스키의 작업이다. 그들이 쓴 《혁명적 사회주의 선언》은 그들 나름의 국가자본주의론적 분석을 제시한다. 이 책은 [첫째] 동유럽 사회의 형태가 아니라 노동계급 착취에 초점을 맞춘다는 점에서 귀중하다.

우리나라의 노동자는 누구에게 자신의 노동을 판매할까? 생산수단을 마음대로 할 수 있는 자들, 다시 말해 **중앙 정치 관료 집단**이다. 그러므로 중앙 정치 관료 집단은 지배계급이다. 이들은 기본적 생산수단을 독점적으로 장악하고 있다. 이들은 노동계급의 노동을 구매한다. 이들은 무력과 경제적 강압으로 노동계급에게서 잉여생산물을 **빼앗**아, 생산과 사회에 대한 지배력을 강화하고 확장하기 위해 노동자들에게 낯설고 적대적인 목적에 따라 그 잉여생산물을 사용한다.[195]

둘째, 《혁명적 사회주의 선언》은 유고슬라비아 체제가 "노동자 민주주의와 공통점이 전혀 없다"고 상당히 분명히 밝힌다.[196] 그리고 셋째, 이 쟁점의 국제적 중요성을 인식한다. "관료 체제는 동방·서방 양 진영의 공식 선전에 힘입어 마치 사회주의인 양 행세하고, 선진 자본주의 나라의 대중이 오해하도록 사회주의를 훼손한다."[197]

중국 내 반대파의 상황은 훨씬 오리무중이다. 지금까지는 낱낱의 목소리만 들려왔고, 그마저도 이내 문화혁명이라는 소동에 묻혀 버렸다. 예컨대, 1968년 후난성의 성무련省無聯(후난성 무산계급 혁명파 대연합 위원회)은 다음과 같이 선언했다.

'중화코뮌'을 수립한다는 우리의 목표는 부르주아 독재와 혁명위원회라는 수정주의 체제를 인정사정없이 힘으로 전복할 때만 이룰 수 있다고 공개적으로 선언한다. 새로운 관료 부르주아지로 하여금 세계를 뒤흔드는 진정한 사회주의 혁명 앞에서 겁에 질려 떨게 하자! 프롤레타리아가 이 혁명에서 잃을 것은 사슬뿐이요, 얻을 것은 전 세계다.[198]

무엇보다 분명한 것은, 동방 노동자들이 자국 정권에 맞서 투쟁하는 것이야말로 스탈린주의가 서방 노동계급을 장악하는 힘을 가장 크게 흔들 수 있으며, 서방 노동자들이 스탈린주의 지도자들로부터 독립적으로 행동하는 것이야말로 동방 국가들의 이데올로기적 영향력을 깨뜨리는 데 가장 큰 도움이 될 수 있다는 것이다.

이런 투쟁 과정에서 새로운 인터내셔널이 건설될 것이다. 스탈린주의는 인터내셔널을 재건할 수 없다. 각자의 국민적 압력에 종속돼 있는 정당들의 모임은 공동의 집단적 규율에 합의할 수 없다.

투쟁의 속도가 빨라질수록, 그리고 자본주의가 국제적으로 맞물린 체제임이 드러날수록, 새로운 혁명적 인터내셔널의 필요성은 점점 더 분명해질 것이다.

그런 인터내셔널의 본보기는 무엇보다 제3인터내셔널이 초기 몇 년 동안 보인 모습일 것이다. 진정한 인터내셔널이라면 국제적 수준의 쟁점에 대해 의미 있는 결정을 능숙하게 내릴 수 있는 능력과 권위를 갖춰야 하고, 그러려면 현실의 투쟁에서 전략을 끌어낼 수 있는 대중정당들에 기반한 조직이어야 하기 때문이다.

이런 조직을 건설하는 데서 지름길은 없다. 섣부르게 인터내셔널임을 선포하는 것, 즉 작은 그룹이 국제 지도부를 자처하는 것은 혼란만 낳을 뿐이다. 우리가 직면한 진정한 과제는 노동계급에 실질적 기반이 있는 혁명적 조직을 건설하는 것이다. 이론과 실천에서 스탈린주의에 맞서는 투쟁은 그 과제의 필수적 부분이다.

연표

아래는 이 책에서 언급된 사건을 모두 망라하는 연표는 아니다. 그저 독자들이 서로 다른 장에서 다루는 사건들을 연결해 이해할 수 있도록 돕기 위한 것이다.

1943년

5월 22일 : 코민테른 해산
5월 27일 : 프랑스 레지스탕스전국평의회 창설
7월 24일 : 무솔리니 실각

1944년

5월 21일 : 브라우더, 미국 공산당을 해산함
8월 1일 ~ 10월 2일 : 바르샤바 봉기
8월 25일 : 파리 해방

1945년

1월 : 얄타회담
2월 12일 : [1차] 그리스 내전 종료
5월 8일 : 독일 항복

5월 : 알제리 봉기, 프랑스 정부에 진압당함

7월 : 포츠담회담

8월 6~9일 : 일본에 원자폭탄 투하

8월 14일 : 일본 항복

9월 : 영국군, 인도차이나 상륙

11월 21일 : [프랑스에서] 공산당원 5명이 드골 정부 입각

11월 29일 : 유고슬라비아에서 공화국 선포

1946년

1월 20일 : 드골 사임

12월 : 프랑스, 하이퐁 포격

1947년

3월 12일 : 트루먼독트린 선언

4월 25일 : 르노 파업 시작

5월 5일 : 프랑스 공산당 장관들이 정부에서 축출당함

6월 5일 : 마셜플랜 발표

10월 5일 : 코민포름 창설

1948년

2월 24일 : 체코슬로바키아 공산당 권력 장악

3월 : 이탈리아 총선

6월 28일 : 스탈린, 티토와 결별

11월 : 영국 노총, "민주주의를 방어하라" 발행

1949년

4월 4일 : 나토 창설
7월 : [2차] 그리스 내전 종료
9월 16~24일 : 헝가리에서 러이크 재판 열림
9월 21일 : 중화인민공화국 수립

1950년

3월 : 핵무기에 반대하는 스톡홀름 호소문 발표
6월 25일 : 한국전쟁 시작

1952년

5월 : 파리에서 리지웨이 반대 시위 열림

1953년

3월 5일 : 스탈린 사망
6월 16일 : 동독 봉기 시작
7월 : 보르쿠타 파업
7월 27일 : 한국전쟁 종료

1954년

4월 18일 : 이집트에서 나세르 권력 장악
5월 7일 : 디엔비엔푸 함락
6월 18~28일 : 과테말라에서 아르벤스 정부 전복
7월 21일 : 베트남에 관한 제네바 합의 체결
11월 1일 : 알제리 전쟁 시작

1955년

5월 26일 ~ 6월 3일 : 흐루쇼프, 유고슬라비아 방문
11월 18일 ~ 12월 19일 : 흐루쇼프, 인도 방문

1956년

1월 2일 : 프랑스 총선, 공산당 선전
2월 14~25일 : 소련 공산당 20차 당대회
6월 28일 : 포즈난 봉기
10월 23일 : 헝가리 혁명 시작
10월 31일 : 영국·프랑스, 이집트 침공
11월 4일 : 소련군, 부다페스트 재진입

1957년

2월 27일 : 마오쩌둥, "인민 내부의 모순을 올바르게 처리하는 문제에 대해" 연설

1958년

5월 13~31일 : 알제리 반란으로 프랑스에서 드골 권좌 복귀
5월 : 중국에서 대약진운동 시작
7월 14일 : 이라크에서 카심 권력 장악

1959년

1월 : 쿠바에서 카스트로 권력 장악
9월 15~28일 : 흐루쇼프, 미국 방문

1960년

11월 10일 ~ 12월 1일 : 모스크바에서 81개 공산당 회의
12월 : 벨기에 총파업
12월 : 남베트남민족해방전선 창설

1961년

4월 : 미국의 쿠바 침공이 수포로 돌아감

1962년

10월 22~28일 : 쿠바 미사일 위기
10~11월 : 인도-중국 국경분쟁

1963년

1~6월 : 중소 분쟁이 공공연해짐
2월 8일 : 이라크에서 카심 정부 전복
12월 : 이탈리아 중도-좌파 정부 구성

1964년

4월 1일 : 브라질에서 굴라르 정부 전복
7월 11일 : 토레즈 사망
10월 15일 : 흐루쇼프 실각

1965년

2월 7일 : 미국, 북베트남 폭격 시작
10월 : 인도네시아에서 쿠데타 일어나 공산주의자들 학살당함
12월 : 프랑스 대선, 공산당은 미테랑을 지지함

1966년

8월 : 중국에서 홍위병 동원

1967년

3월 : 프랑스 총선, 좌파 선전
8월 : 아바나에서 라틴아메리카연대기구 회의 개최
10월 8일 : 체 게바라 사망

1968년

1월 : 둡체크, 체코슬로바키아 공산당 제1서기 취임
5~6월 : 프랑스 총파업
8월 20일 : 소련, 체코슬로바키아 침공
10월 : 북아일랜드에서 시민권 시위 발발

1969년

4월 : 중국 공산당 9차 당대회, 문화혁명 종료
6월 : 공산당들의 모스크바 회의

1970년

10월 : 아옌데, 칠레 대통령 취임
12월 : 폴란드에서 파업 물결이 일어남

1971년

3~4월 : 방글라데시와 실론에서 봉기가 일어남
7월 : 어퍼클라이드조선소 점거

1973년

1월 : 베트남전쟁 휴전
3월 : 프랑스 총선, 우파 권력 유지

참고 문헌

    이 책을 쓰면서 국제 공산당 운동의 여러 공식 출판물을 참고했는데, 특히 코민포름의 기관지인 *For a Lasting Peace, For a People's Democracy*(1947-56)와 이론지 *World Marxist Review*(1958년부터 발행)를 많이 참고했다. 영국 공산당의 토론 잡지인 *World News and Views*(1954년부터는 *World News*로, 1963년부터는 *Comment*로 불렸다)도 국제 공산당 운동에 관한 문서를 담고 있다. 세계노동조합연맹의 출판물인 *Trade Union Press*와 *World Trade Union Movement*도 이용했다. 중국 공산당의 관점은 많은 책과 잡지에 담겨 있는데, 특히 *The Polemic on the General Line of the International Communist Movement*(Peking 1965)가 있다.

    비판적 논평과 분석은 특히 *International Socialism*의 글들에 의지했고, 전부는 아니지만 일부는 후주에서 언급한다. 그 밖에 유용한 잡지로는 *New Left Review, Monthly Review, International Socialist Journal, Lutte Ouvrière, World Outlook*(1968년 5월 이후 *Intercontinental Press*로 개명)과 *Solidarity* 그룹의 잡지와 소

책자가 있다.

이 책의 바탕에 깔린 동방 진영에 대한 기본적 분석은 T Cliff, *Russia, A Marxist Analysis*(London 1964)[국역: 《소련은 과연 사회주의였는가?: 국가자본주의론의 분석》, 책갈피, 2011], Y Gluckstein, *Mao's China*(London 1957), Y Gluckstein, *Stalin's Satellites in Europe*(London 1952)과 *The Fourth International, Stalinism and the Origins of the International Socialists*(London 1971)에 담겨 있다. 그리고 나는 전후 동유럽에 관해 크리스 하먼이 쓴 미완성 원고를 보는 영광도 누렸다(1974년 플루토 출판사에서 출간 예정).

국제 관계에 대해서는 G Kolko, *The Politics of War*(London 1969)와 D Horowitz, *From Yalta to Vietnam*(London 1967)이 특히 유용했다. 소련의 외교정책에 관해서는, 다소 미심쩍지만 I Deutscher, *Stalin*(London 1966)과 *Russia, China and the West*(London 1970)를 이용했다.

프랑스 공산당에 관해서는 J Fauvet, *Histoire du Parti Communiste Français*, Vol II(Paris 1965)와 반대파 '단결' 그룹이 펴낸 *Histoire du Parti Communiste Français*(Paris 발행 연도 불명)에 의지했다. A Kriegel, *Les Communistes Français*(Paris 1968), T Cliff & I Birchall, *France the Struggle goes on*(London 1968), J Moneta, *Le PCF et la Question Coloniale*(Paris 1971)도 참고했다.

영국 공산당에 관해서는 이용 가능한 모든 책이 불만족스럽다. H Pelling, *The British Communist Party*(London 1958), R Black, *Stalinism in Britain*(London 1970), K Newton, *The Sociology of British Communism*(London 1969)을 참고했다.

그리스에 관해서는 C Tsoucalas, *The Greek Tragedy*(London 1969)가 유용하다. [이탈리아에 관해서는] R H Evans, *Coexistence: Communism and its Practice in Bologna 1945-65*(Notre-Dame 1967)가 사회학적 겉치레가 있기는 하지만 몇몇 유용한 내용이 있다.

전후 트로츠키주의의 역사에 관해서는 그럭저럭 괜찮거나 정직한 책이 없다. J Roussel, *Les Enfants du Prophète*(Paris 1972)는 프랑스 트로츠키주의에 국한해서는 괜찮다.

후주

1   Lenin; L Trotsky, *The Third International after Lenin*, New York 1936, p 179[국역: 《레닌 이후의 제3 인터내셔널》, 풀무질, 2009]에서 인용.

2   *Fourth International*, August 1965.

3   *Daily Worker*, 12 October 1939.

4   *New York Times*, 24 June 1941.

5   *La Lutte de Classes*, 13 June 1943.

6   Baudouin, *Histoire des Groupes Francs (MUR) des Bouches-du-Rhône de septembre 1943 à la Libération*, p 119; D Caute, *Le Communisme et les Intellectuels Français*, Paris 1967, pp 182~183에서 인용.

7   J Roussel, *Les Enfants du Prophète*, Paris 1972, pp 25~33 참조.

8   C Tsoucalas, *The Greek Tragedy*, London 1969, pp 61~62에서 인용.

9   A Pozzolini, *Che Cosa ha veramente detto Togliatti*, Rome 1970, p 51에서 인용.

10 G Kolko, *The Politics of War*, London 1969, p 32.

11 D N Pritt, *From Right to Left*, London 1965, p 274.

12 B N Pandey, *The Break-up of British India*, London 1969, p 161 참조.

13 C Wilmott, *The Struggle for Europe*, London 1959, p 11 인용.

14 W S Churchill, *The Second World War*, VI, London 1954, p 198.

15 Kolko, 앞의 책, p 540 인용.

16 Y Gluckstein, *Stalin's Satellites in Europe*, London 1952, pt I, chap 4.

17 *L'Humanité*, 3 February 1945 참조.

18 Speech at Waziers, 21 July 1945, in M Thorez, *Oeuvres Choisies*, II, Paris

1966, p 386.

19   같은 책, pp 374, 390, 397~398.

20   W H McNeill, *The Greek Dilemma*, London 1947, p 111.

21   Tsoucalas, 앞의 책, p 185 인용.

22   같은 책, p 83 인용.

23   Kolko, 앞의 책, p 185 인용.

24   같은 책, pp 508~509.

25   같은 책, p 135 인용.

26   같은 책, p 148 인용.

27   같은 책, p 234 인용.

28   *World News and Views*, 18 November 1944.

29   한 베트남 투사의 설명, *Solidarity*, Vol 5, No 5에 게재.

30   D Jenness, *War and Revolution in Vietnam*, New York 1965, p 8에서 인용.

31   *World News and Views*, 10 June 1944.

32   *Labour Monthly*, August 1945에 번역돼 있다.

33   *New York Herald Tribune*, 12 July 1946.

34   London 1946, p 16.

35   W Paynter, *British Trade Unions and the Problem of Change*, London 1970,
      p 30.

36   *World News and Views*, 11 October 1947.

37   22 December 1950.

38   *For a Lasting Peace*, 21 November 1951.

39   *For a Lasting Peace*, 30 December 1949.

40   P Hervé, *Lettre à Sartre*, Paris 1956, p 16 참조.

41   G Bloch, *Quatrième Internationale*, March~April 1950.

42   T Cliff, "On the Class Nature of the 'People's Democracies'", July 1950, in
      *The Fourth International, Stalinism and the Origins of the International So-
      cialists*, London 1971, p 56, 59~60.

43   M Gettleman (ed), *Vietnam*, London, 1966, p 94 인용.

44   H R Isaacs, *The Tragedy of the Chinese Revolution*, second revised edition,

Stanford 1961[초판 국역: 《중국 혁명의 비극》, 숨쉬는책공장, 2016], 여러 군데 참조.

45 Y Gluckstein, *Mao's China*, London 1957, pp 210~211.

46 Isaacs, 앞의 책, pp 334~336.

47 Gluckstein, 앞의 책, p 179.

48 같은 책, p 180; Isaacs, 앞의 책, pp 341~349.

49 Gluckstein, 앞의 책, pp 180~181.

50 같은 책, p 212.

51 같은 책, pp 180~181.

52 같은 책, p 212.

53 같은 책, pp 213~217, 225, 229~230.

54 S Schram, *Mao Tse-tung*, London 1966, p 267.

55 트로츠키주의 관점의 설명은 P Bois, *La Grève Renault d'avril-mai 1947*, Paris 1971을 보라.

56 A Barjonet, *La CGT*, Paris 1968, p 49.

57 A Werth, *France 1940-55*, London 1956 인용.

58 *Cahiers du Communisme*, September 1949.

59 H K Smith, *The State of Europe*, New York 1949, p 206.

60 *CISL Bolletino*, 15 January 1952.

61 *World News and Views*, 28 April 1951에 보도.

62 Tsoucalas, 앞의 책, pp 102~103.

63 M Djilas, *Conversations with Stalin*, London 1963, pp 140~141.

64 "The Question of Peace", July-August 1915, in *Collected Works*, XXI, Moscow, pp 292~294.

65 A Solzhenitsyn, *Cancer Ward*, London 1971, p 340[국역: 《암 병동 1~2》, 민음사, 2015].

66 *Pravda*, 10 September 1961.

67 Zauberman, *Industrial Progress in Poland, Czechoslovakia and East Germany*, London 1964; J Knapp, *Lloyds Bank Review*, October 1968, p 9 참조.

68 J Kuron and K Modzelewski, *A Revolutionary Socialist Manifesto*, London

1967, p 45.

69 D Mothé, *Journal d'un Ouvrier 1956~58*, Paris 1959 참조.

70 P Fougeyrollas, *La Conscience Politique dans la France Contemporaine*, Paris 1963, pp 48~49에서 인용.

71 *L'Unità*, 2 July 1956.

72 Letter to *World News*, iv, 77 (1957).

73 *People's Daily*, 5 November 1956.

74 Y Gluckstein "The Chinese People's Commnues", *International Socialism*, 1, 1960 참조.

75 *New China News Agency*, 6 July 1957.

76 Y Gluckstein, "China: The Hundred Flowers Wilt", *Socialist Review*, London 1965, pp 236~241 참조.

77 *New China News Agency*, 30 June 1957.

78 T Cliff, "Permanent Revolution", *International Socialism*, 12, 1963[국역: "빗나간 연속혁명",《I-3 마르크스주의의 기초와 그 고전적 전통: 국제주의 전통 자료집》, 책갈피, 2018] 참조.

79 F Schatten, *Communism in Africa*, London 1966, p 73에서 인용.

80 *World News*, 7 August 1954.

81 *World News*, 23 November 1957.

82 *World Marxist Review*, June 1961.

83 D Horowitz, *From Yalta to Vietnam*, London 1967, p 163에서 인용.

84 I Deutscher, *Russia, China and the West*, London 1970, p 185.

85 *World News*, 11 August 1956.

86 *France Nouvelle*, 26 June 1954.

87 *France Nouvelle*, 17 March 1956.

88 *World News*, 6 September 1958 인용.

89 *France Nouvelle*, 11 May 1959.

90 *World News*, 22 April 1961 인용.

91 *New Left Review*, 13-14, 1962 p 153에 재수록된 토론 기록에 대한 페리 앤더슨의 소개에서 인용.

92 *Lutte Ouvrière*, 11 November 1969.

93 D Mothé, *Militant chez Renault*, Paris 1965, p 50.

94 몇몇 구체적 사례는 *Voix Ouvrière*, 14 November 1967을 참조하라.

95 P Ferrari & H Maisl, *Les Groupes Communistes aux Assemblées parlementaires italiennes (1958-1963) et françaises (1962-1967)*, Paris 1969, pp 49, 94 와 여러 곳.

96 이 절의 내용은 대체로 R H Evans, *Coexistence, Communism and its Practice in Bologna 1945-65*, Notre-Dame 1967을 기초로 했다.

97 M A Macciocchi, *Lettres de l'Intérieur du Parti*, Paris 1970, p 195.

98 J Rosser and C Barker, "The ENV Story", *International Socialism*, 31, 1967.

99 *World News*, 12 May 1956.

100 *Le Drapeau Rouge*, 26 December 1960.

101 Xavier Mourre "Belgium: Success beyond our grasp", *International Socialism*, 4, 1961.

102 Hervé, 앞의 책, p 135 참조.

103 *Le Monde*, 22 May 1971.

104 *Guardian*, 18 February 1971.

105 S Tarrow, *Peasant Communism in Southern Italy*, New Haven 1961, p 240 인용.

106 G Brooks, *Comment*, 19 October 1968.

107 자세한 경제적 관계에 대해서는 T Cliff, "China-Russia", *International Socialism*, 14, 1963을 보라.

108 *A Comment on the Statement of the Communist Party of the USA*, Peking, 1963, p 10.

109 Lin Piao, *Long Live the Victory of People's War* (1965) in H M Christman (ed), *Communism in Action*, New York, 1969, p 344.

110 T Cliff, "Crisis in China", *International Socialism*, 29, 1967.

111 J Gray and P Cavendish, *Chinese Communism in Crisis*, London 1968, pp 69~113.

112 T Cliff, 앞서 언급한 글.

113 N Hunter, *Shanghai Journal*, New York 1969 참조.

114 T Cliff, "Whither China?", *International Socialism*, 37, 1969를 보라.

115 Hunter, 앞의 책 참조.

116 N Harris, "China since Lin Piao", *International Socialism*, 55, 1973 참조.

117 *Sunday Times*, 14 February 1965.

118 *The Times*, 9 August 1968.

119 *People's Daily*, 4 February 1964.

120 Kuron and Modzelewski, 앞의 책, p 54.

121 D D Eisenhower, *Mandate for Change*, New York 1963.

122 J Mecklin, *Mission in Torment*; R Miliband and J Saville (eds), *The Socialist Register 1967*, London 1967, p 25에서 인용.

123 *Guardian*, 15 February 1972.

124 D N Aidit, *The Indonesian Revolution and the Immediate Tasks of the Indonesian Communist Party*, Peking 1965, pp 137~138 of the French edition.

125 *New Left Review*, 36 인용.

126 *World Marxist Review*, July 1959.

127 D Hindley, "The PKI and the Peasants", *Problems of Communism*, November-December 1962.

128 L E Aguilar (ed), *Marxism in Latin America*, New York 1968, p 252 인용.

129 *Comment*, 20 April 1963.

130 C W Mills, *Listen Yankee*, New York 1960, p 98[국역: 《들어라 양키들아》, 아침, 1988] 인용.

131 R Blackburn, "Prologue to the Cuban Revolution", *New Left Review*, 21.

132 V Alba, *Politics and the Labour Movement in Latin America*, Standford 1968, p 151.

133 뉴욕의 *Daily Worker*, 5 August 1953에 게재.

134 *Che Guevara Speaks*, New York 1967, p 52.

135 *Le Monde*, 28-29 November 1971.

136 *The Guardian*, 16 November 1971.

137 Che Guevara, *Guerrilla Warfare*, New York 1961, p 15[국역: 《게릴라전》, 걷는책, 2022].

138 *Monthly Review*, July-August 1961, pp 65~66.

139 R Debray, "Revolution in the Revolution?", *Monthly Review*, special issue July-August 1967, pp 76~77.

140 Second Declaration of Havana.

141 Che Guevara, *Bolivian Diary*, London 1968, p 111[국역: 《체 게바라의 볼리비아 일기》, 학고재, 2011].

142 *Monthly Review*, January 1971, p 3 참조.

143 R Debray, *Conversations with Allende*, London 1971, p 126.

144 *Intercontinental Press*, 13 March 1972.

145 같은 잡지.

146 *Intercontinental Press*, 23 April 1973.

147 *France-Observateur*, 690.

148 A Kriegel, *Les Communistes Français*, Paris 1968, p 250 인용.

149 *Action*, 13 May 1968.

150 *L'Humanité*, 15 June 1968.

151 *L'Humanité*, 3 May 1968.

152 *La Grève à Flins*, Paris 1968, p 14.

153 *Cahiers de Mai*, 1, 1968 참조.

154 *Partisans*, 45, 1968 p 59.

155 *L'Humanité*, 10 July 1968.

156 *Lutte Ouvrière*, No 2, June 1968 참조.

157 *Paris May 1968, Solidarity* pamphlet London 1968, p 6 인용.

158 *L'Humanité*, 13 June 1968.

159 *Critica Marxista*, 5-6, 1963.

160 *Rinascita; Comment*, 10 August 1968 인용.

161 *La Classe*, 13-14 August 1969; *Italy 1969, 1970*, London 1971 pp 8~9에 번역돼 있다.

162 *Avanguardia Operaia*, No. 27, June 1972 인용.

163 *Marxism Today*, May 1959.

164 Betty Reid, "Diversions in the Fight for Peace", *Comment*, 17 February 1968.

165 A Murray, *UCS — The Fight for the Right to Work*, London 1971, p 11.

166 M O'Riordan in *World Marxist Review*, October 1970에 따른 것.

167 R Miliband and J Saville (eds), *The Socialist Register 1966*, London 1966, p 71 에서 인용.

168 같은 잡지, p 71.

169 *The Battler*, 17 November 1972.

170 *Comment*, 11 September & 16 October 1965.

171 Arthur Koestler in R Crossman (ed), *The God that Failed*, London 1965, p 58.

172 *The Times*, 3 December 1966.

173 J Woddis, *Time to Change Course*, London 1973, p 97.

174 *Le Monde*, 17-18 December 1972.

175 *Comment*, 27 January 1973.

176 E Bernstein, *Evolutionary Socialism*, New York 1961, p xxii.

177 *Cahiers du Communisme*, 1958, p 317부터.

178 *Humanité Dimanche*, 104, 1967.

179 *Harper's Magazine*, March 1960.

180 *Peking Review*, 24 April 1970.

181 *L'Humanité*, 15 May 1968.

182 R Rossanda in R Miliband & J Saville (eds), *The Socialist Register 1970*, London 1970, p 227.

183 *World News*, 5 July 1958.

184 *World Marxist Review*, January 1962.

185 D N Aidit, *In Defence of Pantja Sila*, Djakarta 1964, pp 27~28.

186 *La Nouvelle Critique*, February 1950.

187 *La Lutte de Classes sous la Première République*, Paris 1946, I, p 8.

188 M Cornforth, *Philosophy for Socialists*, London 1959, p 28.

189 *Lettres Français*, 20 November 1947.

190 H Fast, *Literature and Reality*, New York 1950, p 9.

191 *The Times*, 6 September 1968.

192   D Hallas, "Building the Leadership", *International Socialism*, 40, 1969 참조.

193   T Cliff, "The Theory of Bureaucratic Collectivism — a Critique" in *The Fourth International, Stalinism and the Origins of the International Socialists*, London 1971 참조.

194   가장 발전된 설명으로는 T Cliff, *Russia, A Marxist Analysis*, London 1964[국역: 《소련은 과연 사회주의였는가?: 국가자본주의론의 분석》, 책갈피, 2011]를 보라.

195   Kuron and Modzelewski, 앞의 책, p 15.

196   같은 책, p 23.

197   같은 책, p 67.

198   *International Socialism*, 37, 1969에 게재.

찾아보기

46~48, 67, 68, 190~194, 300, 301,
311~315, 318, 319, 350

드골파 30, 112, 185, 192, 203, 204,
301, 314, 317, 318, 321, 322, 350

드브레, 레지스(Debray, Régis) 288,
293

드주브넬, 로베르(de Jouvenel, Robert)
355

디미트로프, 게오르기(Dimitrov,
Georgi) 78

디비토리오, 주세페(Di Vittorio,
Giuseppe) 155, 156, 182

디앙, 레몽드(Dien, Raymonde) 110

딩링(丁玲) 161

따투터우(Tạ Thu Thâu) 62, 381

ㄹ

〈라 고슈〉 223

라나디베, B T (Ranadive, B T) 91

라르센, 악셀(Larsen, Aksel) 198, 199

라마디에, 폴(Ramadier, Paul) 70, 105

〈라 베리테〉 33

라오, 라제스와라(Rao, Rajeswara) 91

라코스트, 로베르(Lacoste, Robert) 302

라코시 마차시(Rákosi Mátyás) 79

〈라 테르〉 227

라틴아메리카연대기구(OLAS) 285, 286

《라 팡세》 373

랑베르, 피에르(Lambert, Pierre) 307

러데스쿠, 니콜라에(Rădescu, Nicolae)
59

라이크 라슬로(Rajk László) 84

〈런민르바오〉(인민일보) 160, 237, 246

레닌, V I(Lenin, V I) 16, 19, 64, 128,
135, 140, 168, 180, 186, 197, 334,
366, 367

레닌주의 19, 117, 137 → 마르크스-레
닌주의도 참조

레르카로 추기경(Lercaro) 216

레마스, 션(Lemass, Seán) 338

레온, 아브람(Leon, Abram) 380

《레이버 먼슬리》 74

레지스탕스(그리스) 53, 54

레지스탕스(프랑스) 29~31, 33, 34, 36,
46, 47, 86, 204

〈렉스프레스〉 184

로스메, 알프레드(Rosmer, Alfred) 18

로좁스키, 솔로몬(Lozovsky, Solomon)
85

로지, 헨리 캐벗(Lodge, Henry Cabot)
174

론칼리 대주교(Roncalli) 195

롱고, 루이지(Longo, Luigi) 326, 371

〈루니타〉 45, 156, 217, 350

루스벨트, F D (Roosevelt, F D) 41, 58,
98, 127

류사오치(劉少奇) 238

〈뤼마니테〉 31, 68, 69, 72, 110, 151,

모네, 장(Monnet, Jean) 70

〈모닝 스타〉 333, 336, 337, 353 → 〈데
　일리 워커〉도 참조

모스크바 재판 84, 135

모젤레프스키, 카롤(Modzelewski,
　Karol) 147, 258, 387

모팻, 앨릭스(Moffat, Alex) 157

몬테네그로, 멘데스(Montenegro,
　Méndez) 276

몰레, 기(Mollet, Guy) 86, 187, 301

몰로토프, 뱌체슬라프(Molotov,
　Vyacheslav) 136

무솔리니, 베니토(Mussolini, Benito)
　50, 73, 191

무장반군(FAR, 과테말라) 288, 290

문화혁명 237~241, 243, 362, 388

미국노동총동맹(AFL) 107

미니, 조지(Meany, George) 107

미야모토 겐지(宮本顕治) 246

미코얀, 아나스타스(Mikoyan, Anastas)
　135

미코와이치크, 스타니스와프
　(Mikołajczyk, Stanisław) 57

미테랑, 프랑수아(Mitterrand, François)
　185, 187, 301~303, 305

'민족 민주주의' 168

민족주의 27~29, 32, 33, 35, 37, 57,
　60, 69, 81, 83, 84, 86, 92, 93,
　111, 128, 148, 166, 167, 171, 181,

182, 186, 188, 189, 223, 229, 260,
　264~266, 269, 275, 298, 300, 333,
　341

민족해방전선(EAM, 그리스) 36, 37,
　51~53, 119

민족해방전선(FLN, 알제리) 187~190

민족 해방 투쟁 21, 189, 339

민중공화국운동(MRP, 프랑스) 46, 47,
　67, 68, 203

민중전선 18, 19, 22, 34, 35, 48, 67,
　78, 81, 95, 119, 120, 127, 166, 167,
　185, 186, 190, 201, 236, 275, 322,
　330, 333, 340, 341, 343, 346, 359,
　362, 373

민중회의 39, 40

ㅂ

바돌리오, 피에트로(Badoglio, Pietro)
　50, 51

바르가, 예브게니(Varga, E) 368

바르샤바 봉기 58

바르조네, 앙드레(Barjonet, André) 106

바리엔토스, 레네(Barrientos, René)
　289

바양, 로제(Vailland, Roger) 152

바오다이(Bảo đại) 92

바티스타, 풀헨시오(Batista, Fulgencio)
　62, 280, 281, 285

반둥회의 169

전후 공산당의 배신

1943~1973년 공산당들은 어떻게 노동계급을 배신했는가?

지은이 이언 버철
옮긴이 김동욱

펴낸곳 도서출판 책갈피 | 등록 1992년 2월 14일(제2014-000019호)
주소 서울 성동구 무학봉15길 12 2층 | 전화 02) 2265-6354
팩스 02) 2265-6395 | 이메일 bookmarx@naver.com
홈페이지 chaekgalpi.com | 페이스북 facebook.com/chaekgalpi
인스타그램 instagram.com/chaekgalpi_books

첫 번째 찍은 날 2025년 2월 5일

값 20,000원
ISBN 978-89-7966-276-4
잘못된 책은 바꿔 드립니다.